Familie von morgen

Carolin Küppers
Eva Harasta (Hrsg.)

Familie von morgen

Neue Werte für die Familie(npolitik)

Verlag Barbara Budrich
Opladen • Berlin • Toronto 2019

Bibliografische Information der Deutschen Nationalbibliothek
Die Deutsche Nationalbibliothek verzeichnet diese Publikation in der Deutschen Nationalbibliografie; detaillierte bibliografische Daten sind im Internet über http://dnb.d-nb.de abrufbar.

Gedruckt auf säurefreiem und alterungsbeständigem Papier

www.budrich.de

ISBN 978-3-8474-2211-2 (Paperback)
eISBN 978-3-8474-1237-3 (eBook)

Umschlaggestaltung: Bettina Lehfeldt, Kleinmachnow – www.lehfeldtgraphic.de
Titelbildnachweis: www.istock.com
Lektorat: Dr. Annika Hennl
Typographisches Lektorat: Anja Borkam, Jena – kontakt@lektorat-borkam.de
Druck: paper & tinta, Warschau
Printed in Europe

Grußwort des geschäftsführenden Vorstands der Bundesstiftung Magnus Hirschfeld und des Direktors der Evangelischen Akademie zu Berlin

Es ist uns eine große Freude, den Tagungsband zum Fachtag „Familie von morgen“ einleiten zu können. Der Fachtag, der 2017 anlässlich des Reformationsjubiläums stattgefunden hat, entstand aus einer Kooperation zwischen der Bundesstiftung Magnus Hirschfeld, der Evangelischen Akademie zu Berlin und dem Evangelischen Kirchkreis Berlin Stadtmitte.

Im Reformationsjahr war diese Kooperation unseres Erachtens besonders zeichenhaft. Forschung und Bildung zu sexueller und geschlechtlicher Vielfalt sind seit ihrer Gründung 2011 die Schwerpunkte der Bundesstiftung Magnus Hirschfeld. Sie ist eine Akteurin, die den gesellschaftlichen Wertewandel nicht bloß erforschen und darstellen, sondern diesen auch aktiv mitgestalten möchte.

Die Evangelische Akademie zu Berlin ist seit ihrer Neugründung 1999 als evangelischer Gesprächsort in der Bundeshauptstadt präsent. Die Rolle des Protestantismus in gesellschaftlichen Veränderungsprozessen zu benennen und aktiv zu gestalten, ist eine der Aufgaben der Akademie. Immer geht es um das Gespräch zwischen Menschen, auch gerade zwischen denen, die unterschiedliche Positionen vertreten. Wie dieser Diskurs auszutragen ist, findet sich bereits in einer Formulierung Martin Luthers wieder: *sine vi sed verbo* – nicht mit Gewalt, sondern mit dem Wort.

Auch über das, was wir unter Familie verstehen wollen, wird in unserer Gesellschaft und in der Kirche gestritten, manchmal sogar sehr heftig. Dies ist ein Indikator dafür, dass uns Veränderungsprozesse bewusst werden und wir nach angemessenen Beschreibungen und einem tragfähigen Werterahmen suchen.

Es gibt vielfältige Familienformen, und den Wandel von Familie gab es schon immer. Aber nicht alle Familienformen werden bisher von der Gesellschaft als Familie anerkannt. So fühlen sich die einen nicht wahrgenommen und als Familie nicht ausreichend wertgeschätzt, andere empfinden die wahrgenommene Vielfalt als bedrohlich. Wir brauchen daher einen kontinuierlichen Dialog über den Wandel von Familie zwischen Zivilgesellschaft, Familienpolitik, Familienforschung, Kirchen und Glaubensgemeinschaften und den Familien selbst. Diesen Austausch im Ringen um Akzeptanz und Integration möchten wir befördern.

Gerade im Kontext rechtspopulistischer und religiös-extremistischer Entwicklungen ist es wichtig, die bereits gelebte Familienvielfalt in Politik, Gesellschaft und in den Medien sowie in den Kirchen und Glaubensgemeinschaften sichtbarer zu machen, ihr Raum zu geben und so familialen Zusammenhalt in unterschiedlichen Formen zu stärken. Wenn man Familie fördern möchte, dann bedeutet das, die gelebte Vielfalt wahrzunehmen und die darin enthaltenen Möglichkeiten zu erkennen. Und es bedeutet gerade nicht, ein normatives Bild zu perpetuieren, das der gesellschaftlichen Realität gar nicht mehr entspricht. Angesichts des demografischen Wandels geraten auch solidarische Generationsbeziehungen stärker in den Fokus. Längst verstehen wir Familie weiter als nur in der biologischen Genealogie, denn Angehörige und Zugehörige, Wahlverwandte und Nahestehende sind für das Gelingen von Familie oft genauso wichtig wie die Eltern. Und Familie hat immer einen Kontext: Kita und Schule, Nachbarschaften, Familienzentren und Familienbildung – es gibt zahlreiche Institutionen, die die Familie entlasten, stärken und befähigen können. Oft ist die Kirche Trägerin dieser familienstärkenden Einrichtungen.

Für die Gestaltung und die Definition von Familien ist es grundlegend, überholte und lebensfeindliche Leitbilder zu hinterfragen sowie die Pluralisierung der Lebensformen von Familien sichtbar zu machen. Für die Bundesstiftung Magnus Hirschfeld heißt dies immer auch, Lesben, Schwule, Bisexuelle, Transgender, trans- und intersexuelle sowie queere Menschen (LSBTTIQ) in Familien oder in der Kinderbetreuung sichtbar zu machen – sei es als Alleinerziehende, Verheiratete oder Unverheiratete, Geschiedene, Verpartnerte oder Nicht-Verpartnerte, in Wahl-, Patchwork- und in Regenbogenfamilien. Die Aufzählung ließe sich fortführen.

Die Evangelische Akademie zu Berlin hat die Orientierungshilfe des Rates der Evangelischen Kirche in Deutschland von 2013 aufgenommen. Ihr Titel *Zwischen Autonomie und Angewiesenheit: Familie als verlässliche Gemeinschaft stärken* verweist darauf, dass es nicht ausreicht, nur für die Anerkennung der Vielfalt von Familienformen einzutreten, sondern dass diese auch konkret und zuverlässig gestärkt und befähigt werden müssen.

Im Rahmen der Kooperation und Zusammenarbeit bei diesem Band erwarten wir daher von der Bundespolitik, dass sie Familien in ihrer Unterschiedlichkeit anerkennt und alle Formen verlässlichen Zusammenlebens von Menschen befördert. Diese Anerkennung muss aber auch politische Konsequenzen haben. Zu Recht formulierte die Evangelische Kirche: „Eine nachhaltige Familienpolitik ist daher nur durch die systematische Verknüpfung der Politikfelder Arbeit, Bildung, Familie und Soziales zu erreichen.“ (EKD 2013).

Unser Dank gilt der Bundesfamilienministerin a.D. Manuela Schwesig, die die Schirmherrschaft übernommen und den Fachtag finanziell gefördert hat. Ebenso haben uns die Diakonie Deutschland und der Evangelische Kirchenkreis Berlin Stadtmitte finanziell unterstützt. Die Diakonie war auf dem Fachtag durch Frau Maria Loheide aus dem Vorstand vertreten. Besonders danken möchten wir außerdem der Tagungsleitung Frau Dr. Eva Harasta und Frau Dr. Carolin Küppers, die den Fachtag mit weiteren Kolleg*innen hervorragend programmatisch und organisatorisch vorbereitet haben und auch diesen Band herausgeben.

Berlin, den 21.9.2018, Jörg Litwinschuh, Rüdiger Sachau

Literatur

Rat der Evangelischen Kirche in Deutschland [EKD] (Hrsg.) (2013): Zwischen Autonomie und Angewiesenheit. Familie als verlässliche Gemeinschaft stärken. Gütersloh: Gütersloher Verlagshaus.

Inhalt

Familie von morgen. Neue Werte für die Familie(npolitik)

Carolin Küppers, Eva Harasta

Familie zeigt sich in unserer weltanschaulich, kulturell und religiös pluralen Gesellschaft in einer Vielzahl von Konstellationen. Die Vielfalt gelebter Familienformen wirkt befreiend, aber manchmal auch unübersichtlich – und sie wird häufig als möglicher Ausgangspunkt von Konflikten wahrgenommen. Denn hinter den unterschiedlichen gelebten Familienformen stehen teils weit voneinander entfernte Wertvorstellungen. So stellt sich die Frage nach der ethischen Orientierung von Familienpolitik heute besonders dringlich. Das Leitbild der auf Ehe basierenden Kernfamilie aus Mutter, Vater und Kindern bleibt zwar gesellschaftlich wirksam, wird aber inzwischen ganz unterschiedlich ausgelegt und durch neue Formen des familialen Zusammenlebens ergänzt. Diese ‚Vervielfältigung' der Familienformen hat eine lange Geschichte, die bis in die Reformationszeit zurückreicht. Als Luther die Ehe zu einem „weltlich Ding" (Luther 1910: 205,12) erklärte, setzte er eine Entsakralisierung von Familie in Gang, deren Fortwirkungen bis heute spürbar sind. Denn ist die Ehe ein „weltlich Ding", dann ist sie offen für Veränderung und Deutung, dann ist sie Teil der geschichtlichen und der gesellschaftlichen Entwicklung. So wird die Frage nach dem guten Familienleben zum Gegenstand der Auseinandersetzung zwischen unterschiedlichen Wertvorstellungen. Familienformen, die nicht der Norm entsprechen, können nicht mehr mit dem schlichten Verweis auf eine vermeintliche ‚Heiligkeit' der Ehe zurückgewiesen werden. Vielmehr ist damit festgehalten: Keine bestimmte historische Gestalt von Familie und Ehe kann als allgemein und überzeitlich gelten.

Zugleich bleibt die geschichtliche Entwicklung von Familienformen eine wichtige und aktuelle Ressource zur ethischen und politischen Orientierung. Nicht erst heute unterscheiden sich Leitbilder und gelebte Realitäten mitunter deutlich voneinander. Aber unter den Bedingungen der heutigen pluralen Gesellschaft bedarf die ethische Grundlage von Familienpolitik einer besonderen Reflexion. Die Vielfalt gelebter Familienformen ist unübersehbar. Wie ist zivilgesellschaftlich und politisch mit den unterschiedlichen Leitbildern und Wertvorstellungen umzugehen, die hinter diesen Formen von Familie liegen? Wie lässt sich Akzeptanz für und Anerkennen von neuen und alternativen Familienentwürfen fördern?

Lange Zeit hatte die rechtliche und gesellschaftliche Institution der Ehe die Funktion, ein sozial verbindendes Leitbild von Familie zu stützen und zu begründen. Die Ehe als Institution verkörpert das öffentliche Interesse an der Familie als Ausgangspunkt von gesellschaftlicher Reproduktion. Sie gibt einen rechtlichen Rahmen: bei Unterhaltsfragen wie der Versorgung von Kindern oder der Pension Verwitweter, für die Besteuerung des Einkommens oder für das Vererben. Aber angesichts der zunehmenden Vielfalt von Familienformen stellt sich die Herausforderung, die rechtlichen und ethischen Formen für eine *gute* gesellschaftliche und gesellschaftspolitische Begleitung von Familien zu überdenken. Familien sind heute nicht mehr nur bürgerliche Kernfamilien mit zwei Elternteilen und Kind(ern), sondern auch Patchworkfamilien, interkulturelle Familien, Regenbogenfamilien, Wahlverwandtschaften, Alleinerziehende mit Kindern oder Einzelne, die ältere Angehörige pflegen etc. In ethischer wie politischer Hinsicht ist diese Pluralität folgenreich: so fordert sie uns zur Transformation überkommener Leitbilder auf, stellt aber zugleich ein großes Potenzial für die Gesellschaft dar.

Um das Potenzial und die Herausforderungen der gelebten Vielfalt von Familie für Politik und Ethik näher zu fassen, werden in diesem Band deskriptive Zugänge (historische, soziologische) ins Gespräch gebracht mit normativen Zugängen (ethische, theologische, rechtliche, politische). Dabei treten die unterschiedlichen Wertvorstellungen und Leitbilder verschiedener Familienkonstellationen erkennbar zutage. Die Beiträge zeigen aber auch: Die Orientierung an *einem* gemeinsamen Leitbild von Familie ist in Anbetracht der Diversität familialer Formen kein angemessenes Mittel, um Anerkennung und Akzeptanz zu fördern. Wie kann dann zwischen den unterschiedlichen Vorstellungen von Familie vermittelt werden, ohne sich *ethisch* einseitig auf ein bestimmtes Leitbild festzulegen (im Sinn einer bestimmten gesellschaftlich und staatlich besonders zu fördernden Familienform) und ohne *politisch* die weltanschauliche Neutralität des freiheitlichen Rechtsstaates zu kompromittieren?

Um mögliche Antworten auf diese Fragen zu finden, geht es in diesem Band auch darum, Kriterien für gute Beziehungen in Familien zu entwickeln. Kriterien, die Raum schaffen für vielfältige Gestaltungen von Familie, auch oder gerade jenseits etablierter und normativer Vorstellungen. Mit diesem Ansatz möchten wir familiale Vielfalt anerkennen, und zugleich eine kritische Auseinandersetzung mit konkreten Beziehungs- und Familienformen ermöglichen. Damit wenden sich die Beiträge ab vom Leitbilddenken und zeigen: Familien werden durch sehr unterschiedliche Beziehungen zusammengehalten – partnerschaftliche Beziehungen, Beziehungen von Abhängigkeit in Vertrautheit (wie beispielsweise gegenüber Kindern oder älteren Familienmitgliedern), Beziehungen von direkter Blutsverwandtschaft und von Wahlverwandtschaft. Als im ethischen Sinn *gut* können diese Beziehungen dann verstanden werden, wenn Gleichberechtigung in der Partner*innenschaft gelebt oder Verantwortung für abhängige Familienmitglieder übernommen wird. Diese Perspektive bedeutet auch, etwaige Machtgefälle zwischen Partner_innen zu hinterfragen und die Bedürfnisse abhängiger Familienmitglieder anzuerkennen. Der prozesshafte Charakter familialer Beziehungen rückt damit in den Fokus.

Der vorliegende Sammelband ist geleitet von der Frage, wie eine Familienpolitik aussehen könnte, die Familienvielfalt schützt und sie als zentrales Element eines zukünftigen friedlichen Zusammenlebens in der weltanschaulich pluralen Gesellschaft (an)erkennt. Er gliedert sich in vier Teile und stellt deskriptive und normative Perspektiven einander gegenüber: So leisten die ersten beiden Teile eine Darstellung und Reflexion der historischen und gegenwärtig gelebten Wirklichkeit(en) von Familie in Deutschland, während in den letzten beiden Teilen normative Perspektiven aufgezeigt werden, wie Familienvielfalt gesellschaftlich gestaltet und rechtlich abgesichert werden sollte. Innerhalb der einzelnen Teile sind jeweils Artikel und Statements enthalten. Die Artikel stellen Sachverhalte ausführlicher dar und entsprechen den wissenschaftlichen Kriterien ihrer jeweiligen Disziplinen, wohingegen die Statements etwas kürzer ausfallen und in Teilen auch politisch argumentieren.

Die Mehrzahl der Beiträge dieses Bandes beruht auf den Vorträgen und der Podiumsdiskussion der Tagung *Familie von morgen – Neue Werte für die Familie(npolitik)*, die vom 5. bis 7. April 2017 in Berlin stattfand. Bei der Tagung kooperierten die Bundesstiftung Magnus Hirschfeld, die Evangelische Akademie zu Berlin, das Bundesministerium für Familie, Senioren, Frauen und Jugend (BMFSFJ), die Diakonie Deutschland – Evangelischer Bundesverband und der Kirchenkreis Berlin Stadtmitte. Durch diese Vielfalt der Kooperationspartner_innen konnten diverse Positionen und Blickwinkel sichtbar gemacht und diskutiert werden, die auch diesen Band prägen. Für die umfassende Unterstützung bei der Organisation der Tagung und des Tagungsbandes bedanken sich die Herausgeberinnen bei Kristina Hens.

Heutige Diskurse über „Familie“ sind durch gesellschaftliche, kulturelle, religiöse und geschichtliche Faktoren geprägt. In Teil I *Familie im Wandel. Historische Perspektiven* wird daher u.a. auf das reformatorische Ehe- und Familienverständnis als wichtigen Faktor für die Entstehung der heutigen Vielfalt von Familienformen fokussiert. *Christopher Neumaier* geht dem Wandel der Familienbilder seit dem ausgehenden 19. Jahrhundert nach. Mit dem Aufsteigen von Bürgertum und Arbeiterschaft entwickelten sich neue Familienformen. Besonders wirkmächtig wurde aber bis weit ins 20. Jahrhundert hinein das Modell der christlich-bürgerlichen Kernfamilie mit einem verheirateten Ehepaar und klaren Geschlechterrollen. Einen erneuten Veränderungsschub erfuhren die Familienbilder erst in den 1960er-Jahren. Familie wird seit damals – und wohl bis heute – primär über Intergenerationalität definiert: die Eltern-Kind-Beziehung trat Neumaier zufolge als Grundlage von Familie an die Stelle der (ehelichen) Paarbeziehung.

Diskurse über Geschlechterrollen begleiten den Wandel der Familienbilder nicht erst seit dem 19. Jahrhundert. *Ute Gause* stellt die Bedeutung der Reformation für den historischen Wandel von Familienbildern dar. Demnach betonte Martin Luther, dass die Ehe ein „weltlich Ding" sei und unterstellte Ehe und Familie damit klar der menschlichen Gestaltung (Familie ist keine Heilsordnung Gottes). Ehe und Familie wurden durch die Reformation aber auch zum „Primärort christlichen Lebens" aufgewertet, so Gause. Dies geschah in bewusster Abgrenzung gegen die Aufwertung des zölibatären Lebens im katholischen Kontext. Gause konstatiert, dass antiemanzipatorische Impulse im Blick auf Frauenrollen in der reformatorischen Theologie vorhanden, aber nicht lanciert worden seien. Die Quellen propagierten allerdings bewusst eine „Domestizierung" von Männlichkeit und Weiblichkeit, indem sie für die christliche Lebensführung das eheliche Paradigma betonten.

Wie eine Gesellschaft mit kultureller und religiöser Vielfalt umgeht, zeigt sich konzentriert am Umgang mit interkulturellen oder interreligiösen Ehen, so *Aliyah El Mansy*. Sie rekonstruiert in historischer und gegenwärtiger Perspektive Vorbehalte gegen solche Ehen: die „Vermischung" von Gruppenidentitäten, soziale Konflikte zwischen unterschiedlichen Werten und Normen (besonders zur Kindererziehung), sowie rechtliche und ökonomische Vorbehalte. El Mansy zeigt, dass diese Vorbehalte keineswegs neu sind, sondern eine lange ethische Diskussionslinie haben. Zu diesem Zweck zieht sie jüdische und christliche Quellen aus der Antike heran und vergleicht sie mit heutigen Stellungnahmen zu interreligiösen Ehen und Familien. Die Auswertung der historischen Quellen verhilft zu Gelassenheit, liefert aber auch Kriterien für heutige Diskurse.

Teil II *Die Vielfalt familialer Beziehungen. Soziologische Perspektiven* thematisiert die Pluralität und Diversität der heute in der Bundesrepublik Deutschland gelebten Familienformen. Hier kommen mikro- und makrosoziologische Zugänge zusammen und Familie wird aus einer breiten Palette an Perspektiven betrachtet. Zunächst führt *Monika Götsch* aus, wie sich mit der wandelnden Bedeutung von Erwerbs- und Fürsorgearbeit auch Familienarrangements und damit heteronormative Geschlechterverhältnisse verändern. *Katharina Gerarts* untersucht in ihrem Beitrag Erziehung in der Familie aus der Sicht von Kindern. Sie erörtert anhand von Gruppendiskussionen und Interviews mit Kindern im Alter von fünf bis zehn Jahren, wie diese auf Erziehung in der Familie blicken und inwiefern Machtverhältnisse in der generationalen Ordnung eine Rolle spielen. Aus dem empirischen Material – den Erzählungen der Kinder – arbeitet sie zwei Kernkategorien heraus: die ideelle Erziehungskonzeption und die erlebte Erziehungsrealität, die sich nicht zwangsläufig entsprechen, oft sogar sehr offen im Widerspruch zueinander stehen. Gerarts zeigt, dass und inwiefern Kinder zwischen einer hohen Akzeptanz der als mächtig erlebten elterlichen Handlungen und einer aktiven Aushandlung und Verhandlung ebendieser changieren.

Kinder spielen auch im Beitrag von *Cornelia Schadler* eine zentrale Rolle. Sie stellt anhand von drei Fallbeispielen verschiedene Typen von Vielelternfamilien vor. Damit widmet sie sich dem Thema Kinder in Mehrfachbeziehungen, das bislang noch sehr wenig Beachtung in der Familienforschung findet. Vielelternfamilien stoßen im deutschsprachigen Raum auf viele Hindernisse, etwa in den Bereichen der rechtlichen Absicherung oder des geeigneten Wohnraums. Für eine etwaige Neuverhandlung von Geschlechter- und Elternrollen bieten sie aber spannende Potenziale, die auch für das Nachdenken über das Zusammenleben in Familien im Allgemeinen hilfreich oder sogar leitend sein könnten.

Nach diesen Einblicken in Fürsorgebeziehungen zu und mit Kindern in vielfältigen Familienkonstellationen wendet sich *Anita Christians-Albrecht* der Frage zu, welchen Einfluss die gestiegene Lebenserwartung auf Familienformen hat. Ihr zufolge stellt sich die Herausforderung, die dadurch entstehende Vielfalt familialer Altersrollen verantwortlich zu gestalten. Ältere Familienmitglieder engagieren sich bei der Kinderbetreuung und geben emotionalen Rückhalt, aber auch finanzielle Unterstützung. Eine Herausforderung – auch struktureller Art – stellt die Pflege gebrechlicher alter Familienglieder dar. Aus theologisch-seelsorgerlicher Perspektive betont Christians-Albrecht den Wert der intergenerationalen Solidarität, aber auch die Dringlichkeit der familienpolitischen Gestaltung von Pflege innerhalb und außerhalb des familialen Kontexts.

Wie Familie und Fürsorgebeziehungen aktuell gelebt werden ist auch ein zentrales Thema in Teil III *Familie gestalten. Politische Perspektiven.* Hier geht es zum einen darum, das Leitbilddenken zu durchbrechen und sich von der Fixierung auf Ehe als institutionelle Grundlage von Familie zu lösen. Zum anderen thematisiert der dritte Teil des Bandes verschiedene Formen von Diskriminierung gegenüber Familienformen, die nicht der Norm entsprechen, und leitet politische Forderungen daraus ab. *Erol Yildiz* betrachtet, inwiefern Migrationsbewegungen Gesellschaften nach außen öffnen und wie daraus neue familiale Verbindungen hervorgehen. Für die Kontextualisierung von solchen mehrheimischen Familienpraxen schlägt er eine postmigrantische Lesart vor, die Migrationsbewegungen neu bewertet und so Erfahrungsräume sichtbar macht, die im öffentlichen Diskurs bislang kaum zur Kenntnis genommen werden. Anhand von Fallbespielen aus verschiedenen qualitativen Forschungsprojekten legt er dar, wie mehrheimische familiale Konstruktionen vor Ort entstehen und welche Chancen deren transnationale Verortungen bieten. In unserer globalisierten und mobilitätsgeprägten Welt entstehen hier neue soziale Geografien und familiale Realitäten, die ein kritisches Überdenken der bisherigen Migrationsforschung erfordern.

Auch *Gabriele Boos-Niazy* legt ihren Fokus auf die Migrationsgesellschaft. Sie entfaltet zunächst anhand von Beispielen in Schulbüchern und Informationsbroschüren staatlicher Einrichtungen eine Analyse von und Kritik an vorherrschenden Stereotypen gegenüber muslimischen Familien. Religiösen, kulturellen und weltanschaulichen Prägungen wird, so Boos-Niazy auf dieser

Basis, im gesellschaftlichen und medialen Diskurs ein hoher Einfluss auf Lebens- und Familienformen eingewanderter Menschen zugesprochen. Boos-Niazy betont hingegen, dass vielmehr gesellschaftspolitische, ökonomische und rechtliche Rahmenbedingungen die Lebensformen eingewanderter Menschen prägen.

Mona Motakef, Julia Teschlade, Almut Peukert und *Christine Wimbauer* diskutieren in ihrem Statement, wie Familie jenseits der ‚Normalfamilie' in der Alltagspraxis hergestellt und gelebt wird und wie in LSBTIQ-Familien[1] Kinderwünsche realisiert werden (können). Im Statement von *Michael Plaß* geht es darum, Homophobie im gesellschaftlichen Diskurs über Regenbogenfamilien aufzuzeigen und zu problematisieren. *Susann Rüthrich* legt ihren Fokus auf die Frage, wie es ermöglicht werden könnte, Familienvielfalt zu leben und Kinderarmut abzuschaffen. Sie plädiert aus ihrer politischen Motivation heraus dafür, Kinderrechte ernst zu nehmen und gleiche Chancen für alle Kinder anzustreben. Der Teil zu politischen Perspektiven wird von einem Statement des *Bundesministeriums für Familie, Senioren, Frauen und Jugend* (BMFSFJ) abgeschlossen, das Anforderungen an eine zeitgemäße Familienpolitik benennt und dafür plädiert, dass familiäre Vielfalt in Deutschland in Zukunft diskriminierungsfrei und rechtlich gleichgestellt gelebt werden kann.

Teil IV *Bedingungen für Familiengestaltung. Werte, Normen, Recht* thematisiert ethische Ressourcen für zukünftige Familienpolitik in der weltanschaulich, kulturell und religiös pluralen Gesellschaft. Er stellt zudem die Frage nach den rechtlichen Bedingungen, die ein gleichberechtigtes Zusammenleben von verschiedenen Familienformen ermöglichen. *Dorett Funcke* widmet sich in ihrem Beitrag der Erzählung der vermeintlichen Krise von Ehe und Familie. Sie zeichnet zunächst den Strukturwandel von Ehe und Familie in den 1950er- und 1960er-Jahren nach und relativiert aus dieser Entwicklung den angeblich dramatischen Strukturwandel privater Lebensformen. Sie führt zahlreiche Argumente an, die eine optimistischere Lesart ermöglichen, und zeigt auf, wie groß die Bedeutung von Ehe und Familie – trotz oder gerade wegen zahlreicher Öffnungen und struktureller Veränderungen – auch heute noch ist.

Gerhard Schreiber betrachtet den Strukturwandel von Familie und die neue Vielfalt an Familienformen mit einem besonderen Fokus auf die Anerkennung intergeschlechtlicher Menschen. Er erörtert dieses Thema als Herausforderung für theologisches Denken und kirchliches Handeln – eine Herausforderung, der sich die Kirchen jedoch stellen können und müssen.

Konrad Duden diskutiert die rechtliche Behandlung von Familien, die vom Bild der ehelichen Kleinfamilie abweichen, als eine aktuelle Herausforderung für den deutschen Gesetzgeber. Gegenwärtig orientiert sich das deutsche Abstammungsrecht – auch im internationalen Vergleich gesehen – noch stark an

1 LSBTIQ steht für lesbische, schwule, bisexuelle, trans- und intergeschlechtliche und queere Menschen.

der leiblichen Abstammung. Weicht die soziale Elternschaft davon ab, ergeben sich rechtliche Unsicherheiten und auch Hürden bei der Familiengründung. Eine erste bedeutende Veränderung in Richtung bejahter Vielfalt ergab sich 2017 durch die Öffnung der Ehe für Paare gleichen Geschlechts. Seitdem sind verheiratete lesbische und schwule Paare im Adoptionsrecht heterosexuellen Paaren gleichgestellt.

Ralph Charbonnier bündelt die wichtigsten Gedanken der Orientierungshilfe *Zwischen Autonomie und Angewiesenheit: Familie als verlässliche Gemeinschaft stärken*, die 2013 im Auftrag des Rates der Evangelischen Kirche in Deutschland erarbeitet wurde (EKD 2013). Das Papier legt ethische Kriterien für die Gestaltung von Beziehungen innerhalb von Familie in ihren unterschiedlichen Verwirklichungsformen vor – und rückt ab von der traditionellen kirchlichen Leitbildethik. Es ist als ein Teil eines weiterhin laufenden intensiven Diskurses über Familienbilder innerhalb der evangelischen Kirchen zu sehen, der gesamtgesellschaftliche Dynamiken reflektiert.

Silke Radosh-Hinder stellt in ihrem Statement dar, wie die Anstöße aus der Orientierungshilfe auf der Ebene des Kirchenkreises Berlin Stadtmitte praktisch umgesetzt werden. Der Fokus liegt dabei einerseits auf besonders schutzbedürftigen Bereichen, in denen Familien sich Diskriminierung oder Benachteiligungen ausgesetzt sehen, und andererseits auf Familienbildung.

Ralf Evers analysiert zunächst unterschiedliche Zugänge zur Dialektik von Vielheit und Einheit, die eine Grundsignatur heutiger Gesellschaften bildet und auch im Ringen um Familienformen ausgetragen wird. Er beschreibt „Familie" als eine Vielfalt an Lebensformen, die gemeinsam haben, dass sie intergenerationale Fürsorgebeziehungen enthalten und die Sozialisation von Solidarität ermöglichen. Theologie und Ethik, so Evers, reagieren darauf adäquat, wenn sie die traditionelle normative Idee einer Normalfamilie durch das Ideal einer Familie ersetzen, die durch verlässliche, fürsorgliche, gleichberechtigte und faire Beziehungen konstituiert wird. So rückt die Art des Zusammenlebens ethisch in den Mittelpunkt, nicht (mehr) die Beschreibung der Institution „Ehe (und Familie)".

Die Vielfalt gelebter Familienformen findet unseres Erachtens Widerhall in der interdisziplinären, methodischen und positionellen Diversität der Beiträge dieses Bandes. Die Beiträge zeigen in ihrer Gesamtschau, dass Familie bedeutsam ist und bleibt, sie bezeugen aber auch aus verschiedenen Blickrichtungen ihre Wandlungs- und Anpassungsfähigkeit.

Berlin und Wittenberg, Oktober 2018

Literatur

Luther, Martin (1910): Von Ehesachen. In: Knaake, Joachim Karl Friedrich et al. (Hrsg.): D. Martin Luthers Werke. Kritische Gesamtausgabe. 30 Band. Dritte Abteilung (WA 30/3). Weimar: Hermann Böhlaus Nachfolger, S. 205-248.

Rat der Evangelischen Kirche in Deutschland [EKD] (Hrsg.) (2013): Zwischen Autonomie und Angewiesenheit. Familie als verlässliche Gemeinschaft stärken. Gütersloh: Gütersloher Verlagshaus.

Familie im Wandel.
Historische Perspektiven

„Haus“, christlich-bürgerliche Kernfamilie, Lebensform: Konflikte um Familienformen in der Moderne

Christopher Neumaier

1 Einleitung

„Vom Patriarchat zur Partnerschaft“ proklamierten die Sozialhistoriker Michael Mitterauer und Reinhard Sieder (1980 [1977]). Sie versuchten mit diesen beiden programmatischen Schlagworten die in den 1960er- und 1970er-Jahren wahrgenommenen gesellschaftlich-kulturellen Veränderungsprozesse einzufangen. Mitterauer und Sieder brachten damit aber auch zum Ausdruck, dass sich die Vorstellungen von Familie, vom Familienleben und von Geschlechterrollen in diesem Zeitabschnitt grundlegend gewandelt hatten. Die Wahrnehmung dieses Wandels war zwar weit verbreitet, sie war jedoch – im Unterschied zu Mitterauers und Sieders Analyse – in der zeitgenössischen Debatte vielfach negativ konnotiert. So würde die Familie ihrem drohenden Untergang entgegenblicken (für die Debatte vgl. Neumaier 2016). Insbesondere die katholische Kirche vertrat diese Position und warnte vor den Veränderungen, wie etwa Joseph Kardinal Höffner in seinem Hirtenbrief 1986: „Seit dem verhängnisvollen Traditionsbruch Ende der 60er und Anfang der 70er Jahre ist die individualistische Deutung der Ehe in breite Schichten des deutschen Volkes eingedrungen“ (Höffner 1986: 4f.). Hier zeigt sich, dass für Höffner das Sakrament der Ehe einen integralen Bestandteil von Familie darstellte. Es wird aber auch klar, dass in dieser Debatte von „der“ Familie gesprochen wurde und dass scheinbar allen Beteiligten stets klar war, was unter einer Familie zu verstehen sei. Gleichwohl existierten immer unterschiedliche Vorstellungen von Familie, wie im Folgenden gezeigt wird. Zudem wird schlaglichtartig nachgezeichnet, wie sich das jeweils zeitgenössisch verhandelte Familienverständnis in der „Moderne“ wandelte.[1]

1 Zu gegenwärtigen Familienvorstellungen vgl. Schneider 2008: 12f.

2 Vom „Haus“ zu „modernen“ Familienformen in Bürgertum und Arbeiterschaft

Das Wort „Familie“ fand vergleichsweise spät Eingang in die deutsche Sprache. Zunächst war im späten 17. und 18. Jahrhundert das französische Lehnwort „famille“ in der Alltagssprache üblich geworden und trat an die Stelle des bis dahin verwendeten Begriffs „Haus“. Unter „Haus“ verstand man die Gesamtheit unter der Herrschaft des patriarchalischen Hausvaters stehenden Personen, also alle, die in dem Haus lebten, speisten und arbeiteten. Zum „Haus“ zählten somit neben Ehefrau und Kindern auch Gesinde und der Besitz (vgl. Gestrich 2013: 4f.; Gestrich 2003: 421; Brunner 1968; Schwab 1992). Mit den im Laufe des 19. Jahrhunderts einsetzenden und sich beschleunigenden Modernisierungsprozessen, wie Industrialisierung, Rationalisierung, Säkularisierung, Emanzipation, Individualisierung, Pluralisierung und Urbanisierung, veränderten sich der Familienalltag und das Sprechen über Familie. Zudem entstand mit der Trennung von Arbeitsstätte und Wohnort, die mit der Industrialisierung einherging, die bürgerliche Kernfamilie. Sie zeichnete sich insbesondere durch eine Privatisierung und Emotionalisierung der Familie aus. Gleichzeitig wurden die unterschiedlichen Geschlechterrollen rigide definiert. Die Frau galt als passiv, emotional und mütterlich; der Mann wurde als aktiv, rational und berufsorientiert beschrieben. Diese Differenzierung wird als „Polarisierung der ‚Geschlechtscharaktere‘“ beschrieben (vgl. Hausen 1976; Gestrich 2013: 5f.).

Neben der bürgerlichen Familie entstand als zweite „moderne“ Familienform die Arbeiterfamilie.[2] Beide Familientypen nahmen in dem Wandlungsprozess jeweils aus unterschiedlichen Gründen eine herausragende Stellung ein. Das Ideal der bürgerlichen Familie beeinflusste trotz seiner geringen Verbreitung alle gesellschaftlichen Gruppen und prägte die Wunschvorstellungen vom Familienleben. Die bürgerliche Familie firmierte somit als allgemeine Richtschnur für das ideale Familienleben. Den Arbeiterfamilien wiederum kam aufgrund ihrer zunehmenden quantitativen Verbreitung eine besondere Rolle zu (vgl. Rosenbaum 1982: 476, 483f.).[3]

Als sich die Formen des Zusammenlebens veränderten und der Wandel gerade die meist land- und besitzlosen Schichten erfasste, die zum Arbeiten in Industrieregionen zogen, verbreiteten sich überdies sozialkonservative Familienkonzepte. Sie orientierten sich an dem nostalgisch-idyllischen Ideal des vorindustriellen „Ganzen Hauses“. Der prominenteste Denker dieser Strömung war der Volkskundler Wilhelm Heinrich Riehl. Er stellte in seiner Arbeit *Die*

2 Für eine Zusammenfassung der Entwicklung vgl. Sieder 1987: 125–211.

3 Siehe auch Tenfelde 1992: 179. Kleinbürgerliche Schichten übernahmen ebenfalls das bürgerliche Ideal. Vgl. Berg 1991: 95.

Familie, die 1855 erstmals erschien und bis 1935 die 17. Auflage erreichte, der modernen Arbeiterfamilie das Ideal der vorindustriellen Großfamilie entgegen. In dieser seien die patriarchalischen Strukturen religiös legitimiert gewesen, lautete ein zentrales Plädoyer Riehls. Damit waren die Geschlechterrollen von Gott gestiftet und unveränderlich (vgl. Riehl 1904 [1855]; Brunner 1988).

Riehl versuchte folglich die Veränderungsprozesse einzuhegen, indem er das Ideal der christlich-bürgerlichen Familie entwarf. Dabei verstand er die Institution Familie als ein lebenslang verheiratetes Elternpaar mit gemeinsamen Kindern. Der Vater nahm die Rolle des Familienoberhaupts und Ernährers ein. Die Mutter kümmerte sich um Haushalt und Kindererziehung. In der katholischen Ausprägung waren die Institutionen Ehe und Familie nicht nur von Gott gestiftet und unveränderlich. Sie galten zudem als „Keimzelle" des Staates und waren diesem vorgeordnet, wie auch Papst Leo III. in der Enzyklika *Rerum novarum* 1891 darlegte. Darin wurde auch die „väterliche Gewalt" als von Gott gegebene Aufgabe bezeichnet. Kindererziehung galt nach dem katholischen Glauben generell als Recht und Pflicht der Eltern (vgl. Schneider 1994: 14f.; Heinemann 2004: 112–117; Rölli-Alkemper 2000: 47ff.).

In etwa zeitgleich verbreitete sich aber auch eine kritische Perspektive auf die Familie als Herrschafts- und Machtinstrument. Insbesondere Friedrich Engels' 1884 veröffentlichtes Werk *Der Ursprung der Familie, des Privateigenthums und des Staats* ist zu benennen. Als weitere prägende Kraft wirkte August Bebel mit seiner 1879 publizierten Arbeit *Die Frau und der Sozialismus*. Allein bis 1902 erschien sie in 34 mehrfach überarbeiteten Auflagen. Darin forderte Bebel die berufliche und politische Gleichberechtigung der Frau. Er bildete damit neben Engels einen weiteren Gegenpol zu Riehls Ideal (vgl. Engels 1962; Bebel 1964 [1879]).

Weder Engels noch Bebel stellten dabei die äußere Zusammensetzung der Familie als verheiratetes Paar mit Kindern infrage. Es ging ihnen vielmehr darum, die patriarchalischen Geschlechterrollen zu reformieren. Denn Familie sei, so Engels, ein Herrschaftsinstrument, das über das patrilineale Verwandtschaftsprinzip die Kapitalanhäufung wie auch die Hegemonie des Mannes ermögliche. Die Rolle der Frau werde so reduziert auf die Funktion als „erste Dienstbotin" (Engels 1962: 75), es komme zur „offne[n] oder verhüllte[n] Haussklaverei der Frau" (ebd.). Bebel prangerte ebenfalls die soziale, rechtliche und ökonomische Abhängigkeit der Frau vom Ehemann an. Arbeit war auch in diesem Familienleitbild das zentrale strukturierende Merkmal. Im Unterschied zu Riehl basierte jedoch die Stellung der Frau nicht auf einer naturrechtlichen Ordnung. Vielmehr sei sie aus den jeweiligen Produktionsverhältnissen historisch gewachsen.

Alle drei Autoren konstruierten, wie ihrer Ansicht nach Familie und Familienleben idealtypisch auszusehen hatten. Sie entwickelten utopische Gesellschaftsentwürfe, in die jeweils eine spezifische Art von Familie eingebettet war. Ihre Darstellungen lieferten damit keine Beschreibung der familialen

Praktiken des 19. Jahrhunderts, sondern bündelten normativ aufgeladene Familienleitbilder (vgl. Gestrich 2010: 7; König 1976: 6; ähnlich auch bei Schwägler 1970: 36; Nave-Herz 2010: 27; Huinink/Konietzka 2007: 17). Zugleich bilden diese Leitbilder zwei Extrempositionen ab, die Teil eines schwelenden Konflikts um gesellschaftliche Zukunfts- und Ordnungsentwürfe waren. In diesem Kampf um Deutungshoheit standen sich Riehls ideologisiertes, naturrechtlich konstruiertes patriarchalisches Familienleitbild mit klar getrennten Geschlechterrollen und das emanzipatorische Familienmodell von Bebel und Engels gegenüber.

3 Alternative Ehekonzepte der 1920er-Jahre

In den 1920er-Jahren kamen alternative Sichtweisen auf Ehe und Familie auf, deren Vertreter und Vertreterinnen nicht nur die innerfamilialen Praktiken reformieren wollten. Sie wollten auch die äußere Struktur der Ehe modifizieren. Entscheidend war bei diesen Debatten, dass die Zeitgenossen und Zeitgenossinnen alternative Ehekonzepte diskutierten. Ehe blieb damit aus ihrer Perspektive ein zentrales Element für eine Familie. Das änderte sich erst in den 1970er-Jahren. In den Aushandlungsprozessen der 1920er-Jahre ging es hingegen auch um die Frage, wie das Verhältnis von Gemeinschaft und Individuum auszugestalten sei. Die Verfechter und Verfechterinnen der alternativen Ehekonzepte gingen dabei von einem Vorrang der Individualinteressen aus.

Das Modell der Kameradschaftsehe entfaltete in den 1920er-Jahren von allen alternativen Ehekonzepten die größte Reichweite. Vermutlich lag dies daran, dass sich die Vorstellungen von Kameradschaft in unterschiedliche Familienkonzepte einpassen ließen. Auf große Resonanz stießen insbesondere die Überlegungen des US-amerikanischen Jugendrichters und Sozialreformers Ben B. Lindsey. 1927 veröffentlichte er seine theoretischen Überlegungen in der Monographie *The Companionate Marriage*, die zwei Jahre später unter dem Titel *Die Kameradschaftsehe* auf Deutsch erschien. Lindsey umschrieb ein Modell, das jungen Paaren einen rechtlichen Rahmen geben sollte, das Zusammenleben auszuprobieren, bevor Kinder gezeugt wurden. Sollte diese Kameradschaftsehe scheitern, dann müsse es, so Lindsey, möglich sein, die kinderlose Ehe im gegenseitigen Einvernehmen und ohne Unterhaltszahlungen zu scheiden.[4] Die sozialdemokratische Frauenbewegung diskutierte ebenfalls das Modell einer Kameradschaftsehe, orientierte sich aber stärker als Lindsey an einer kameradschaftlich orientierten Beziehung. Kameradschaft korrespon-

4 Vgl. Lindsey/Evans 1929 [1927]: 9, 170; Heinemann 2004: 173f.; Hagemann 1990: 329f. Auf Deutsch erschien Lindseys Arbeit 1929.

dierte hier mit einem gewandelten Geschlechterrollenbild, wonach sich beide Partner bei der Haushaltsführung und Kindererziehung stärker ergänzen sollten (vgl. Hagemann 1990: 113, 117–132, 157, 162, 165, 307, 328–331; Heinemann 2004: 173f.).

Katholiken wie der Priester Anton Heinen lehnten wiederum solche kameradschaftlichen Beziehungen ab, da sie nicht mit der katholischen Lehrmeinung vereinbar seien (vgl. Heinen 1931: 52f.). Diese ablehnende Haltung der katholischen Kirche und ihrer Gläubigen verdeutlichte der Katholikentag 1929 in Freiburg, der sich für die *Rettung der christlichen Familie* aussprach (vgl. Sekretariat des Lokalkomitees 1929). Von katholischer Seite aus vermutete man somit einen weiteren Bedeutungsverlust der christlich-bürgerlichen Kernfamilie, den es abzuwenden galt. Diese nicht nur von Katholiken vertretene Krisendiagnose resultierte aus dem spezifischen Familienleitbild, das als Familie ausschließlich eine christlich-bürgerliche Kernfamilie mit eindeutig getrennten Geschlechterrollen verstand. Alle davon abweichenden Familienmodelle galten demnach eben nicht als Familie.

4 Von der Kernfamilie zu einem inkludierenden Familienverständnis (1950er- bis 1980er-Jahre)

Nach dem Ende des Zweiten Weltkriegs lebte die Krisendiagnose katholischer Zeitgenossen und Zeitgenossinnen erneut auf, als sie in der unmittelbaren Nachkriegszeit den Anstieg der Scheidungszahlen mit Sorge betrachteten.[5] In den 1950er-Jahren jedoch kehrte sich die Perspektive um. Nun schien es, als würde das Leitbild der christlich-bürgerlichen Kernfamilie nicht mehr zur Disposition stehen. Die Zahl der Scheidungen ging zurück und parallel heirateten immer mehr Bundesbürgerinnen und Bundesbürger. Zudem entwickelte sich dieses Familienideal zum Fixstern für die bundesrepublikanische Familienpolitik unter dem ersten Familienminister und überzeugten Katholiken Franz-Josef Wuermeling. Er sprach sich dafür aus, dass in Anlehnung an die katholische Soziallehre zwischen dem inneren und äußeren Bereich der Familie unterschieden werden müsse. Für ersteren sei die Seelsorge der Kirchen und Familienverbände verantwortlich. Der zweite Bereich hingegen falle dem Familienministerium zu, das sich in der Folge für einen familiengerechten Wohnungsbau und finanzielle Zuwendungen einsetzte, wie das 1954 eingeführte Kindergeld ab dem dritten Kind. Hier zeigte sich zugleich, dass die kinderreiche Familie, d.h. die Familie mit mindestens drei Kindern, als Ideal galt. Im Kern zielten die familienpolitischen Maßnahmen der frühen Bundesrepublik

5 Für die Debatte vgl. exemplarisch Niehuss 2001: 98–106.

darauf, die Institutionen Ehe und Familie zu stärken. Für eine veränderte Verteilung der Geschlechterrollen hingegen sprachen sie sich nicht aus (vgl. Ruhl 1994: 153ff.; Münch 1990: 208–211; Kuller 2004: 88ff.; Niehuss 2001: 172–178; Münch 2005: 603; Moeller 1997: 146, 221, 226; Buske 2004: 223; Niehuss 2001: 181). Diese politischen Ziele werden von der Forschung als die „Refamilialisierung“ (Moeller 2008: 322; Moeller 1997; Heineman 199); Rölli-Alkemper 2000) oder „Restauration der traditionellen Kernfamilie“ (Niehuss 1998: 334; ähnlich bei Conze 2009: 187f.; Delille/Grohn 1985: 41) beschrieben. Aus dieser Perspektive kam der Kernfamilie eine Stabilisierungs- und Ordnungsfunktion zu.

Einen wissenschaftlichen Beleg für diese Annahme lieferten die Befunde des zeitgenössischen Soziologen Helmut Schelskys, der die Familie als „*Stabilitätsrest in unserer Gesellschaftskrise*“ (Schelsky 1955: 13 [Hervorhebung im Original; C.N.]) bezeichnet hatte. Als Familie verstand er gleichwohl ausschließlich die christlich-bürgerliche Kernfamilie, nicht aber unverheiratete Eltern. Schelsky konstatierte hinsichtlich der Geschlechterrollen sogar, dass sich die „alte patriarchale Autoritätsstruktur der Familie“ in der Nachkriegszeit aufgelöst habe. Es zeige sich stattdessen eine Entwicklung hin „„zu einer echten Partnerschaft“ (a.a.O.: 290) der Ehepartner. Eine Tagung der Evangelischen Akademie Rheinland in Bonn-Bad Godesberg im Jahr 1953 griff diese Beobachtung auf und sprach davon, dass das Patriarchat überholt sei und sich Partnerschaft zum neuen Leitbild entwickelt habe. Andere zeitgenössische Beobachter wie der Soziologe Gerhard Baumert teilten hingegen Schelskys Thesen nicht. Vielmehr konstatierte er in seiner Arbeit zur *Deutschen Familie nach dem Kriege*, deren Daten er in Darmstadt und Umgebung um 1950 erhoben hatte, dass in den Familien weiterhin eine „ausgesprochene Dominanz des Mannes“ (Baumert 1954: 122) zu beobachten sei. Von einer Gleichrangigkeit zwischen Partnerin und Partner könne demnach nicht die Rede sein. Diese Einschätzung teilten auch spätere Analysen zu Familienkonstellationen und Geschlechterrollen in der frühen Bundesrepublik (vgl. exemplarisch Meyer/Schulze 1989).

Trotz aller Unterschiede hatten Schelsky und Baumert schon in den 1950er-Jahren letztlich beide einen zentralen Aspekt herausgearbeitet: die Geschlechterrollen blieben weitgehend statisch; Hausarbeit und Kindererziehung fielen der Ehefrau zu. 48 Prozent von Baumerts 387 Befragten hatten erklärt, dass sich der Ehemann nicht an den Hausarbeiten beteilige. 18 Prozent der Ehemänner halfen gelegentlich mit, 32 Prozent taten dies regelmäßig. Diese passive Haltung korrelierte positiv mit dem Familieneinkommen. Auf die Frage, ob der Mann im Haushalt mithelfen solle, antworteten 41 Prozent der Männer mit „Nein“; bei den Frauen waren es sogar 68 Prozent. Diese Antworten zeigten, wie sehr tradierte Geschlechterrollen auch weiterhin aufrechterhalten wurden, wobei dies auf ältere Frauen in weitaus stärkerem Maße zutraf als auf jüngere (vgl. Baumert 1954: 152f.).

Während die 1950er-Jahre noch als das „Golden Age of Marriage" (Peuckert 2012: 37) gegolten hatten, schien es ab Mitte der 1960er-Jahre, als stünde die Familie zur Disposition: die Heiratszahlen waren ab Mitte der 1960er-Jahre genauso wie die Geburtenziffern eingebrochen. Parallel stiegen die Scheidungsziffern in den späten 1960er-Jahren signifikant an (vgl. a.a.O.: 30–38, 164–177, 301–314). Erneut diskutierte man angesichts dieses statistisch erfassten Wandels, ob sich die Familie in einer Krise befände. Die Veränderungen waren durchaus beträchtlich. Gleichwohl lässt sich rückblickend nur von einer „Krise" sprechen, wenn ausschließlich die christlich-bürgerliche Kernfamilie als „Familie" gesehen wird. Wenn stattdessen ein inkludierender Familienbegriff verwendet wird, der auch Alleinerziehende und unverheiratete Paare mit Kindern als Familie versteht, dann ist die Veränderung weitaus weniger dramatisch (vgl. Neumaier 2016).

Ein solch weit gefasster Familienbegriff verbreitete sich in den 1970er-Jahren zumindest in der Wissenschaft und in einigen gesellschaftlichen Teilgruppen. Zugleich umfasste das Familienleitbild der sozial-liberalen Koalition diese Familienformen. Ein sozialgeschichtliches Massenphänomen waren die sogenannten neuen Lebensformen hingegen in den 1970er- und 1980er-Jahren noch nicht. Dies belegen unterschiedlichste Quellen. Statistische Messungen zeigen auf, dass 1972 43,3 Prozent der erwachsenen Bundesbürger in einer traditionellen Kleinfamilie als verheiratetes Ehepaar mit Kindern lebten (vgl. Peuckert 2012: 25). Auch die gesellschaftlich verhandelten Definitionen von Familie deuten darauf hin, dass sich die sogenannten alternativen Lebensformen lediglich in bestimmten sozialen Milieus langsam durchsetzten. Retrospektiv betrachtet liegt aus familiensoziologischer Perspektive nahe, dass es – im Unterschied zu zahlreichen zeitgenössischen Selbstbeschreibungen – in den 1970er- und 1980er-Jahren nicht zu einer ausgeprägten Pluralität familialer Lebensformen gekommen ist. Vielmehr zeigt sich eine „Pluralisierung in Grenzen", denn nicht jede Form des Zusammenlebens konnte beliebig gewählt werden und lediglich in der Altersgruppe der 25- bis 35-Jährigen stand den Akteurinnen und Akteuren eine Vielzahl unterschiedlicher Lebensformen offen.[6] In großer Zahl verbreiteten sich neue Formen des Zusammenlebens somit ausschließlich in einer relativ eng umrissenen sozialen Gruppe, während die Mehrheit der Bürgerinnen und Bürger weiterhin in einer Familie traditionellen Zuschnitts lebte.

Die rechtlichen Rahmenbedingungen wandelten sich zwischen den späten 1960er und frühen 1980er-Jahren demgegenüber weitaus stärker. Insbesondere drei zentrale Gesetzesreformen können benannt werden: die Reform des Nichtehelichenrechts 1969, die Reform des Scheidungs- und Familienrechts 1976 und die Reform des Sorgerechts 1979. In den Debatten um die Reformen diskutierten die Zeitgenossen und Zeitgenossinnen erneut über das Modell einer

6 Für eine Zusammenfassung der unterschiedlichen Positionen vgl. Schneider 2001; Wagner 2008.

partnerschaftlichen Ehe, wobei hier im Unterschied zu den 1950er-Jahren stärker an ein egalitäres Rollenmodell gedacht wurde (vgl. Neumaier/Ludwig 2015: 272f.).[7] Gleichwohl ließ sich dieses geänderte Rollenideal in der innerfamilialen sozialen Praxis kaum finden, wie unter anderem die Untersuchungen der Soziologin Helge Pross aufzeigten. Pross argumentierte mit Blick auf die 1970er-Jahre, dass auch Frauen die tradierten Geschlechterrollen nicht infrage stellen würden. Frauen kümmerten sich weiterhin um den Haushalt, auch wenn sie berufstätig seien. Pross bezeichnete die Hilfe des Mannes als „Gelegenheitsarbeit" und ging davon aus, dass sich daran mittelfristig nichts ändern werde (vgl. Pross 1976: 145). Auch eine Studie des Familienministeriums untersuchte 1976, wie die Aufgaben in Familien verteilt waren. Reparaturen, Autowaschen und Schriftverkehr mit amtlichen Behörden fielen in den Aufgabenbereich des Mannes. Frauen kümmerten sich hingegen um die Mahlzeiten, Wäsche waschen, Einkaufen, Putzen und die Kindererziehung. Egalitär waren die Aufgaben in den Familien folglich nicht verteilt. Auch in den 1970er- und 1980er-Jahren blieben die Elternteile jeweils für ihre eigenen Sphären zuständig (vgl. Metz-Göckel/Müller 1986).

5 Fazit

Die gesellschaftlich akzeptierten Vorstellungen von Familie haben sich in den letzten zweihundert Jahren deutlich gewandelt. Zunächst lösten die beiden „modernen" Familienformen aus dem Bürgertum und der Arbeiterschaft die traditionelle Familiengemeinschaft des „Hauses" ab. Insbesondere seit dem ausgehenden 19. Jahrhundert entwickelte sich das Modell der christlich-bürgerlichen Kernfamilie mit einem verheirateten Ehepaar und klar definierten Geschlechterrollen zum Leitbild. Bis in die zweite Hälfte des 20. Jahrhunderts stand das Lebensmodell der Ehe kaum zur Diskussion. Das änderte sich erst in den 1960er-Jahren, als Familie zusehends über die Eltern-Kind-Beziehung definiert wurde und sich diese Vorstellung zum allgemeinen gesellschaftlichen Leitbild entwickelte.

Die Geschlechterrollen wurden demgegenüber bereits im ausgehenden 19. Jahrhundert diskutiert. Während zum Beispiel Vertreter der katholischen Kirche die patriarchalischen Strukturen naturrechtlich begründeten, sah August Bebel in der Familie ein Herrschafts- und Machtinstrument, das die Ehefrau unterdrücke. In den 1920er-Jahren folgten Debatten über alternative Ehekonzepte, in denen man erneut über die innerfamiliale Aufgabenverteilung diskutierte. So sollten sich in einer „kameradschaftlichen" Beziehung die beiden

7 Für die Debatten um die Reform des Scheidungsrechts vgl. Neumaier 2014.

Partner bei den Aufgaben Haushaltsführung und Kindererziehung ergänzen. Egalitär-gleichberechtigt sollten die Aufgaben jedoch nicht verteilt werden. Dieses Geschlechterrollenideal verbreitete sich erst verstärkt in den 1970er-Jahren. Konsequenzen für den Familienalltag der großen Mehrzahl hatten diese Vorstellungen jedoch kaum. Selbst wenn sich insbesondere ab den 1970er-Jahren Väter zumindest am Wochenende stärker in die Kindererziehung einbrachten, fielen die zeit- und arbeitsintensiven Hausarbeiten wie Wäschewaschen, Putzen und Kochen weiterhin den Ehefrauen zu.

Literatur

Baumert, Gerhard (1954): Deutsche Familien nach dem Kriege. Unter Mitwirkung von Edith Hünniger. Gemeindestudie des Instituts für Sozialwissenschaftliche Forschung, Darmstadt, Band 5. Darmstadt: Eduard Roether.

Bebel, August (1964 [1879]): Die Frau und der Sozialismus. Mit einem Geleitwort von Walter Ulbricht. Berlin (Ost): Dietz.

Berg, Christa (1991): Familie, Kindheit, Jugend. In: Berg, C. (Hrsg.): Handbuch der deutschen Bildungsgeschichte. Band IV (1870–1918). München: C. H. Beck, S. 91–145.

Brunner, Otto (1968): Das „ganze Haus“ und die alteuropäische „Ökonomik“. In: Ders.: Neue Wege der Verfassungs- und Sozialgeschichte. 2. Aufl. Göttingen: Vandenhoeck & Ruprecht, S. 103–127.

Brunner, Otto (1988): Vom „ganzen Haus“ zur „Familie“. In: Rosenbaum, Heidi (Hrsg.): Familie und Gesellschaftsstruktur. Materialien zu den sozioökonomischen Bedingungen von Familienformen. 4. Aufl. Frankfurt am Main: Suhrkamp, S. 83–91.

Buske, Sybille (2004): Fräulein Mutter und ihr Bastard. Eine Geschichte der Unehelichkeit in Deutschland 1900–1970. Göttingen: Wallstein.

Conze, Eckart (2009): Die Suche nach Sicherheit. Eine Geschichte der Bundesrepublik Deutschland von 1949 bis in die Gegenwart. München: Siedler.

Delille, Angela/Grohn, Andrea (1985): Blick zurück aufs Glück. Frauenleben und Familienpolitik in den 50er Jahren. Berlin: Elefanten Press.

Engels, Friedrich (1962): Der Ursprung der Familie, des Privateigenthums und des Staats [1884]. In: Institut für Marxismus-Leninismus beim ZK der SED (Hrsg.): Werke Karl Marx und Friedrich Engels. Bd. 21. Berlin (Ost): Dietz, S. 25–173.

Gestrich, Andreas (2003): Neuzeit. In: Gestrich, Andreas/Krause, Jens-Uwe/Mitterauer, Michael (Hrsg.): Geschichte der Familie. Europäische Kulturgeschichte, Band 1. Stuttgart: Alfred Kröner, S. 364–652.

Gestrich, Andreas (2010): Geschichte der Familie im 19. und 20. Jahrhundert. 2. Aufl. München: Oldenbourg.

Gestrich, Andreas (2013): Geschichte der Familie im 19. und 20. Jahrhundert. 3., um einen Nachtrag erweiterte Auflage. München: Oldenbourg.

Hagemann, Karen (1990): Frauenalltag und Männerpolitik. Alltagsleben und gesellschaftliches Handeln von Arbeiterfrauen in der Weimarer Republik. Bonn: J. H. W. Dietz Nachf.

Hausen, Karin (1976): Die Polarisierung der „Geschlechtscharaktere" – Eine Spiegelung der Dissoziation von Erwerbs- und Familienleben. In: Conze, Werner (Hrsg.): Sozialgeschichte der Familie in der Neuzeit Europas. Industrielle Welt. Stuttgart: Ernst Klett, S. 363–393.

Heineman, Elizabeth D. (1999): What Difference Does a Husband Make? Women and Marital Status in Nazi and Postwar Germany. Berkeley, Los Angeles, London: University of California Press.

Heinemann, Rebecca (2004): Familie zwischen Tradition und Emanzipation. Katholische und sozialdemokratische Familienkonzeptionen in der Weimarer Republik. München: R. Oldenbourg.

Heinen, Anton (1931): Alte und neue Autorität in der Familie. In: Deutsches Institut für wissenschaftliche Pädagogik (Hrsg.): Der Wandel der Autorität in der Gegenwart. Münster: Münsterverlag, S. 51–63.

Höffner, Joseph Kardinal (1986): Bis der Tod Euch scheidet. Hirtenbrief zum Familiensonntag 1986. Köln: Presseamt des Erzbistums Köln.

Huinink, Johannes/Konietzka, Dirk (2007): Familiensoziologie. Eine Einführung. Frankfurt am Main, New York: Campus.

König, René (1976): Soziologie der Familie. In: König, René/Rosenmayr, Leopold (Hrsg.): Familie, Alter. 2. Aufl. Stuttgart: Ferdinand Enke, S. 1–217.

Kuller, Christiane (2004): Familienpolitik im föderativen Sozialstaat. Die Formierung eines Politikfeldes in der Bundesrepublik 1949–1975. Studien zur Zeitgeschichte, Band 67. München: Oldenbourg.

Lindsey, Ben B./Evans, Wainwright (1929 [1927]): Die Kameradschaftsehe. Deutsche Übersetzung von Rudolf Nutt. Stuttgart, Berlin, Leipzig: Deutsche Verlags-Anstalt.

Meyer, Sibylle/Schulze, Eva (1989): Auswirkungen des II. Weltkriegs auf Familien. Zum Wandel der Familie in Deutschland. Berlin.

Metz-Göckel, Sigrid/Müller, Ursula (1986): Der Mann. Die BRIGITTE-Studie. Weinheim, Basel: Beltz.

Mitterauer, Michael/Sieder, Reinhard (1980): Vom Patriarchat zur Partnerschaft. Zum Strukturwandel der Familie. München: C. H. Beck, 2., neubearbeitete Aufl., 1. Aufl. 1977.

Moeller, Robert G. (1997): Geschützte Mütter. Frauen und Familien in der westdeutschen Nachkriegspolitik. Aus dem Amerikanischen von Heidrun Homburg. München: Deutscher Taschenbuch Verlag.

Moeller, Robert G. (2008): Unbenannt und allgegenwärtig. Die Familie in der deutschen Zeitgeschichtsschreibung. In: Hagemann, Karen/Quataert, Jean H. (Hrsg.): Geschichte und Geschlechter. Revisionen der neueren deutschen Geschichte. Frankfurt am Main: Campus, S. 317–346.

Münch, Ursula (1990): Familienpolitik in der Bundesrepublik Deutschland. Maßnahmen, Defizite, Organisation familienpolitischer Staatstätigkeit. Freiburg im Breisgau: Lambertus.

Münch, Ursula (2005): Familien-, Jugend- und Altenpolitik. In: Schulz, G. (Hrsg.): Bundesrepublik Deutschland 1949–1957. Bewältigung der Kriegsfolgen, Rückkehr zur sozialpolitischen Normalität. Geschichte der Sozialpolitik in Deutschland seit 1945, Band 3. Baden-Baden: Nomos, S. 597–651.

Nave-Herz, Rosemarie (2010): Wilhelm Heinrich Riehl. In: Dies. (Hrsg.): Die Geschichte der Familiensoziologie in Portraits. Würzburg: Ergon, S. 15–34.

Neumaier, Christopher (2014): Ringen um Familienwerte. Die Reform des Ehescheidungsrechts in den 1960er/70er Jahren. In: Dietz, Bernhard/Neumaier, Christopher/Rödder, Andreas (Hrsg.): Gab es den Wertewandel? Neue Forschungen zum gesellschaftlich-kulturellen Wandel seit den 1960er Jahren. München: Oldenbourg, S. 201–225.

Neumaier, Christopher (2016): Der Niedergang der christlichen Familien? Das Wechselspiel zwischen zeitgenössischen Wahrnehmungen und Praktiken der Lebensführung. In: Lepp, Claudia/Oelke, Harry/Pollack, Detlef (Hrsg.): Religion und Lebensführung im Umbruch der langen 1960er Jahre. Göttingen: Vandenhoeck & Ruprecht, S. 213–236.

Neumaier, Christopher/Ludwig, Andreas (2015): Individualisierung der Lebenswelten. Konsum, Wohnkultur und Familienstrukturen in Ost- und Westdeutschland. In: Bösch, Frank (Hrsg.): Geteilte Geschichte. Ost- und Westdeutschland 1970–2000. Göttingen, Bristol, CT: Vandenhoeck & Ruprecht, S. 239–282.

Niehuss, Merith (1998): Kontinuität und Wandel der Familie in den 50er Jahren. In: Schildt, Axel/Sywottek, Arnold (Hrsg.): Modernisierung im Wiederaufbau. Die westdeutsche Gesellschaft der 50er Jahre. Bonn: J. H. W. Dietz Nachf., S. 316–334.

Niehuss, Merith (2001): Familie, Frau und Gesellschaft. Studien zur Strukturgeschichte der Familie in Westdeutschland. 1945–1960. Göttingen: Vandenhoeck & Ruprecht.

Peuckert, Rüdiger (2012): Familienformen im sozialen Wandel. 8. Aufl. Wiesbaden: Springer.

Pross, Helge (1976): Die Wirklichkeit der Hausfrau. Die erste repräsentative Untersuchung über nichterwerbstätige Ehefrauen: Wie leben sie? Wie denken sie? Wie sehen sie sich selbst? Reinbek: Rowohlt.

Riehl, Wilhelm Heinrich (1904 [1855]): Die Familie. 12. Aufl. Die Naturgeschichte des Volkes als Grundlage einer deutschen Sozialpolitik, Band 3. Stuttgart, Berlin: J. G. Cotta'sche Buchhandlung Nachfolger.

Rölli-Alkemper, Lukas (2000): Familie im Wiederaufbau. Katholizismus und bürgerliches Familienideal in der Bundesrepublik Deutschland 1945–1965. Paderborn, München, Wien, Zürich: Ferdinand Schöningh.

Rosenbaum, Heidi (1982): Formen der Familie. Untersuchungen zum Zusammenhang von Familienverhältnissen, Sozialstruktur und sozialem Wandel in der deutschen Gesellschaft des 19. Jahrhunderts. Frankfurt am Main: Suhrkamp.

Ruhl, Klaus-Jörg (1994): Verordnete Unterordnung. Berufstätige Frauen zwischen Wirtschaftswachstum und konservativer Ideologie in der Nachkriegszeit (1945–1963). München: Oldenbourg.
Schelsky, Helmut (1955): Wandlungen der deutschen Familie in der Gegenwart. Darstellung und Deutung einer empirisch-soziologischen Tatbestandsaufnahme. 3. Aufl. Stuttgart: Ferdinand Enke.
Schneider, Norbert F. (1994): Familie und private Lebensführung in West- und Ostdeutschland. Eine vergleichende Analyse des Familienlebens 1970–1992. Stuttgart: Ferdinand Enke.
Schneider, Norbert F. (2001): Pluralisierung der Lebensformen – Fakt oder Fiktion? In: Zeitschrift für Familienforschung 13, 2, S. 85–90.
Schneider, Norbert F. (2008): Grundlagen der sozialwissenschaftlichen Familienforschung – Einführende Betrachtungen. In: Ders. (Hrsg.): Lehrbuch Moderne Familiensoziologie. Theorien, Methoden, empirische Befunde. Opladen, Farmington Hills: Barbara Budrich, S. 9–21.
Schwab, Dieter (1992): Familie. In: Brunner, Otto/Conze, Werner/Koselleck, Reinhart (Hrsg.): Geschichtliche Grundbegriffe. Historisches Lexikon zur politisch-sozialen Sprache in Deutschland. Bd. 2. E-G. 3. Aufl. Stuttgart: Klett-Cotta, S. 253–301.
Schwägler, Georg (1970): Soziologie der Familie. Ursprung und Entwicklung. Tübingen: J. C. B. Mohr.
Sekretariat des Lokalkomitees (Hrsg.) (1929): Die 68. Generalversammlung der Deutschen Katholiken zu Freiburg im Breisgau, 28. August bis 1. September 1929. Freiburg im Breisgau: Herder.
Sieder, Reinhard (1987): Sozialgeschichte der Familie. Frankfurt am Main: Suhrkamp.
Tenfelde, Klaus (1992): Arbeiterfamilien und Geschlechterbeziehungen im Deutschen Kaiserreich. In: Geschichte und Gesellschaft 18, S. 179–203.
Wagner, Michael (2008): Entwicklung und Vielfalt der Lebensformen. In: Schneider, Norbert F. (Hrsg.): Lehrbuch Moderne Familiensoziologie. Opladen, Farmington Hills: Barbara Budrich, S. 99–120.

„Du sollst ehelich sein“ (Martin Luther)? – Ehe und Familie in der Reformation

Ute Gause

1 Ehe und Reformation – Positionen der Forschungsgeschichte

1892 fiel Waldemar Kawerau in seiner umfangreichen Untersuchung zu Reformation und Ehe der Stellenwert der Ehe im reformatorischen Denken und Handeln auf. Er kam zu der Schlussfolgerung:

> „Doch aber hat die Reformation, indem sie das alte, selbst den kirchlichen Dogmatikern unklare Sakrament der Ehe verwarf und dafür mit um so klarerer Entschiedenheit ihre göttliche Stiftung und Bestimmung und ihre positiven sittlichen Aufgaben betonte, ihr die eigentliche Ehre wiedergegeben und damit das ganze bürgerliche Leben vertieft und geadelt. Die kirchliche Reformation wurde dadurch auch zu einer Reformation des häuslichen Lebens“ (Kawerau 1892: 4).

Dagegen betonte seit den 1970er-Jahren die germanistisch-feministische Forschung und auch beispielsweise die Historikerin Lyndal Roper, dass diese Aufwertung der Ehe – und eben nicht nur der Priesterehe – zu einer „Domestizierung“ der Ehefrau geführt habe (vgl. Roper 1992). Auch neuere katholische Untersuchungen heben die Abwertung von Zölibat und Klosterexistenz häufig als Negativum und Einschränkung weiblicher Existenz hervor.[1]

Wenn allein die Möglichkeiten des Klosterlebens als selbstbestimmte Lebensform von Frauen bewertet werden, die ihnen intellektuelle Eigenständigkeit erlaubt, dann bedeutet die Aufwertung der Rolle der Ehefrau keinen Fortschritt. Jedoch hatte nur ein sehr geringer Prozentsatz der Frauen überhaupt die Möglichkeit, in ein Kloster zu gehen. Meist war es keine selbstbestimmte Entscheidung, und nur in den einflussreichen Positionen innerhalb des Klosters hatten die Nonnen auch gewisse Gestaltungsmöglichkeiten. Die Normal-

1 Tendenziös argumentiert beispielsweise Zumholz 2016. Hier stehen einem protestantisch-konservativen, patriarchal dominierten Frauenbild die Errungenschaften von Jungfräulichkeit und Klosterexistenz gegenüber, die Frauen einen eigenständigen Lebensentwurf und Freiheit ermöglichten.

biografie einer Frau des 16. Jahrhunderts war jedenfalls durch Ehe und Kinder bestimmt. Dem trug die Reformation Rechnung: Evangelische Kirchen- und städtische Hebammenordnungen thematisierten die Situation der Frauen während Schwangerschaft und Geburt und gaben seelsorgerliche Unterstützung; zahlreiche Trostschriften und Gebetbücher widmeten sich der Situation der Eltern bzw. vor allem der Mutter (vgl. Gause 2006: 113-149).

2 Normierungen der „Reformation des häuslichen Lebens“

Wie diese „Reformation des häuslichen Lebens“ diskursiv und damit normativ-objektivierend gestaltet wurde, soll im Folgenden dargestellt werden. Dabei ist zu berücksichtigen, dass sich die Diskussionen über Ehe zunächst am Zölibat entzünden, an der Frage der Zulässigkeit der sogenannten Priesterehe. Mit ihrer Verteidigung gewinnt die Ehe erst die Aufmerksamkeit der Reformatoren; später folgen dann normierende Schriften, die weitere Konsequenzen bedenken und die sogenannte Hausväterliteratur sowie eine seelsorgerliche Begleitliteratur, vor allem Gebetbücher, hervorbringen. In der Hausväterliteratur gilt die Aufmerksamkeit dann mit der Berücksichtigung der Kindererziehung und der Anleitung des im ganzen Haus mitarbeitenden Gesindes auch der Familie im Sinne einer Großfamilie. , Die Gebetbücher thematisieren dagegen die auf Frömmigkeit zielende, geistliche Dimension des alltäglichen Ehe- und Familienlebens, haben aber auch eine ethische Komponente. Es scheint gerechtfertigt, hier analog zur „Domestizierung“ der Frau von einer „Domestizierung“ des Mannes zu sprechen.

2.1 Ehe als Schöpfungsordnung

Ein Indiz dafür, dass mit dem Bekenntnis zur Priesterehe ein geradezu konstitutives Merkmal reformatorischen Handelns vorliegt, sind die zahlreichen Schriften, die bereits in der Anfangszeit Zölibatsbrüche vehement verteidigen (vgl. Plummer 2012; Harrington 1995; grundlegend: Buckwalter 1998). Hinzu kommen die demonstrativen öffentlichen Eheschließungen der Reformatoren und ihrer Anhänger. Thomas Kaufmann urteilt:

> „Das Verhältnis des evangelischen Pfarrers zur Ehe war also nichts weniger als ein beliebiges, weder im Durchsetzungsprozeß der frühen Reformation, noch in der Phase ihrer konfessionellen Konsolidierung“ (Kaufmann 1996: 172).

Luther sieht die Existenz des Mannes und der Frau durch die gottgewollte Ordnung der Ehe geprägt. Neueste Studien betonen, dass „die Neuordnung des Eherechts zum Kernprogramm der Wittenberger Reformation" gehöre und Ehe fraglos als gute Ordnung gelte (vgl. Jürgens 2014: 221). Viel stärker jedoch als Domestizierungsprozesse der Frau hat Luther ganz andere Aspekte im Auge: Für ihn ist klar, dass der Mensch als Mensch immer in Beziehung steht – und dass Gott die Menschen als Mann und Frau geschaffen hat als Ausdruck der basalen Beziehungssehnsucht des Menschen Adam. Diese Schöpfung geschah sogar noch vor dem Sündenfall, sie schloss Sexualität ein, die im Paradies noch nicht mit Sünde verbunden war.[2] Zudem macht die Schöpfung von Mann und Frau nach Genesis 2 deutlich, dass der Ehepartner allein aus Gottes Hand empfangen wird (vgl. Luther 1519 und Beyer 1999: 60). Insofern als die Ehe Mühsal und Anstrengung bedeutet, ist sie höher zu bewerten als ein vermeintlich geistlicher, keuscher Stand; ja, sie ist „ein richtig himmlischer, geistlicher und göttlicher Stand" (Luther 1523: 107). Die (heteronormative) Geschlechterordnung wird zu einem integrierten Bestandteil der Gesellschaftsordnung, die jedenfalls insofern egalitärer als zuvor gestaltet ist, als das Leben im Zölibat nicht mehr als höchster Stand bewertet wird und die Distinktion zwischen Klerus und Laien entfällt.

Die Durchsetzung und Anerkennung der Priesterehe geschah parallel zu Prozessen einer Reglementierung der Ehe durch den Protestantismus. Neben den rechtlichen Implikationen, die sich vor allem aus der Schwierigkeit ergaben, dass ein Pfarrer nun Frau und Kinder als erbberechtigte Verwandte hatte – die Zölibatsfrage muss nicht zuletzt als eine Vermeidung genau dieses Problems angesehen werden –, stellte die Priesterehe gleichzeitig ein Bekenntnis zunächst zu männlicher, aber auch weiblicher Sexualität dar. Kultische Reinheitsvorstellungen wurden zurückgewiesen: Ein Priester, respektive Pfarrer, ist zum Vollzug der Sakramente berechtigt, auch wenn er nicht zölibatär lebt (vgl. Gause 2013). An dieser Stelle wird auch sichtbar, dass ein Blick allein auf die Veränderungen, die die Reformation für Frauen mit sich brachte, zu kurz greift: Auch die Männerrollen erfuhren nun andere Normierungen.[3]

Ein Beispiel soll illustrieren, wie solche Bekenntnisse zur Ehe inszeniert wurden: Als Wenzel Linck 1523 als einer der ersten reformatorischen Prediger in Altenburg öffentlich heiratete, reiste die Wittenberger Prominenz, sprich: Luther, Melanchthon, Jonas, Schurff, Bugenhagen, Cranach – um nur die Bekanntesten zu nennen –, nach Altenburg, um ihn zu unterstützen bzw. den offenen Widerruf des Mönchsgelübdes Lincks fürbittend zu begleiten und zu bekräftigen, dass er damit einen dem Evangelium gemäßen Weg einschlüge.

---

2 Vgl. z.B. Luthers Genesisvorlesung, die er zwischen 1535 und 1545 mit Unterbrechungen hielt. Zu ihr: vgl. Gause 2018.

3 Gender- bzw. Geschlechtergeschichte möchte genau auf diesen Aspekt aufmerksam machen: Männer- und Frauenrollen gleichermaßen müssen in ihrer jeweiligen Zeit untersucht werden.

Zudem war es wohl Luther selbst, der die Ehe einsegnete und eine Predigt hielt, die leider nicht überliefert ist. Bernd Moeller spricht von einer „Rebellion gegen das herkömmliche Verständnis der Gottesbeziehung selbst“ (Moeller 2000: 331), weil Wenzel Linck nach Meinung der Reformatoren nicht Zölibatsbruch beging, sondern sein Mönchsgelübde öffentlich widerrief. Luther qualifizierte den frisch Verheirateten dann als einen „›neuen Mann‹, ja, als einen ›neuen Menschen‹ und ›neuen Mann‹“ (a.a.O.: 326). Offensichtlich vollendet für Luther die Ehe die Bestimmung des Menschseins. Analog kann er sagen: „Wer sich der Ehe schämt, schämt sich auch, dass er ein Mensch ist“ (zitiert nach a.a.O.: 333). Diese Ebene der Argumentation zeigt ein Verständnis von Männlichkeit und (männlicher) Menschlichkeit, das die Sexualität akzeptiert und als elementar empfindet. Parallel erscheinen Luthers zahlreiche Eheschriften, in denen er betont, dass nach Gen 1,28 („Seid fruchtbar und mehret euch“) die Ehe als Gottes Gebot jedem anderen Stand vorzuziehen sei. Schon 1519 betont er in einem Ehesermon die Familie als den „maßgebliche[n] und geradezu letztverbindliche[n] Ort christenmenschlicher Lebensgestaltung und religiöser Primärsozialisation“ (Kaufmann 2008: 290):

> „Derhalben ist es hoch von noten eynem yglichen ehlichen Menschen, das er seyns kind seel mehr, tieffer, fleyssiger an sehe dan das fleysch, das von yhm kommen ist, und seyn kind nit anders achte, dan als eynen kostlichen ewigen schatz, der yhm von gott befolen sey, zu bewaren, das yhn der teuffel, die welt und das fleysch nit stelen und umbbringen, Dan er wirt von yhm gefordert werden am todt und jungsten tag mit gar scharffer rechnung.“ (Luther 1519: 170; zitiert bei Kaufmann, a.a.O.).

Die Eltern stehen in der Verantwortung, ihr Kind christlich zu sozialisieren, und sie werden sich im Jüngsten Gericht verantworten müssen, ob sie den ihnen anvertrauten Schatz, nämlich ihre Kinder, vor den Gefährdungen eines unchristlichen Lebens bewahrt haben.

Nach dieser Sturm- und Drangphase der Reformation im Hinblick auf die Verteidigung der Priesterehe geht es ab Mitte der 1520er-Jahre um den Aufbau des neuen Gemeinwesens und die Etablierung einer entsprechenden Ethik. Es handelt sich nunmehr um ein Gemeinwesen, das nicht mehr von einer Vorrangstellung des Priesters ausgeht, sondern im Gegenteil das „Priestertum aller Gläubigen“ betont. Die Reformatoren berücksichtigen bei ihren Ausführungen die Situation eines Haushalts des 16. Jahrhunderts. Das „ganze Haus“ war mit heutigen Verhältnissen nicht zu vergleichen (siehe ausführlich auch Neumaier in diesem Band): Zum größten Teil agrarisch bestimmt, umfasste es neben der Kernfamilie, die aus Vater, Mutter und meist zahlreichen Kindern bestand, auch Knechte, Mägde und eventuell Eltern des Ehepaares sowie weitere unverheiratete nähere und entfernte Verwandte. Obwohl die Gebrauchsliteratur – d.h. Gebetbücher, Katechismen und die Oeconomialiteratur oder auch „Hausväterliteratur“ – viel umfassender angelegt war, beschäftigten sich die Reformatoren in ihr auch mit den alltäglichen Situationen, vor die der Hausstand gestellt war. Hieran wird deutlich, wie die Frömmigkeit mit dem weltlichen Leben verbunden wird und aus der Kirche in den Raum des Privaten, des häuslichen Lebens, einwandert bzw. einwandern soll.

2.2 Christliches Hauswesen und die Normierung von Ehe und Familie

1529 erschien die von dem Thüringer Reformator Justus Menius veröffentlichte Oeconomia Christiana.[4] Grundtenor der Schrift ist die Betonung der Allmacht Gottes, der die Welt und alle Ordnungen in ihr geschaffen hat. Wie Luther teilt Menius die Welt in ein geistliches und ein weltliches Reich. Das weltliche Reich besteht aus oeconomia und politia, wobei die oeconomia als Basis der politia eine deutliche Aufwertung erfährt. Innerhalb dieser Ordnungen hat jeder Mensch eine besondere Rolle: Ob Ehefrau, Ehemann, Kind, Knecht oder Magd, jeder und jede sei dazu verpflichtet, im Glauben mit Gottesfurcht und -vertrauen den ihr oder ihm zugeteilten Platz in der Welt auszufüllen. Nicht nur der Bereich von Ehe und Familie wird behandelt, Themen wie Berufsausübung, Freundschaft und Armenfürsorge kommen ebenfalls zur Sprache. Luther, der hier ein Vorwort beisteuert, formuliert Ehelichkeit als Gebot:

> „gleich wie es hohe not vnd hart gepot ist/ da Gott spricht/ Du solt nicht tödten/ Du solt nicht ehebrechen/ eben so hoch not vnd hart gepot/ ia viel hoher not vnd herter gepot ists/ Du solt ehelich sein/ Du solt ein weib haben/ du solt einen mann haben" (Menius 2012: 38).

Selbstverständlich dient diese Literatur der Normierung und der Etablierung eines Rollenverständnisses. Luthers gleichsam gesetzlich gebotene Eheforderung wird von Menius aufgenommen und theologisch begründet. Es handelt sich um einen Katechismus für Eheleute, der zunächst deutlich macht, dass die Ehe sowohl eine schöpfungstheologische Basis hat, als auch die für Männer und Frauen vorgegebenen Rollen anlegt: Die Mühe und Arbeit, mit der der Mann für sein Hauswesen sorgen soll, ist dem Sündenfall geschuldet (Gen 3,17-19) genauso wie das Kindergebären der Frau unter Schmerzen mit ihm verbunden ist. So sollen die Eheleute die Schwere ihrer Aufgabenerfüllung gleichsam als Kompensationsleistung für den Sündenfall betrachten. Damit sind keine Moralisierungen verbunden, sondern es wird eine schlichte Begründung für Mühe und Arbeit des alltäglichen Lebens geliefert. Christlich ist diese Haltung, wenn der Mann sich bewusst bleibt, dass Erfolg und Misserfolg seiner Arbeit in Gottes Hand liegt. Analog ist der Geburtsschmerz der Frau ein

4 Eine neu edierte und kommentierte, von Ute Gause und Stephanie Scholz herausgegebene Veröffentlichung ist Menius 2012.

von Gott verordnetes Zeichen seiner Zuwendung. Die Strafe der ewigen Verdammnis wird damit abgewendet. Der Glaube hält daran fest, dass trotz der Mühe und Arbeit, die mit dem Kreuz des Ehestandes und der Haushaltung verbunden sind, dieses Leben die Form des Gottesdienstes darstellt, die Gott von allen Menschen erwartet:

> „Wir wissen aber auch da bay/ das alle solche mühe vnd arbeit/ eitel Gottes güte gnade vnd segen/ vnd das rechte/ wahrhafftig/ heilig Creutz ist/ darynnen die glaubigen alles trostes/ heil vnd seligkeit von Gott yhrem Herrn vnd Vater zu gewahren haben/“ (Menius 2012: 137).

Die Kindererziehung steht im Zentrum elterlichen Bestrebens: an ihr entscheidet sich die christliche Lebensführung des Ehepaares. Es muss seine Verantwortung als Eltern wahrnehmen und die Kinder zur Gottesfurcht erziehen. Diese Aufgabe wird in die Verantwortung des Hausvaters gestellt: „[…] seine haushaltung sol allerding dahin gerichtet sein/ das er frome/ Gottfurchtige/ gehorsame vnd tugentsame kinder auffzihe/“ (a.a.O.: 63).

Die Kindererziehung dient dem Wohl der gesamten Gesellschaft, weil Menschen erzogen werden, die später Land und Leuten nützen. An erster Stelle steht dabei die christliche Erziehung zur Gottesfurcht, zugleich jedoch auch zum Gottvertrauen. Bildung ist unumgänglich, vor allem damit es später Pfarrer gibt, die das Wort Gottes verbreiten. Dazu gehört auch eine strenge Erziehung, die Zucht, die jedoch nicht „hart vnd tyrannisch, sondern veterlich“ sein soll (a.a.O.: 99). Die Eltern werden aufgefordert, ihre Kinder zur Arbeit anzuhalten, damit sie nicht Lastern wie dem Müßiggang, dem Lügen, Betrügen und Saufen verfallen (a.a.O.: 100). Auch einer frühen Ehe sollen sie nicht im Weg stehen, sondern ihre Kinder dazu ermutigen. Die Kinder werden ebenfalls in der Schrift des Menius angesprochen: Fromme Kinder zeichnet es aus, dass sie

> „Gott yhren almechtigen schepffer vnd vater rechtschaffen erkennen vnd ehren lernen/ das ist/ sie sollen lernen/ seine heilige gebot alle zeit ym herzen vnd fur augen haben/ darynnen mit grosser furcht vnd sorgfelltigkeit zu wandeln vnd leben/“ (a.a.O.: 103).

Neben der Einschärfung von Gottesfurcht und Gotteszorn steht aber gleicherweise die Vermittlung des gnädigen Gottes:

> „[sie] sollen auch erkennen/ das er yhnen will gnedig vnd barmhertzig sein/ vnd sich ynn allen gegen yhnen der massen vnd also erzeygen/ wie ein trewer/ freundlicher/ lieber vater gegen seinen geliebten Kindern thun sol […] Also/ das diese zwey stuck (darynnen ein rechtschaffen/ wahrhafftig vnd volkomen Gottes erkentnis stehte) die furcht vnd der glaube/ ynn einem jungen hertzen beide zu gleich mit einander gepflantzet werden“ (a.a.O.: 105).

Weder darf es zu Furcht ohne Glauben kommen, das würde zur Verzweiflung führen, noch darf es einen furchtlosen Glauben geben, der nur eine gottlose Sicherheit und eine freche Vermessenheit bedeutet (ebd.).

Der Stand der Hausmutter als zum status oeconomicus gehörend wird aufgewertet. Dabei betont Menius, dass das Leben christlicher Eheleute der Ehelosigkeit vorzuziehen sei, weil Gott die Menschen für die Gemeinschaft der Ehe geschaffen hat. Die Eheleute sind einander verpflichtet und haben gleichermaßen Anteil an der Kindererziehung, für die die Ehe konstitutiv ist. Normierung und Funktionalisierung betreffen dabei nicht nur Frauen, sondern auch Männer, die ihre Rolle als Hausvater gewissenhaft auszufüllen hatten. Deutlich jedenfalls werden die Verpflichtungen beider Eheleute, wird ihr Handeln in dem ihnen angemessenen Stand, als Dienst für Gott charakterisiert. Dieser häusliche „Gottesdienst" des Paares und seiner Kinder und des Gesindes findet im Privaten statt.

2.3 Seelsorgerliche Unterstützung für das Ehe- und Familienleben

Diese Privatheit spiegelt sich dann auch in den Gebeten und Ratschlägen bzw. Verständnishilfen, die den Menschen gegeben werden. Dabei wird neben der Beziehung der Eheleute auch die Situation von Schwangerschaft und Geburt umfassend berücksichtigt. So greift es nicht zu kurz zu sagen, dass dem „normalen" privaten Leben umfassende Aufmerksamkeit gewidmet wird.

Realistischerweise ist der Umgang mit Eheschwierigkeiten ebenfalls dazuzurechnen. Ein Augsburger Pfarrer lässt in einem Trostspiegel – der 1580 veröffentlicht wurde – den christlichen Ehemann ein recht pragmatisches Gebet sprechen:

> „Almechtiger gütiger Gott/ der du den H. Ehestand selbst eingesezet und durch deines lieben Sons Jesu Christi erstes wunderzeichen/ verehret und gezieret hast/ als ein solchen stand/ der dir angenem ist [...] Wehre dem Eheteuffel/ dass er nit zwitracht und zanck/ zwischen uns erzeuge/ vnnd einmenge/ vnd wo wir etwan auß Schwachheit vbereilet/ uneins würden/ so hilff/ dass wir vns/ baldt miteinander wider versönen. Gibt auch weiter gnad/ dass ich mich keins andern Ehegemals und Weibesbilde gelüsten lasse/ oder dasselbige mit einem bösen auge/ ihr zu begeren anschaue. Behüte auch mein Weib/ Kinder/ vnnd Gesinde/ für kranckheit/ unnd allem ungemach/ nach deinem Göttlichen vätterlichen Willen. Du wöllest auch mich/ durch deinen Geist dermassen regieren/ dass ich meines beruffs fleissig warte/ im schweiß meines Angesichts mein brote esse/ auch mich nichts lasse verdriessen/ ob es mir schon blutsauwer muß werden/ seitemal du es dergestalt/ als zur straffe der sünden/ verordnet hast/ [...] Hilff auch das Creutz (so nicht aussen bleibt/etc.) mit gedult tragen/ vnnd nach diesem gantz kurtzem Leben versamle uns in dein Reich/ zu allen Gottseligen Eheleuten/ Amen" (Schweiglin 1580: 373–375).

Auffällig ist, dass die Einsetzung des Ehestandes durch Gott allein nicht ausreicht, sondern noch durch Christi Wunder auf der Hochzeit zu Kana zusätzlich legitimiert wird. Schlimmstes Eheproblem sind Uneinigkeiten und Zankereien, an zweiter Stelle steht die Untreue, von der an anderer Stelle steht, dass sie sowohl bei Frauen wie bei Männern immer mehr zunehme. Der Ehemann trägt nicht nur Verantwortung für die Ehefrau, sondern auch für Kinder und Gesinde – das Konzept des ganzen Hauses und des Patriarchats des Hausvaters wird vorausgesetzt. Konsequenz des Sündenfalls ist für den Mann die Mühsal der Arbeit, die ebenfalls im Gebet bedacht wird. Ehe wird als umfassende Lebensaufgabe eines Paares verstanden; sie ist notwendig auch mit Leid verbunden. Im Reich Gottes jedoch – so die Hoffnung – werden dereinst die Eheleute, die eine christliche Ehe geführt haben, wieder vereint. Ein komplettes Kapitel der Schrift widmet sich dem Verhalten der Ehemänner während Schwangerschaft und Geburt. Es werden genaue Verhaltensregeln gegeben: Die Männer sollen sich umfassend um ihre schwangeren Frauen kümmern, ihnen rechtzeitig eine gute Hebamme besorgen, dafür sorgen, dass die Frau sich ausreichend ernähren kann und sich nach der Geburt „keusch und züchtig halten“, bis die Frau wieder bei Kräften ist (a.a.O.: 365). Resümierend wird festgehalten: „Item/ daß kein edlere Creatur vnd geschöpf Gottes sey/ als eben ein fruchtbare frauw/ auß welcher das ganz Menschlich geschlecht erbawet […]“ (a.a.O.: 366).

Eine Geburt ist kein eigenes Werk christlicher Eheleute, sondern sie ist ein Werk des Herrn. Für alle Situationen einer Ehe hält das Gebetbuch Gebete parat. Wie sehr hier eigentlich eine Standesethik vertreten wird, die für Hausvater und Hausmutter eine spezifische Berufsethik formuliert, wird deutlich an den Unterweisungen, die das Gebetbuch den bei einer Geburt anwesenden Frauen für eine während der Geburt verstorbene Mutter gibt:

> „Im glauben an die liebe Gottes/ ins Vatters im Himmel/ in seinem geliebten Sone/ Christo Jhesu verharren/ vnd also wissen/ daß Gott ihnen an stat der zeitlichen/ die Ewige freude mittheilen/ vnnd auß diesem Jammerthal/ ins ewige leben bald/bald versetzen werden […] das ist der selige vnd bestendige trost für Christliche geberende Weiber/ so Gott der Herr/ in ihrem beruff/ von dieser Welt abfordert“ (a.a.O.: 131 [Hervorhebung U.G.]).

Beim Tod eines Kindes wird folgendes Gebet vorgeschlagen:

> „Ach getreuer Gott, barmherziger Vater/ wir klagen dir unser ängstliches Betrübnis: Es hat leider der bitter Tod unser liebes Erblein/ der Sünde halben/ […] in Mutterleibe jämmerlich ermordet […] auch ungezweiffelt hoffen, wir werden es dermal einst bei dir in ewiger Gesundheit und englischer Klarheit selig finden und anschauen“ (a.a.O.: 418).

Diese Literatur ist eminent praktisch ausgerichtet; sie will sowohl trösten als auch die durch die Situation angefochtene Gottesbeziehung wiederherstellen. Der Tod des Kindes wird beklagt, der Grund für seinen Tod liegt in der nicht näher bezeichneten Sünde, im Prinzip in der Erbsündhaftigkeit aller Menschen, dennoch ist es ein jämmerlicher Mord. Der Tod wird nicht relativiert. Es gilt die Zusage, dass das Kind nicht verloren ist. Die Eltern dürfen hoffen, es im Eschaton wohlbehalten, selig und gesund zu treffen. Gleichzeitig ist der frühe Tod eines kaum geborenen Kindes bei christlichen Eltern eine Warnung für gottlose Menschen: Wenn Gott dieses Schicksal schon den „armen kleinen würmlein, den lieben unschuldigen Kindlein, so die Erde noch nicht berührt, welche weder sonn noch mond beschienen," widerfahren lässt, „lieber, wie wird es wohl uns ergehen" (ebd.). Die frommen Eltern jedoch müssen das Geschehen hinnehmen und dürfen darauf vertrauen, dass „der fromme und liebe Gott [...] hierdurch künftigen [sic] und ewigen [sic] Schaden zuvorkommen" will (a.a.O.: 145).

3 Schlussfolgerungen

Aus dem Dargestellten werden Akzente deutlich, die die Reformation im Hinblick auf die Gestaltung des Ehe- und Familienlebens gesetzt hat. Es zeigt, dass Frauen wie Männer „domestiziert" werden sollten. Luther und die nachfolgenden Verfasser von Hausväterliteratur leitete nicht ein patriarchalisches Interesse, sondern sie formulierten eine neue Standesethik, in der die Ehe als biblisch durch Genesis 1,28 geboten galt und mit Kindererziehung verknüpft wurde. Explizit wurde sich von misogynen Äußerungen der Antike oder des Humanismus abgegrenzt.

Die Lebensaufgaben von Mann und Frau wurden streng biblisch bestimmt, und so galten die Arbeit des Broterwerbes und der Geburtsschmerz als die innerweltlichen Komponenten, die Gott den Menschen als Folge des Sündenfalls auferlegt hat. Dies erschien den Reformatoren – in ihrer Zeit, innerhalb einer agrarischen Gesellschaft und angesichts einer Geburtshilfe, die fast keine Möglichkeiten der Schmerzlinderung kannte – plausibel. Zudem ist der antizölibatäre Aspekt zu berücksichtigen. Sah Luther sich zunächst einem monastischen Erbe verpflichtet, das die Forderung der Keuschheit selbstverständlich erhob, so stellen seine Auseinandersetzungen mit der Ehe als göttlichem Gebot immer auch eine Apologie dar, die er biblisch legitimierte.

Die Konsequenzen für christliche Eheleute wurden dann in der Gebetsliteratur ausformuliert: Für alle Situationen des Ehelebens wurde eine umfassende seelsorgerliche Unterstützung angeboten. Wiederum standen nicht patriarchalische Aspekte im Vordergrund, sondern die Vermittlung von Trost und Gottvertrauen bei gleichzeitiger Einforderung eines christlichen Lebenswandels aller Familienmitglieder bzw. der Personen des ganzen Hauses.

Was aus heutiger Sicht vielleicht als rückständig erscheinen mag, war in damaliger Zeit eine Würdigung von Ehe und Familie als Primärort christlichen Lebens. Ehe und Familie erfuhren insofern eine Aufwertung, als es keinen übergeordneten geistlichen Stand mehr gab. Die Ehe galt aus evangelischer Sicht als eine Befreiung gegenüber dem Zölibat, gegenüber Askese und Keuschheitsgelübden. Darin lagen ihre Stärke und Überzeugungskraft. Antiemanzipatorische Impulse im Hinblick auf Frauen waren wohl nicht ursächlich intendiert, Normierungen und – wenn man so will – Domestizierungen von Männlichkeit und Weiblichkeit im Lichte eines ehelichen Paradigmas der Lebensführung waren jedoch beabsichtigt.

Literatur

Beyer, Michael (1999): Luthers Ehelehre bis 1525. In: Treu, Martin (Hrsg.): Katharina von Bora. Die Lutherin. Wittenberg: Drei Kastanien, S. 59-82.

Buckwalter, Stephen (1998): Die Priesterehe in Flugschriften der frühen Reformation. Gütersloh: Gütersloher Verlagshaus.

Gause, Ute (2006): Kirchengeschichte und Genderforschung. Eine Einführung in protestantischer Perspektive. Tübingen: Mohr Siebeck (UTB).

Gause, Ute (2013): Durchsetzung neuer Männlichkeit? Ehe und Reformation. In: Evangelische Theologie 73/5, S. 326-338.

Gause, Ute (2018): Reformation und Körperlichkeit am Beispiel von Luthers Genesisvorlesung. In: Evangelische Theologie 78/1, S. 41-48.

Harrington, Joel F. (1995): Reordering marriage and society in Reformation Germany. Cambridge/New York: Cambridge University Press.

Jürgens, Henning (2014): Eheordnungen – Ordnungen für die Ehe als „weltlich Ding“. In: Dingel, Irene/Kohnle, Armin (Hrsg.): Gute Ordnung. Ordnungsmodelle und Ordnungsvorstellungen in der Reformationszeit. Leipzig: Evangelische Verlagsanstalt, S. 221-237.

Kaufmann, Thomas (1996): Pfarrfrau und Publizistin – Das reformatorische „Amt“ der Katharina Zell. In: Zeitschrift für historische Forschung 23, 2, S. 169-218.

Kaufmann, Thomas (2008): Ehetheologie im Kontext der frühen Wittenberger Reformation. In: Holzem, Andreas/Weber, Ines (Hrsg.): Ehe – Familie – Verwandtschaft. Vergesellschaftung in Religion und sozialer Lebenswelt. Paderborn: Schöningh, S. 285-299.

Kawerau, Waldemar (1892): Die Reformation und die Ehe. Ein Beitrag zur Kulturgeschichte des 16. Jahrhunderts. Halle: Verein für Reformationsgeschichte.

Luther, Martin (1523). Das 7. Kapitel Pauli zu den Korinthern. WA 12, S. 92-142.

Luther, Martin (1519). Ein Sermon von dem ehelichen Stand. WA 2, S. 166-171.

Menius, Justus (2012): Ehe und Familie im Geist des Luthertums. Die Oeconomia Christiana (1529) des Justus Menius, herausgegeben von Ute Gause und Stephanie Scholz. Leipzig: Evangelische Verlagsanstalt.

Moeller, Bernd (2000): Wenzel Lincks Hochzeit. Über Sexualität, Keuschheit und Ehe in der frühen Reformation. In: Zeitschrift für Theologie und Kirche 97, 3, S. 317-342.

Plummer, Marjorie Elizabeth (2012): From Priest's Whore to Pastor's Wife: Clerical Marriage and the Process of Reform in the Early German Reformation. Farnham: Ashgate.

Roper, Lyndal (1992): The Holy Household: Women and Morals in Reformation Augsburg. Oxford/New York: Oxford University Press.

Schweiglin, Jeremias (1580): Ein trefflicher Schöner Lere und Trostspiegel/Auß Gottes Wort/D-Luthers seligen/vnd anderwr euangelischer Lehrer Büchern/ Schriften/vnd Sendbrieffe/ec. Frankfurt am Main: Sigmund Feyrabend.

Zumholz, Maria Anna (2016): „Das Weib soll nicht gelehrt seyn". Konfessionell geprägte Frauenbilder, Frauenbildung und weibliche Lebensentwürfe. Münster: Aschendorff.

Vom Umgang mit Verschiedenheit: Stellungnahmen zu interreligiösen Ehen in der Antike und Gegenwart

Aliyah El Mansy

Interreligiös, interkonfessionell, interkulturell, interethnisch, binational, multinational – es gibt viele Adjektive, um Ehen, die als grenzüberschreitend klassifiziert werden, zu beschreiben.[1]

Letztendlich sprengen die individuellen Konstellationen selbst die Begriffe – und dies bereits in der Antike. Im Fokus des Aufsatzes stehen Ehen, bei denen die jeweiligen Partner*innen unterschiedlichen Religionsgemeinschaften bzw. Kulten angehören. Ich werde im Folgenden meistens den Begriff interreligiöse Ehen verwenden, da in den vorgestellten Quellen die unterschiedliche Kultzugehörigkeit und die daraus resultierenden Bräuche, Normen und Werte eine Rolle spielen.

Ein Blick in die Vergangenheit zeigt, dass interreligiöse Ehen kein modernes Phänomen sind, sondern von jeher Partner*innen anderer Ethnien oder Kultgemeinschaften gewählt wurden. Das Römische Reich war ein Vielvölkerstaat, es liegt daher auf der Hand, dass es zu solchen Ehen kam. Die Antike steht unserer heutigen Welt in ihrer Komplexität in nichts nach.[2] Auch die Vorbehalte, die diesen Ehen entgegengebracht wurden und werden, sind überraschend ähnlich: Vermischung von Kulturen, Religionen, Traditionen, unterschiedlichen Werten und Normen, Sprachenverwirrung, unterschiedliche Kindererziehung sowie rechtliche und ökonomische Aspekte. Damals wie heute geht es um Gruppengrenzen, um Bewahrung der eigenen Identität bzw. Gruppenspezifika. In der Antike sollten Ehen harmonisch, einträchtig und ein Ort der Bewahrung überlieferter Bräuche sein, um die Stabilität des Staates zu garantieren (vgl. El Mansy 2016: 45f.). Religionen spielen eine besondere Rolle. Unabhängig von den staatlichen Gesetzen, haben sie eigene Normen zur Partnerwahl, die sie durchsetzen wollen. Ich möchte im Folgenden den Blick auf die Diskussionen in der Antike lenken und veranschaulichen, mit welchen

1 Vgl. zu einer Reflexion der modernen Begrifflichkeiten Thode-Arora 1999: 24–28.

2 Zwar waren im Römischen Reich interethnische Ehen nicht verboten, sie konnten jedoch erbrechtlich und bürgerrechtlich sanktioniert werden. Hieran wird schon erkennbar, dass sie sozialpolitisch reglementiert waren. Vgl. Mette-Dittmann 1991: 88. Vgl. zum rechtlichen Rahmen El Mansy 2016: 68–72.

Argumenten bezüglich interreligiöser Eheschließungen sich frühchristliche und jüdische Repräsentanten in der Gesellschaft positionierten. Dabei werde ich drei Stationen abschreiten: Ausgangspunkt ist Karthago, von wo der Fokus nach Korinth und schließlich nach Alexandria wandert.

1 Karthago: Tertullian An seine Frau (ca. 198 n.Chr.)

Tertullian, der frühchristliche Apologet, verfasste ca. 198 n.Chr. (fiktiv) eine zweiteilige Schrift an seine Frau, die ihr nach seinem Tod Orientierung geben sollte.[3] Sein Hauptanliegen war es, ihr von einer Wiederheirat abzuraten und ihr die (geistlichen) Vorteile wie auch Herausforderungen der Witwenschaft darzulegen. Die Eheschließung eines Gemeindemitglieds veranlasst ihn im zweiten Buch, sich ausführlich mit Ehen zwischen Christ*innen und Nicht-christ*innen auseinanderzusetzen: „Wenn daher in diesen Tagen eine gewisse Person ihre Ehe der Kirche entzogen und sich dazu mit einem Nicht-Christen [gentili] verbunden hat, wie dies nach meiner Erinnerung auch schon andere zuvor getan haben, so wundere ich mich entweder über deren Leichtfertigkeit oder über die Pflichtverletzung der Ratgeber“ (Ad uxorem 2,2,1).[4] Keine Schriftstelle würde dies erlauben. Tertullian vermutet, dass solche Eheschließungen vielleicht mit 1 Kor 7,12–15 gerechtfertigt würden: „Sie verstehen die Ermahnung zur Vermählung mit Gläubigen, indem sie diese einfach übertragen, sodass man sich auch mit Ungläubigen vermählen könne. Wer dies so auslegt, könnte sich in einer Weise entfernen, dass er sich in vollem Bewusstsein selbst ausgrenzt“ (Ad uxorem 2,2,2). Tertullian versteht die paulinischen Verse so, dass es nur um bereits bestehende Ehen vor der Hinwendung zum Christentum gehe, und fügt als intertextuelle Auslegung 1 Kor 7,24 sowie 1 Kor 7,39 hinzu (vgl. Ad uxorem 2,2,2–3). Demnach habe der Apostel selbst, „damit wir es nicht falsch gebrauchen, was er gesagt hat: ‚Sie bestimmt, wen sie heiratet‘, hinzugefügt: ‚nur im Herrn‘, das heißt im Namen des Herrn, was sich zweifellos an einen Christen [richtet]“ (Ad uxorem 2,2,4). Tertullian präsentiert uns hier ein spannendes Beispiel für eine Auslegungskontroverse innerhalb der Gemeinde.[5] Für ihn gibt es nur eine Möglichkeit, den paulinischen Text richtig zu verstehen, und er legt dies entlang des Textes dar.[6]

---

3 Zur Diskussion um die Adressat*innen vgl. Schöllgen 1984: 207.213. Zur Datierung vgl. Zilling 2004: 209–211.

4 Wenn nicht anders angegeben, nutze ich die eigene Übersetzung. Ich danke Dr. Christoph Galle für die Diskussion des lateinischen Textes.

5 Vgl. auch De monogamia 11,10 (Über die einmalige Ehe), wo er den Mitgliedern der Großkirchen vorwirft, solche Ehen zu dulden.

6 Vgl. zu Tertullians Auslegungsmethoden Clark 2013: 127–130.

Offensichtlich verstanden aber einige Frauen und Ratgeber diese Stelle komplett gegenteilig. Warum sollte den einen geboten werden, in einer Ehe mit nicht-christlichem Partner zu bleiben, und den anderen eine eben solche Eheschließung verboten werden (vgl. Ad uxorem 2,2,7)? Festzuhalten ist, dass die paulinischen Aussagen zur Eheschließung mit nicht-christlichen Personen verschiedene Interpretationen zulassen. Damit werden wir uns später näher befassen. Vorher möchte ich den Blick auf das lenken, was Tertullian an solchen interreligiösen Ehen kritisiert. Er selbst wurde in einer nicht-christlichen Familie sozialisiert. Neben dem Vorwurf eines illegitimen Sexualkontaktes (stuprum) und der Verunreinigung (vgl. Ad uxorem 2,3,1) führt Tertullian besonders aus, was eine solche Ehe für die Christin im Alltag bedeutet:[7]

> „an der Seite hat sie einen Sklaven des Teufels [...] so z.B. wenn ein Stationsfasten ist, der Ehemann aber an [diesem] Tag ein Bad festsetzt, oder wenn ein Fasttag einzuhalten ist, der Ehemann jedoch am selben Tag ein Gastmahl abhält, und wenn sie vorhat hinauszugehen – niemals [wird sie dies tun,] wenn wichtige Angelegenheiten in der Familie dem entgegenstehen. Wer erlaubt seiner Ehefrau, von Gasse zu Gasse zu gehen und fremde und ärmere Hütten zu passieren, [nur] um ihre Brüder zu besuchen? [...] Wer schließlich wird es sorglos aushalten, dass sie bei den Ostertagen auswärts übernachtet? Wer wird sie zu jenem Mahl des Herrn, das sie in üblen Ruf bringen, ohne seinen eigenen Argwohn gehen lassen? Wer wird es gestatten, dass sie in die Kerker schleicht, um die Fesseln der Märtyrer zu küssen? Oder sogar sich irgendeinem Mitbruder zum [Friedens-]Kuss zu nähern, Wasser der Heiligen für die Füße anzubieten [...]? Wirst du unbemerkt bleiben, wenn du das Ehebett und deinen Körper [mit dem Kreuz] kennzeichnest, irgendetwas Unreines durch Pusten beseitigst oder sogar nachts aufstehst, um zu beten? Wird es nicht den Eindruck erwecken, du wollest eine magische Handlung ausführen? [...] Die Dienerin Gottes muss sich mit fremden Hausgöttern [lares] und so auch mit allen Ehrenbezeugungen gegenüber den Dämonen auseinandersetzen, allen Festlichkeiten der Herrschenden, und bei Jahresbeginn und Monatsanfang wird sie durch den Dunst des Weihrauchs gequält. Sie tritt aus der mit Lorbeer bekränzten und beleuchteten Tür, wie aus einem neuen Konsistorium öffentlicher Leidenschaften, sie liegt mit ihrem Ehemann zu Tisch, oft in Gesellschaft, oft in Kneipen“ (Ad uxorem 2,4,1–3.2,6,1).

Tertullian gibt einen Einblick in religiöse Alltagspraktiken. Er weist darauf hin, dass manche Rituale wie das Abendmahl oder Feste in Verruf stünden.[8] Auch der Armenfürsorge, Gefangenenhilfe und Gastfreundschaft könnten Ehefrauen in interreligiösen Ehen nicht mehr nachgehen. Dabei ist für ihn alternativlos, dass der nicht-christliche Partner das christliche Leben der Frau

7 Tertullian setzt sich auch schon in früheren Schriften mit der Herausforderung eines christlichen Lebens in einer nicht-christlichen Umwelt auseinander. Vgl. Elliger 1990: 179f.

8 Zur Polemik gegen Christ*innen in Karthago vgl. Elliger 1990: 170f.

sabotiert, schließlich diene er ja dem Teufel. Das Verhalten der christlichen Ehefrau entspricht nicht den gängigen gesellschaftlichen Norm- und Wertvorstellungen sowie Genderrollen. Besonders der Hinweis auf die Zuwendung zu Armen und Gefangenen macht deutlich, dass Tertullian sich an Menschen mit Besitz wendet (vgl. Ad uxorem 2,8,3). Seiner Meinung nach ist es in einer solchen Ehe unmöglich, das Christin-Sein ungestört zu praktizieren, und selbst wenn es geduldet würde, so erfolge dies nach Tertullians Überzeugung nur, um im Falle einer Scheidung etwas gegen die Frau in der Hand zu haben (vgl. Ad uxorem 2,5,4 und Schöllgen 1984: S. 209f).[9] Generell könne es sich nur um hinterhältige bzw. böswillige Menschen handeln, die freiwillig Christinnen heiraten würden (vgl. Ad uxorem 2,7,3). Aus diesem Grund präsentiert Tertullian gegen Ende seines Textes das Idealbild einer christlichen Ehe, in der beide Ehepartner*innen alles gemeinsam haben und dieselben Dinge anstreben (vgl. Ad uxorem 2,8,7–8). Er spiegelt damit den römisch-hellenistischen Ehediskurs, in dem Eintracht und Harmonie der Eheleute das höchste Ziel sind und deswegen auch Isogamie, die Ehe unter Gleichen, angestrebt wird (vgl. Plutarch, Moralia 142F–143A.144C [Coniugalia praecepta/Ehevorschriften]; Tacitus, Agricola 6). Offensichtlich stellt jedoch gerade diese Vorstellung wohlhabende Christinnen in Karthago vor das Problem, geeignete (christliche) Partner zu finden.[10] Angesichts der Situation vor Ort rät Tertullian indes dazu, nicht standesgemäß zu heiraten, entscheidend sei nur, dass der Partner ein Christ sei (vgl. Ad uxorem 2,8,3–4). Nicht mehr der soziale Status ist für ihn daher entscheidend, sondern das religiöse Bekenntnis. So werden neue Grenzen gesetzt.

2 Korinth: Paulus An die Korinther (ca. 55 n.Chr.)

Wir springen ins 1. Jh. zu Paulus, auf den sich Tertullian stützt. Die Situation ist hier eine andere: Die Gemeinden, die Christus als den Messias bekennen, sind noch im Aufbau begriffen. Wie in Karthago werden Fragen des Zusammenlebens diskutiert, doch es gibt noch keine Verschriftlichung anderer christlicher Gemeinden, auf die rekurriert werden könnte. So herrscht auch Unklarheit in der Frage, ob Ehen mit nicht-christlichen Partner*innen geschieden werden sollten. Die korinthische Gemeinde wendet sich an Paulus, der folgendermaßen antwortet:

---

9 Vgl. zur Ehe und dem Druck zur Wiederheirat MacDonald 2003: 26f.

10 Vgl. zum Problem von (reichen) Witwen, einen angemessenen Ehepartner zu finden Clark 2013: 145f und Schöllgen 1984: 207–213.

> „12 Den Übrigen aber sage ich, nicht der Herr: wenn irgendein Bruder eine ungläubige Frau hat und diese ist einverstanden mit ihm zu wohnen, soll er sie nicht wegschicken. 13 Und eine Frau, die einen ungläubigen Mann hat und dieser ist einverstanden mit ihr zu wohnen, soll den Mann nicht wegschicken. 14 Der ungläubige Mann ist nämlich in der Frau geheiligt und die ungläubige Frau ist in dem Bruder geheiligt; denn sonst sind eure Kinder unrein, so aber sind sie heilig. 15 Wenn aber der Ungläubige sich trennt, trennt er sich; der Bruder oder die Schwester sind in diesen Fällen nicht in einem Sklavenverhältnis; Gott hat euch nämlich in Frieden gerufen. 16 Was weißt du, Frau, ob du den Mann retten wirst? Oder was weißt du, Mann, ob du die Frau retten wirst?" (1 Kor 7,12–16).

Wie Tertullian richtig bemerkte, richtet Paulus sich an Personen, die bereits verheiratet sind und sich der Gemeinde anschließen. Sie müssen sich nicht von ihrem*ihrer Partner*in trennen, selbst wenn diese nicht zur Gemeinde gehören. Voraussetzung ist das Einverständnis der nicht-gläubigen Person zum Zusammenleben. Paulus problematisiert dieses Zusammenleben nicht, obwohl er sich der Herausforderungen andernorts bewusst ist (vgl. 1 Kor 5,10; 6,1.4; 8,4; 10,25.27.32). Außerdem wendet er sich an Männer und Frauen gleichermaßen. Er thematisiert in diesem Zusammenhang nicht die konkreten Alltagsherausforderungen, sondern die Ängste bezüglich Reinheit und Heiligkeit. Reinheit, Heiligkeit und Rettung sind Themen, die im Korintherbrief auch an anderen Stellen vorkommen und offensichtlich für die Gemeinde relevant waren (vgl. 1 Kor 6,11). Wie hängen sie mit interreligiösen Ehen zusammen?

Reinheit meint hier nicht ein Unvermischt-Sein, wie es uns in Diskussionen über exogame Ehen andernorts begegnet (vgl. Plutarch, Moralia 247 A/B [Mulierum virtutes/Von den Tugenden der Frauen]; Tacitus, Germania 2,1; 4,1). Für den Kontext sind vielmehr die jüdischen Reinheits- und Heiligkeitsvorstellungen entscheidend (vgl. ausführlich zum Thema El Mansy 2016: 251–261). Heiligkeit in jüdischen Diskussionen um interreligiöse Ehen dient vor allem der Abgrenzung nach außen, während sie gleichzeitig Gemeinschaft nach innen stiftet. Angemessenes ethisches Verhalten ist Voraussetzung für die Zugehörigkeit zur Gemeinschaft.[11] Paulus meint nun, dass auch die nichtchristlichen Kinder und Ehepartner*innen daran Anteil haben können. Sie werden als gemeinschaftsfähig betrachtet. Reinheit und Unreinheit sind in der Antike überdies Konzepte, die strukturierenden Charakter haben. Sie finden sich vor allem im kultischen, aber auch sexuellen Bereich. Heute würden wir diese Auffassung vielleicht mit den Begriffen Integrität und Unversehrtheit umschreiben. Besonders (eigene legitime) Kinder werden in der Antike als rein betrachtet (vgl. Laes 2011: 243–245). Auch dieser Diskurs dient letztlich der Grenzziehung. Nach Ansicht von Paulus ist es selbstverständlich, dass die

11 Paulus fokussiert sich hier auf einen Aspekt jüdischer Konzepte von Heiligkeit. Andere Konzepte ritueller oder kultischer Heiligkeit lässt er außen vor.

Kinder auch zu dem christlichen Elternteil gehören, sodass sie sich gemeinschaftskonform verhalten können und rein und heilig sind (vgl. MacDonald/Vaage 2011: 543f.). Was ist nun mit dem tertullianischen Einwand, dass neu geschlossene Ehen „allein im Herrn“ geschehen sollten? Innerhalb der paulinischen Theologie, z.B. gelesen mit Gal 3,28 („Da ist nicht Jude noch Grieche, Versklavter noch Freier, männlich noch weiblich; alle sind wir nämlich eins in Christus Jesus“) und den vorherigen Versen zu exogamen Ehen im Kontext restriktiver Partnerwahl für Frauen in der Antike, kann man die Stelle genauso gut so verstehen, wie es andere aus der karthagischen Gemeinde taten: Solange die Eheschließung im Herrn, d.h. im Einverständnis, in Frieden und Befreiung, geschlossen wird, so ist die Christin frei, ihren Ehepartner zu wählen. Das, was Tertullian bezüglich des Reichtums anmerkt, würde dann auch analog für die Religionszugehörigkeit gelten: sie ist zweitrangig, solange ein christliches Leben möglich ist.

3 Alexandria: Philo Über die Gesetze (ca. 50 n.Chr.)

Die Diskussion um interreligiöse Ehen hat eine lange Tradition im Judentum. Philo von Alexandrien war der wichtigste Repräsentant des hellenistischen Judentums. Er machte das Judentum für hellenistisch geprägte Menschen verständlich und übersetzte es in das griechisch-philosophische Denksystem. Seine Familie gehörte zur Oberschicht Alexandriens, der Bruder machte Karriere im römischen Militär. Es handelte sich demnach um eine gut integrierte, vielleicht sogar assimilierte Familie. Gerade in diesen Kreisen stellte sich die Frage nach Ehen mit nicht-jüdischen Personen, die im Prozess der Assimilation immer drängender werden konnte (vgl. Böhm 2005: 188 oder Runia 1986: 36f.). Im Rahmen seiner Ausführungen zu Geboten der Tora kommt auch Philo zur Frage interreligiöser Ehen:

> „Aber auch, sagt er [Mose], verbinde dich nicht mit einer fremden [Person][12] in einer ehelichen Gemeinschaft, damit du nicht am Ende durch widerstreitende Bräuche verführt nachgibst und du vom Weg zur Gottesfurcht unbemerkt abkommst und du zum Unwegsamen abbiegst. Und zwar wirst du selbst, der du seit frühster Jugend an gefestigt bist durch die besten Lehren, in denen die Eltern [dich] unterwiesen, indem sie [dich] beständig in die heiligen Gesetze einlullten[13], standhalten; die Angst um deine Söhne und Töchter sollte aber nicht klein sein; wahrscheinlich nämlich begeben sie sich in Gefahr, sobald sie von

12 Der griechische Begriff meint Angehörige einer anderen Ethnie und damit nach antikem Verständnis u.U. Angehörige einer anderen Religion.

13 Das griechische Verb beschreibt wortwörtlich einen Vorgang des Verzaubert-Werdens.

den unechten Bräuchen anstatt der rechtmäßigen angelockt wurden, die Ehrung des einen Gottes zu verlernen" (De specialibus legibus III,29).

Philo rekurriert im ersten Satz auf ein biblisches Exogamieverbot, wie es vor allem in Ex 34,16 und Dtn 7,3–4 formuliert ist: Ehen mit nicht-israelitischen Personen werden untersagt, weil die Gefahr der Idolatrie, des Abfalls vom Gott Israels, zu groß sei. Selbst wenn das Verbot reziprok formuliert ist, so wird die Begründung lediglich auf Männer bezogen. Dies ist eine Konstante jüdischer Diskurse über interreligiöse Ehen, denn in den meisten Fällen wird vor der Ehe mit einer fremden Frau gewarnt.[14] Philo hingegen sieht die Gefahr weniger für den jüdischen Ehepartner als für die Kinder gegeben. Konkret geht es um (religiöse) Erziehung. Beide Eltern unterweisen in Regeln, sodass die Kinder sie internalisieren. Eltern leben die Bräuche vor, in denen die Kinder aufwachsen. Was aber tun, wenn innerhalb der Familie eine Konkurrenzsituation durch verschiedene Regeln und unterschiedliche Bräuche entsteht? Erziehung ist hier als praktischer Lernprozess zu verstehen. Geschieht dieser nicht konstant und konsistent, so verlernen die Kinder die richtige Gottesverehrung, so die Befürchtung. Damit spricht Philo einen weiteren Aspekt interreligiöser Ehen an. Nicht allein der Status der Kinder (wie bei Paulus) ist relevant, sondern vor allem die Frage, welche Traditionen und Werte ihnen vermittelt werden. Für Philo ist ganz klar, dass es hier nur ein Entweder-oder gibt – und Paulus und Tertullian würden ihm darin sicher zustimmen. Die philonische Position setzt sich mit der Frage des elterlichen Einflusses auseinander.[15] Außerdem fällt nebenbei noch etwas anderes ins Auge: In Philos Beispiel wird selbstverständlich davon ausgegangen, dass die Eltern der angesprochenen Person beide jüdisch sind. Damit wird eine interreligiöse Ehe als Abweichung von der Norm konstruiert. Auch dies ist ein gängiger Bestandteil antiker Literatur über Exogamie.

4 Evangelische Stellungnahmen der Gegenwart

Die Aspekte, die in diesem Themenkontext bereits in der Antike virulent waren, finden sich auch in kirchlichen Ratgebern unserer Zeit wieder. In den letzten 10 Jahren sind verschiedene Handreichungen entstanden, die sich mit interreligiösen Ehen beschäftigen und sich häufig auf christlich-muslimische Paare beziehen. Allgemein ist dabei festzustellen, dass die meisten Handrei-

---

14 Das hat nicht allein mit der religiösen Matrilinearität zu tun, die eine relativ späte Entwicklung ist. Ebenso spielen Patrilokalität und Erbregelungen eine Rolle. Vgl. Maier 2013: 144f.; El Mansy 2016: 113-123.

15 Dazu gehört auch die Verknüpfung von Religion und Sprache wie in Neh 13,23ff.

chungen einen ermutigenden und seelsorgerlich-begleitenden Impetus haben. Es werden zivilrechtliche Hinweise gegeben, die Alltagsgestaltung, die Kindererziehung und besonders der jeweilige Glaube sowie die Kultur thematisiert.[16] Die Evangelisch-lutherische Kirche in Bayern spricht von „spannungsreicher Verbindung zweier Kulturen" (2012: 4) und in diesem eher warnenden Duktus setzt sie ihre detailreichen Ausführungen fort. Die Evangelische Kirche von Kurhessen-Waldeck legt ihren Fokus auf Verständnis und Kompromissbereitschaft. Sie schlägt das gemeinsame Begehen von Festen und gegenseitige Gratulationen vor. Bei Speisevorschriften fordert sie zu Lösungen auf, die ein Befolgen ermöglichen.

Ein bisschen verwundern diese Themen, da man annehmen könnte, dass die meisten Paare viele dieser Fragen bereits geklärt haben. Die Erfahrungen aus der interreligiösen Seelsorge zeigen aber das Gegenteil. Der offizielle Charakter einer Eheschließung kann den Druck zur Konformität durch Herkunftsfamilien oder soziales Umfeld erhöhen, was zu Loyalitätskonflikten innerhalb einer Beziehung führen kann (vgl. Butt 2002: 147 und Kunze 2010: 204) – besonders dann, wenn es um eine religiöse Eheschließung und die dazugehörigen Rituale geht. Der nächste biografische Punkt, an dem Religion häufig relevant wird, ist die Geburt des ersten Kindes: Nun kommen Diskussionen um religiöse Initiationsriten wie Taufe oder bei Jungen Beschneidung auf. Später wird dann relevant, ob bzw. welcher Religionsunterricht besucht wird. Einig sind sich die Handreichungen darin, dass es keine sinnvolle Lösung sei, die Kinder ohne Religion aufzuziehen. Da keine Absprachen über eine nichtchristliche Kindererziehung getroffen werden sollten, wird als Kompromiss ein Heranführen an beide Religionen empfohlen (vgl. Dekanat Darmstadt-Stadt 2007: 7).

Alle Handreichungen sehen die Notwendigkeit frühzeitiger Beratung und begleitender Gespräche. Die interreligiöse Seelsorge betrachtet das als einen wichtigen Aspekt der Konfliktprävention. Gerade junge Paare würden nicht bedenken, dass sich Religiosität im Laufe eines Lebens verändern kann (vgl. Riley 2013: 9 und 55). Ebenso werden Einladungen zu Gemeindeveranstaltungen empfohlen und – besonders in den Handreichungen der Evangelischen Kirche in Hessen und Nassau – Unterstützung und Respekt seitens der Pfarrer*innen und Gemeinde gefordert. Studien und Seelsorgeerfahrung bestätigen, dass sich interreligiöse Paare von ihren Herkunftsgemeinden entfernen,

16 Im Folgenden beziehe ich mich auf Handreichungen, die im Internet auffindbar sind (Dekanat Darmstadt-Stadt 2007; Zentrum Ökumene der Evangelischen Kirche in Hessen und Nassau 2011; Evangelisch-Lutherische Kirche in Bayern 2012; Kammer für Mission und Ökumene der Evangelischen Kirche von Kurhessen-Waldeck 2013). Ganz neu widmet sich eine Stellungnahme der Orthodoxen Bischofskonferenz in Deutschland von 2017 in einem Abschnitt interreligiösen Ehen (Punkt 7) und bietet seelsorgerliche Lebensbegleitung an: Orthodoxe Bischofskonferenz in Deutschland 2017. Es finden sich zudem verschiedene katholische Handreichungen.

wenn sie in ihnen keinen Ort für ihre Erfahrungen finden (vgl. Kunze 2010: 206f.).

Die Handreichungen verdeutlichen die Schwierigkeit, über interreligiöse Ehen unter Berücksichtigung biblischer Traditionen differenziert und konstruktiv zu sprechen.[17] Der Blick in die Antike hat gezeigt, wie Religionsgemeinschaften ihre Positionen moralisch-religiös argumentativ stützen. Differenziert kann bedeuten, sich klar zu machen, dass akute Situationen, konkrete Adressat*innen, spezifische Weltbilder, subjektive Motive, Ziele und Intentionen hinter den jeweiligen Aussagen stehen. Tertullian kritisiert die gängige Praxis der Großkirche, interreligiöse Ehen zu tolerieren. Er richtet sich an wohlhabende Witwen und möchte sie dazu bringen, ihre christliche Lebensweise über eine statusgemäße Ehe zu stellen, um diese Lebensweise nicht zu gefährden, und um die christliche Gemeinde, so wie er sie sich vorstellt, nicht zu schwächen. Paulus antwortet auf die Frage der korinthischen Gemeinde, ob interreligiöse Ehen geschieden werden sollten. Er nimmt an, dass die Parusie nahe ist und das Reich Gottes bald anbrechen wird. Sein Anliegen ist es, dass die messianischen Gemeinden kein Aufsehen erregen und keine Unruhe stiften, damit sie keine Verfolgungen oder Verbote provozieren. Er möchte den Betroffenen und den Kritiker*innen zusichern, dass sie sich und die Gemeinde nicht verunreinigen. Philo richtet sich vermutlich an assimilierte jüdische Oberschichtskreise, innerhalb derer interreligiöse Eheschließungen in Betracht gezogen werden. Er will solche Ehen verhindern, weil er um die Traditionen und die Bewahrung des Monotheismus besorgt ist. Ihm stehen Assimilationsprozesse vor Augen und das Bemühen, die eigene marginalisierte Identität in einer dominanten hellenistisch-römischen Mehrheitsgesellschaft zu bewahren. Konstruktiv kann meinen, dass auch heutzutage solche Motive, Ziele und Weltbilder offengelegt und in kritischer Perspektive auf biblische Traditionen bezogen werden. Die kirchlichen Handreichungen zeigen, dass die evangelische Kirche gegenwärtig an gelingenden Paarbeziehungen ebenso interessiert ist wie an einer Bindung an die christliche Glaubensgemeinschaft und auch an der Hinzugewinnung neuer Mitglieder durch Konversion oder Kindertaufe. Angesichts einer multireligiösen Gesellschaft möchte sie Offenheit und Toleranz unterstützen und dabei das Eigene bewahren.

Die Herausforderungen und Vorbehalte gegenüber interreligiösen Ehen in Antike und Postmoderne sind durchaus ähnlich. Die Ehe ist kein privater Raum. Interreligiöse Ehen zeigen uns wie unter einem Brennglas, wie unsere Gesellschaft mit Vielfalt und Pluralität umgeht. Ich habe damit begonnen, dass in der Antike Eintracht und die Bewahrung der Gebräuche der Vorfahren die Grundsäulen der Gesellschaft waren. „Religionen sind nie nur Anwälte der Tradition gewesen, sie waren – auf je eigene Weise – immer auch Ressourcen zur Bewältigung des Wandels“ (Federschmidt 2010: 196). Heute sind für uns

17 Vgl. die biblischen Bezüge und Reflexionen der Handreichungen.

der gesellschaftliche Zusammenhalt, ein verantwortungsvolles und gleichberechtigtes Zusammenleben sowie ein konstruktives Miteinander zentrale Anliegen. Das stellt uns aber vor die Aufgabe, unsere eigenen Überzeugungen, Strukturen und Identitätskonzepte kritisch zu hinterfragen. Interreligiöse Partnerschaften sind keine Randerscheinung, sie sind das Herz einer pluralen Gesellschaft.

Literatur

Böhm, Martina (2005): Rezeption und Funktion der Vätererzählungen bei Philo von Alexandrien. Zum Zusammenhang von Kontext, Hermeneutik und Exegese im frühen Judentum.BZNW, 128. Berlin/New York: de Gruyter.

Butt, Eva (2002): Ehebegleitung. Gott hat viele Namen. Bireligiöse Beratung am Beispiel eines deutsch-tunesischen Paares. In: Federschmidt, Karl/Hausschildt, Eberhard/Schneider-Harpprecht, Christoph (Hrsg.): Handbuch interkulturelle Seelsorge. Neukirchen-Vluyn: Neukirchener, S. 143-151.

Clark, Elizabeth A. (2013): Status Feminae: Tertullian and the Uses of Paul. In: Still, Todd D./Wilhite, David E. (Hrsg.): Tertullian and Paul. London/New York: Bloomsbury, S. 127–155.

Elliger, Winfried (1990): Karthago. Stadt der Punier, Römer, Christen. UB, 412. Stuttgart/Berlin/Köln: Kohlhammer.

Federschmidt, Karl (2010): Familie und Individualität. In: Weiß, Helmut/Federschmidt, Karl/Temme, Klaus (Hrsg.): Handbuch interreligiöse Seelsorge. Neukirchen-Vluyn: Neukirchener, S. 179–197.

Kunze, Norbert (2010): Konfliktberatung bei bireligiösen Paaren. In: Weiß, Helmut/Federschmidt, Karl/Temme, Klaus (Hrsg.): Handbuch interreligiöse Seelsorge. Neukirchen-Vluyn: Neukirchener, S. 198–212.

Laes, Christian (2011): Children in the Roman Empire. Outsiders within. Cambridge: Cambridge University Press.

MacDonald, Margaret Y. (2003): Early Christian Women Married to Unbelievers. In: Levine, Amy-Jill (Hrsg.): A Feminist Companion to the Deutero-Pauline Epistles. London/New York: Sheffield Academic Press, S. 14–28.

MacDonald, Margaret Y./Vaage, Leif E. (2011): Unclean but Holy Children. Paul's Everyday Quandary in 1 Corinthians 7:14c. In: Catholic Biblical Quarterly 73, S. 526–546.

Maier, Christl. M. (2013): Der Diskurs um interkulturelle Ehen in Jehud als antikes Beispiel von Intersektionalität. In: Gerber, Christine/Eisen, Ute/ Standhartinger, Angela (Hrsg.): Doing Gender – Doing Religion: Fallstudien zur Intersektionalität im frühen Judentum, Christentum und Islam. WUNT, 302. Tübingen: Mohr Siebeck, S. 129-153.

Mette-Dittmann, Angelika (1991): Die Ehegesetze des Augustus. Eine Untersuchung im Rahmen der Gesellschaftspolitik des Princeps. Hist.E, 67. Stuttgart: Franz Steiner Verlag.

Philo (1958): On the Decalogue. On the Special Laws, Books 1-3 with an English Translation by Francis Henry Colson, Philo Vol. VII. LCL, 320. London/Cambridge: Harvard University Press. – Zitiert als De specialibus legibus.

Riley, Naomi S. (2013): 'Til Faith Do Us Part. How Interfaith Marriage Is Transforming America. Oxford: Oxford University Press.

Runia, David T. (1986): Philo of Alexandria and the Timaeus of Plato. PhAnt, 44. Leiden: Brill.

Schöllgen, Georg (1984): Ecclesia Sordida? Zur Frage der sozialen Schichtung frühchristlicher Gemeinden am Beispiel Karthagos zur Zeit Tertullians. JbAC, 12. Münster: Aschendorff.

Tertullien (1980): A Son Épouse. Introduction, Texte Critique, Traduction et Notes de Charles Munier. SC, 273. Paris: Editions du Cerf. – Zitiert als: ad uxorem.

Tertullien (1988): Le mariage unique. Introduction, Texte Critique, Traduction et Commentaire de Paul Mattei. SC, 343. Paris: Editions du Cerf. – Zitiert als: De monogamia.

Thode-Arora, Hilke (1999): Interethnische Ehen. Theoretische und methodische Grundlagen ihrer Erforschung. Berlin/Hamburg: Reimer Verlag.

Zilling, Henrike Maria (2004): Tertullian. Untertan Gottes und des Kaisers. Paderborn: Schöningh.

Kirchliche Handreichungen (chronologisch)

Dekanat Darmstadt-Stadt (2007): Interreligiöse Trauung? Gottesdienstliche Feier anlässlich der Eheschließung zwischen einem evangelischen Christen und einem Nichtchristen. http://www.evangelisches-darmstadt.de/oekumene/r19rdl53/handreichung-interreligioese-trauung.pdf [Zugriff: 19.7.2018].

Zentrum Ökumene der Evangelischen Kirche in Hessen und Nassau (2011): Lobet und preiset ihr Völker! Religiöse feiern mit Menschen muslimischen Glaubens. http://www.zentrum-oekumene.de/fileadmin/content/Materialien/Dokumentationen/Broschueren/lobet_und_preiset.pdf [Zugriff: 19.7.2018].

Evangelisch-Lutherische Kirche in Bayern (2012): Ein überzeugtes „Ja". Praxishilfen für christlich-muslimische Trauungen. https://www.bayern-evangelisch.de/downloads/ELKB-Trauung-neu-2014.pdf [Zugriff: 19.7.2018].

Kammer für Mission und Ökumene der Evangelischen Kirche von Kurhessen-Waldeck (2013): Seelsorge und kirchliche Begleitung christlich-muslimischer Paare. https://www.ekkw.de/media_ekkw/downloads/ekkw_140311_texte_seelsorge_begleitung_christlich_muslimischer_paare.pdf [Zugriff: 19.7.2018].

Orthodoxe Bischofskonferenz in Deutschland (2017): Ein Brief der orthodoxen Bischöfe an die Jugend über Liebe – Sexualität – Ehe. http://www.obkd.de/Texte/Brief OBKD an die Jugend.pdf [Zugriff: 19.7.2018]

Die Vielfalt familialer Beziehungen. Soziologische Perspektiven

Veränderte Geschlechterverhältnisse – veränderte Familienarrangements – veränderte Geschlechterverhältnisse?

Monika Götsch

Seit Beginn der Frauen- bzw. Geschlechterforschung wird auf den Zusammenhang zwischen patriarchalen Geschlechterverhältnissen einerseits und der Organisation und Verteilung von Erwerbsarbeit und Familienaufgaben andererseits hingewiesen (vgl. Götsch/Wehner 2017). Dies hat auch Auswirkungen auf die (Un-)Möglichkeiten Familie zu leben. Aktuell werden ein Bedeutungswandel von Erwerbs- und Fürsorgearbeit und – damit verbunden – Veränderungen der heteronormativen Geschlechterverhältnisse konstatiert. Inwieweit dies zugleich mit einem Wandel von Familienarrangements und Familiennormen einhergeht, ist Gegenstand der folgenden Ausführungen.

Während in der Bundesrepublik zunächst das Modell der weiblichen Hausfrau*/Mutter* und des männlichen Familienernährer*s und folglich das bürgerlich heteronormative Familienmodell nicht zuletzt politisch gestützt wurde, lässt sich heute – wiederum politisch intendiert – von einem *adult-worker-model* sprechen (vgl. Winker 2013; Pühl 2004). Nun soll jede* einzelne Erwachsene*, unabhängig von Geschlechtszugehörigkeit und Fürsorgeverantwortung eigenständig ihre Existenz über Erwerbstätigkeit sichern (vgl. Lessenich 2008). In der Folge dieses sozialpolitischen Paradigmenwechsels werden einerseits eine Flexibilisierung von Heteronormativität und eine Vervielfältigung familialer Lebensformen konstatiert (vgl. Pühl 2004; Woltersdorff 2008; Maihofer 2014), andererseits wird auf die Re-Traditionalisierung von Familie und Geschlecht als Folge sozialpolitischer Transformationen verwiesen (vgl. Koppetsch 2013).

Die höhere Erwerbsbeteiligung von Frauen* sowie die Flexibilisierung und Entgrenzung von Erwerbsarbeit führen dazu, dass Familie nicht mehr für alle einfach und selbstverständlich lebbar wird. So zeigen Karin Jurczyk und Michaela Schier (2008) auf, dass Familie (in welcher Konstellation auch immer) in fortwährenden Aushandlungsprozessen hergestellt werden muss. Orientierungsrahmen für die Herstellung von Familie sind demnach nicht mehr bipolare Geschlechterrollen und geschlechtsspezifische Arbeitsteilung; vielmehr wird Familie zum Aushandlungsort für individuelle Bedürfnisse und die Verteilung notwendiger *Care*-Aufgaben. Geschlechterpositionen in Familien wie auch Familienarrangements erscheinen damit relativ frei wählbar.

Dem widerspricht der achte Familienbericht des Bundesministeriums für Familien, Senioren, Frauen und Jugend (vgl. BMFSFJ 2012), wonach in heteronormativen Familien Frauen* sehr viel häufiger während und nach der Familien(gründungs)phase in Teilzeit arbeiten und zugleich deutlich mehr Aufgaben im Haushalt übernehmen als ihre männlichen Partner*. Jeder familienbiografische Wendepunkt wie bspw. die Familiengründung führt zu einer spezifischen Neujustierung der Geschlechterverhältnisse in heterosexuellen Partner*innenschaften. Trotz Egalitätsvorstellungen bedeutet dies zumeist eine Ungleichverteilung der *Care*-Aufgaben zulasten von Frauen* (vgl. Helfferich 2017). Insbesondere in der sogenannten Mittelschicht lässt sich eine Re-Traditionalisierung familialer Arbeitsteilung konstatieren. Die Möglichkeit sich als heterosexuelle Frau* ausschließlich reproduktiven Aufgaben sowie der Förderung der Kinder widmen zu können, wird als „Distinktionsgewinn" gegenüber weniger privilegierten Müttern* gedeutet (vgl. Koppetsch 2013). Dies ist nicht zuletzt Folge einer ökonomisierten Familienpolitik, die Eltern eher als „Wirtschaftssubjekte" statt als „Sorgetragende" (Menke 2017: 42) begreift. So führt u.a. das einkommensabhängige Elterngeld dazu, dass Eltern „mit hohen sozioökonomischen Ressourcen Wahlmöglichkeiten bei der Gestaltung, Verteilung und Organisation von Erwerbs- und Sorgearbeit" (Menke 2017: 55) haben, während weniger privilegierte, erwerbstätige Mütter* und Väter* deutlich höheren „individualisierten Risiken und finanziellen Belastungen" (ebd.) ausgesetzt sind.

Ebenso widersprüchlich wird die immer größere Sichtbarkeit von nicht-heteronormativen Familienarrangements wahrgenommen. Die auch rechtlich abgesicherte Möglichkeit, als nicht-heteronormatives Paar eine Familie zu gründen, wird beispielsweise von Jugendlichen als Beleg für eine weit fortgeschrittene Modernisierung gedeutet – in Abgrenzung zu vorgeblich tradierten, homosexuellenfeindlichen Gesellschaften (vgl. Götsch 2014). Parallel zu diesen kulturalisierenden Deutungsmustern wird in aktuellen rechtspopulistischen und konservativen Diskursen ein Bedrohungsszenario aufgerufen, wonach nicht-heteronormative Familienarrangements wie auch nicht-heteronormative Geschlechtlichkeiten die als „natürlich" und ursprünglich stilisierte soziale Beziehung der bürgerlich-heteronormativen Kleinfamilie zerstören und ein „gesundes" Aufwachsen von Kindern verunmöglichen würden (vgl. Nay 2017). Nicht-heteronormative Familien wie sogenannte „Regenbogenfamilien" werden einerseits als historisch neues Familienarrangement wahrgenommen. Andererseits scheint die „Ehe für alle" das normative Modell der (bürgerlichen) Ehe zu reproduzieren (vgl. Maihofer 2014).

Vor dem Hintergrund dieser ambivalenten Diagnosen und Entwicklungen zeigt sich, dass die Annahme, die heteronormative Kleinfamilie bzw. das patriarchale Geschlechterverhältnis seien unhinterfragbare, quasi naturgegebene Gewissheiten, in Bewegung geraten ist. Auch scheinbar tradierte, bürgerlich-heteronormative Familien können Familie nicht einfach selbstverständlich leben, auch sie müssen Familie und (Geschlechter-)Rollen aushandeln, herstellen und ihr Arrangement in Verbindung mit Erwerbsarbeit rechtfertigen. Andrea Maihofer (2014) konstatiert entsprechend eine Krise der bürgerlich-patriarchalen Ordnung:

> „So sind die verschiedenen familialen Lebensformen immer weniger zuverlässige Garanten von Heteronormativität, männlicher Suprematie sowie der bislang notwendig erschienen Reproduktion der herrschenden heterosexuellen binär-hierarchischen Geschlechternormen und –praxen" (Maihofer 2014: 329).

Ob die bürgerlich-heterosexuelle Kleinfamilie ihre Normativität eingebüßt hat, erscheint jedoch fraglich solange die Benennungspraxis „andere" Familienarrangements als besonders, als Regenbogen-Familien, multilokale Familien, Patchwork-Familien, Einelter-Familien usw. markiert. Nicht-bürgerlich-heteronormative Familien sind zwar lebbar und werden immer sichtbarer, als „Ausnahmen" wahrgenommen normalisieren sie gleichwohl das Arrangement Mutter*-Vater*-Kind(er*).

Literatur

BMFSFJ (Bundesministerium für Familie, Senioren, Frauen und Jugend) (2012): Achter Familienbericht. Zeit für Familie – Familienzeitpolitik als Chance einer nachhaltigen Familienpolitik. Berlin: BMFSFJ.

Götsch, Monika (2014): Sozialisation heteronormativen Wissens. Wie Jugendliche Sexualität und Geschlecht erzählen. Opladen: Budrich UniPress.

Götsch, Monika/Wehner, Nina (2017): Berufsorientierung, Erwerbsbiografie und Geschlecht. In: Freiburger Zeitschrift für Geschlechterforschung 23, 1, S. 5-14.

Helfferich, Cornelia (2017): Familie und Geschlecht. Eine Grundlegung der Familiensoziologie. Opladen/New York: Barbara Budrich.

Koppetsch, Cornelia (2013): Wiederkehr des bürgerlichen Familienmodells? Die Zukunft der Geschlechter in der Klassengesellschaft von morgen. In: Krüger, Dorothea Christa/Herma, Holger/Schierbaum, Anja (Hrsg.): Familie(n) heute. Entwicklungen, Kontroversen, Prognosen. Weinheim/Basel: BeltzJuventa, S. 360-377.

Lessenich, Stephan (2008): Die Neuerfindung des Sozialen. Der Sozialstaat im flexiblen Kapitalismus. Bielefeld: Transcript.

Maihofer, Andrea (2014): Familiale Lebensformen zwischen Wandel und Persistenz. Eine zeitdiagnostische Zwischenbetrachtung. In: Behnke, Cornelia/Lengersdorf, Diana/Scholz, Sylka (Hrsg.): Wissen – Methode – Geschlecht: Erfassen des fraglos Gegebenen. Wiesbaden: Springer VS, S. 313-334.

Menke, Katrin (2017): Eltern als „Wirtschaftssubjekte“? Die selektiven Folgen einer ökonomisierten Familienpolitik auf die Wahlfreiheit von Müttern und Vätern. In: Gender Sonderheft 4, S. 42-58.
Pühl, Katharina (2004): Neoliberale Paradoxien? Geschlechtsspezifische Veränderungen durch sozialpolitische Regulierungen als Herausforderung feministischer Theorie. In: Zeitschrift für Frauenforschung und Geschlechterstudien 22, 2+3, S. 40-50.
Schier, Michael/Jurczyk, Karin (2008): „Familie als Herstellungsleistung“ in Zeiten der Entgrenzung. In: Sozialwissenschaftlicher Fachinformationsdienst so-Fid, Familienforschung 2008/1, S. 9-18.
Winker, Gabriele (2013): Zur Krise sozialer Reproduktion. In: Denknetz – Jahrbuch 2013, S. 119-133.
Woltersdorff, Volker (2008): Queer und Hartz IV? Arbeit, Ökonomie, Sexualität und Geschlecht im Neoliberalismus. In: Degele, Nina (Hrsg.): Gender/Queer Studies. Paderborn: W. Fink UTB, S. 181-193.

Zwischen Ohnmacht, Aushandlung und aktiver Gestaltung – die Perspektiven von Kindern auf Erziehung in der Familie

Katharina Gerarts

1 Einleitung

Erziehung ist ein alter und grundlegender Begriff der Erziehungswissenschaften, ebenso wie Bildung und Sozialisation eine wesentliche Rolle spielen (vgl. Böhm 2005). Schon in der Antike beschäftigten sich die großen Denker*innen mit Erziehungstheorien in der *paideia*, der Lehre der Erziehung des Kindes. Mit der Rousseau'schen „Entdeckung" der Kindheit im Zeitalter der Aufklärung ging einher, dass im nachfolgenden Bildungsbürgertum die Familie als Ort der Erziehung immer größere Bedeutung gewann. Ludwig Liegle hebt die Besonderheit des Erziehungsverhältnisses zwischen Erwachsenen und Kindern hervor:

> „Unter allen Verhältnissen der Menschen untereinander gehört aber das Verhältnis zwischen Erwachsenen und Kindern, das Erziehungsverhältnis, in besonderem Maße zu denjenigen, welche die Individualität der beteiligten Personen tiefgreifend und dauerhaft berühren" (Liegle 2006, S. 19).

Der vorliegende Beitrag widmet sich der Fragestellung, inwiefern Erziehung in der Familie aus der Sicht von Kindern verhandelt werden kann.[1]

Dazu wurden Kinder im Kindergarten- und Grundschulalter mittels Interviews und Gruppendiskussionen hinsichtlich ihrer Perspektiven auf familiäre Erziehungspraktiken untersucht. Zur Beantwortung dieser Fragestellung dienen die folgenden vier Abschnitte: Zunächst wird (2) der theoretische Hintergrund der Studie erläutert. Darauf folgen (3) die Vorstellung des forschungstheoretischen Rahmens und des methodischen Vorgehens der zugrunde liegenden Studie. Anschließend werden (4) die Auswertungsergebnisse der Studie

1 Die dazugehörige Untersuchung erfolgte innerhalb des Rahmens einer Promotion an der Goethe-Universität Frankfurt. Der hier vorliegende Artikel ist deshalb als Teil der gesamten Studie *Familiäre Erziehung aus Kindersicht. Eine qualitative Studie unter Berücksichtigung von Macht in der generationalen Ordnung* (Gerarts 2014) zu verstehen.

dargestellt. Die Zusammenfassung der Ergebnisse (4) wird diese mit den theoretischen Annahmen, die diesem Beitrag zugrunde liegen, verknüpfen, um schließlich auf die Notwendigkeit weiterer Forschungen zu der hier behandelten Thematik hinzuweisen.

2 Theoretischer Hintergrund

2.1 Kinder als Konstrukteur*innen ihrer Lebenswelten

In dem diesem Beitrag zugrunde liegenden Verständnis werden Kinder als Expert*innen für Erziehungsprozesse in der Familie betrachtet, da sie ihre Lebenswelt aktiv verhandeln und sich ko-konstruktiv mit dieser auseinandersetzen. „Kinder machen sich ein Bild ihrer sozialen Umwelt – ebenso wie Erwachsene; sie versuchen, die vielfältigen Erfahrungen und Eindrücke zu ordnen und zu strukturieren, sie konstruieren einen ‚Sinn'" (Ulich/Oberhuemer 1993: 120). Die neuere Kindheitsforschung stellt die Gegenwartsorientierung von Kindern in den Fokus: Kinder werden in ihrem Status als Akteur*innen und Konstrukteur*innen ihrer Lebenswelten betrachtet; darüber hinaus wird das Machtungleichgewicht im Generationenverhältnis problematisiert. Kindheit wird als ein soziales Konzept und Konstrukt betrachtet (Honig 1999a; Andresen/Diehm 2006). Kinder sind im Verständnis der neueren Kindheitsforschung im „Hier" und „Jetzt" fähig und sie haben – um mit dem Kinderrechtler Janusz Korczak zu sprechen – das „Recht [...] auf den heutigen Tag" (Korczak 2005: 40). Da Erziehung ein alltäglich stattfindender Prozess ist, von dem Kinder unmittelbar betroffen sind, ist anzunehmen, dass Kinder sich auch mit diesem Teil ihrer Lebenswelten konstruktiv auseinandersetzen. Wenn aber im wissenschaftlichen Diskurs von Erziehung in der Familie gesprochen wird, so wird dies in der Regel aus Sicht der Erwachsenen getan: Erwachsene Forscher*innen und Pädagog*innen tragen Erkenntnisse zusammen und präsentieren sie der wissenschaftlichen Community oder interessierten Eltern. Die Erforschung von Erziehung und erzieherischen Prozessen im familiären Alltag aus Kindersicht steht dabei nicht im Fokus und kann somit als ein Desideratum in der bisherigen Kindheitsforschung benannt werden.

Aus diesen Gesichtspunkten entwickelte sich das folgende Forschungsinteresse: *Welche Perspektive haben Kinder im Alter von fünf bis zehn Jahren auf Erziehung in der Familie und inwiefern spielen Machtverhältnisse in der generationalen Ordnung darin eine Rolle?* Dieses wurde anhand der drei Unterfragen konkretisiert: (1) Wie erleben Kinder im Alter von fünf bis zehn Jahren den familiären Erziehungsprozess? (2) Welche Konzepte von Erziehung haben Kinder in diesem Alter? (3) Inwiefern spielt Macht im Erziehungsprozess für Kinder eine Rolle? Der vorliegende Beitrag wird insbesondere die Frage nach den von Kindern entwickelten Konzepten und Vorstellungen von Erziehung aufgreifen.

2.2 Macht in der generationalen Ordnung: Der Standpunkt von Kindern

Für Interaktionsprozesse zwischen Erwachsenen und Kindern, die erzieherische Intentionen verfolgen, ist Macht konstitutiv. Zu der Berücksichtigung von intergenerationaler Macht in der vorgestellten Forschungsfrage heißt es bei Leena Alanen:

> „Um Umfang und Art des Handlungsvermögens konkreter, lebendiger Kinder aufzudecken, muss die Forschung deshalb darauf gerichtet werden, die generationalen Strukturen zu identifizieren, aus denen die Macht der Kinder (oder deren Fehlen) hervorgeht" (Alanen 2005: 80).

In der diesem Artikel zugrunde liegenden Studie wurde deshalb der Versuch unternommen, den „Standpunkt der Kinder in der generationalen Ordnung" (Honig 1999b: 41) zu erheben und darzustellen. Insofern wird hier mit Bezug auf Alanen (vgl. 1992; 1994a und b; 1997) davon ausgegangen, „dass Kinder ebenso sehr Gesellschaftsmitglieder und in diesem Sinne soziale Akteure sind wie Erwachsene" (Honig 1999b: 41). Jegliches Wissen von Kindern ist hierbei mit ihrer Stellung in der generationalen Ordnung verknüpft: „Mit ihrer Positionierung verfügen Kinder über ein spezifisches Wissen, das sich qualitativ unterscheidet von dem Wissen, das mit dem Standpunkt des Erwachsenen verbunden ist" (ebd.: 42). Forschung aus der Perspektive von Kindern muss demnach als Forschung „vom Standpunkt der Kinder aus" (ebd.: 43) gedacht werden.

Kinder haben also spezifisches Wissen, das durch ihre Einbettung in die generationale Ordnung geprägt ist. Dieses Wissen aufzuspüren und darzustellen und somit die Perspektive von Kindern – oder besser: ihren Standpunkt in der generationalen Ordnung – zu erforschen und festzuhalten, war damit grundlegendes Ziel der Studie und versteht sich als Beitrag „zur Verringerung der Machtunterschiede zwischen den sozialen Kategorien der Erwachsenen und der Kinder" (Alanen 1992: 108, zit. nach Honig 1999b: 43).

3 Methodologische und methodische Überlegungen

3.1 Qualitative Forschung aus der Sicht von Kindern

Wird aus Sicht von Kindern erforscht, was Erziehung für sie bedeutet und welche Konzepte von Erziehung die befragten Kinder haben, wird der intersubjektive Sinn in den Fokus der Überlegungen gerückt. Demnach erscheint ein Vorgehen gemäß dem *Paradigma der qualitativen Sozialforschung* als forschungstheoretischer Rahmen geeignet, denn qualitative Forschung ist bemüht, sich dem Untersuchungsgegenstand mit einer möglichst großen Offenheit zu nähern. Diesen Anspruch der qualitativen Forschung beschreiben Flick, von Kardorff und Steinke folgendermaßen:

> „Qualitative Forschung hat den Anspruch, Lebenswelten ‚von innen heraus' aus Sicht der handelnden Menschen zu beschreiben. Damit will sie zu einem besseren Verständnis sozialer Wirklichkeit(en) beitragen und auf Abläufe, Deutungsmuster und Strukturmerkmale aufmerksam machen" (Flick/von Kardorff/Steinke 2000: 14).

In diesem Paradigma werden die an der Forschung beteiligten Personen – im vorliegenden Fall die Kinder – nicht als Objekte der Forschung, sondern als Subjekte im Forschungsprozess verstanden. Damit ist es unerlässlich, Kinder selbst zu ihren subjektiven Sichtweisen sowie Erlebnissen und Erfahrungen im Erziehungsprozess zu befragen. Eine grundsätzliche Frage ist dabei, ob Interviews im klassischen Sinn mit recht jungen Kindern überhaupt möglich sind. Gerade rund um die Verwendung von qualitativen Forschungsmethoden mit Kindern gibt es in der Literatur bereits breite, wenn auch noch nicht erschöpfend geführte Diskurse (vgl. Heinzel 2000 und 2012; Krüger 2006). Wird dort nach „kindheitsgemäßen" oder „kindangemessenen" Methoden verlangt (vgl. dazu kritisch Mey 2005; Punch 2002), muss die Frage gestellt werden, was man denn als kindgerecht bezeichnet. Diese Frage nach der „Kindangemessenheit" einer Methode lässt sich nicht eindeutig beantworten. Vielmehr sollte sich die Forschung des Dilemmas bewusst sein, „dass jede Form der kindgerechten Methode stets ein bestimmtes Kindheitsbild voraussetzt und damit in der Gefahr steht, eben dieses Bild zu reproduzieren" (Fuhs 2000: 92). Darüber hinaus weist die Literatur zur Kindheitsforschung auf das Problem des Machtgefüges zwischen erwachsenen Forscher*innen und Kindern als Forschungspartner*innen hin: Heinzel spricht bei der „Kommunikation zwischen forschenden Erwachsenen und beforschten Kindern" von einer „Verständigung zwischen ungleichen Partnern" und beschreibt diese Konstellation als „hierarchische Situation" (Heinzel 2003: 125), was die Erforschung der kindlichen Perspektive noch erschwert.

3.2 Konkreter Forschungsverlauf

Die vorherigen Überlegungen zeigen auf, dass der Forschungsprozess in der Forschung mit und über Kinder(n) vielfältiger Überlegungen bedarf, um den besonderen Bedürfnissen von Kindern gerecht zu werden: Bei der Suche nach einer passenden und kindgerechten Methode wurde deshalb entschieden, dialoggestützte Interviews nach Dörte Weltzien (2009) zu verwenden. Auch Weltzien weist auf ungelöste Fragen hin, beispielsweise, ob ein Verstehen und Erklären der kindlichen Perspektive durch eine erwachsene Interviewerin überhaupt möglich sei; dennoch kommt sie zu dem Schluss,

> „dass Vorteile des dialoggestützten Verfahrens in den erweiterten Möglichkeiten für den Interviewenden liegen, gedankliche Zugänge zu den Erzählungen und Deutungen der Kinder zu bekommen und sie in ihrer Lebenswelt besser zu verstehen“ (Weltzien 2009: 97).

Andreas Böhm schlägt für den Einstieg in die qualitative Erhebung vor, dass

> „die eigenen Fragen der Forscher, ihr Vorverständnis und damit zusammenhängend auch die eigenen Vorurteile zum Gegenstandsbereich [...] beispielsweise mit Brainstorming und Gruppendiskussionen herausgearbeitet werden“

können (Böhm 2000: 476). Auch wenn Böhm hier vermutlich Brainstorming und Gruppendiskussionen unter Forscher*innen anspricht, wurde dieser Vorschlag für die durchgeführte Erhebung in der Form adaptiert, dass Kinder als „Türöffner*innen“ und Ideengeber*innen für den weiteren Forschungsprozess verstanden wurden. Dies entspricht der Forderung der neueren soziologischen Kindheitsforschung, Kinder am Forschungsprozess zu beteiligen und sie als aktive Forschungssubjekte zu begreifen (vgl. Greig/Taylorand/MacKay 2007).

Im Rahmen einer Vorstudie wurde in diesem Sinne zunächst eine einstündige Gruppendiskussion mit einer vierten Schulklasse durchgeführt. Mit diesem explorativen Vorgehen sollte geklärt werden, ob die Neun- bis Zehnjährigen den Begriff „Erziehung“ kennen und welche Konzepte von Erziehung sie explizieren. Die Resultate dieser Gruppendiskussion, an der insgesamt acht Kinder teilnahmen, wurden einer Themenanalyse unterzogen. Daraus wurden Anhaltspunkte dafür generiert, mit welchen Fragestellungen *jüngere* Kinder zum Thema Erziehung befragt werden konnten. Diesem Vorgehen lag die Annahme zugrunde, dass die älteren Kinder im Sample den Begriff Erziehung kennen und Konzepte zu Erziehung entwickelt haben würden, wohingegen der Begriff für die jüngeren Kinder zwischen fünf und acht Jahren schwieriger mit Inhalten zu füllen oder sogar unbekannt sein könnte. Die aus der Gruppendiskussion zu Erziehung generierten Themen trugen zur Erstellung eines Leitfadens bei. Nach einer mehrwöchigen teilnehmenden Beobachtung im Kindergarten und in der Grundschule, die dem Kennenlernen und schließlich der

Auswahl der Kinder für die Interviews[2] diente, wurden mithilfe des erstellten Leitfadens zehn Kinder – vier im Kindergarten und sechs in der Grundschule in der ersten bis dritten Klasse – in teilstandardisierten Einzel- und Paarinterviews im Sinne der dialoggestützten Interviews nach Weltzien (2009) befragt, welche zwischen 20 und 60 Minuten dauerten und unter anderem Fragen zur Eltern-Kind-Beziehung, zu Geschwisterbeziehungen, zur Freizeit und dem Alltag der Kinder behandelten.

Die Transkriptionen dieser Interviews dienten der späteren Datenauswertung mittels der *Grounded Theory*. Diese wurde deshalb dem Forschungsvorhaben als besonders dienlich erachtet, da sie die Möglichkeit bietet, sich in einem offenen und flexiblen sowie zirkulären Forschungsprozess einem Phänomen zu nähern. Auch legt sie im Vorfeld keine Hypothesen mit dem Ziel fest, diese nach der Durchführung der Forschung bestätigen oder verwerfen zu wollen. Durch die *Grounded Theory* kann aus erhobenen Daten mittels der Arbeitsschritte des offenen, selektiven und axialen Kodierens (vgl. Hülst 2010) eine gegenstandsverankerte Theorie generiert werden. Bei der Auswertung der Gruppendiskussion sowie der Einzel- und Paarinterviews kristallisierten sich zwei Kernkategorien heraus: Die *ideelle Erziehungskonzeption* und die *erlebte Erziehungsrealität*, die im Folgenden eingehend vorgestellt werden.

4 Wie Kinder Erziehung denken und erleben – zwischen Anpassung und Widerständigkeit

4.1 Ideelle Erziehungskonzeption: Die Zivilisierung des Kindes

Gefragt nach der familiären Erziehung, verhandelten die untersuchten Kinder einerseits, *was* Erziehung ist und *wie* Erziehung funktioniert, und konstruierten damit eine Erziehungskonzeption. Diese Erziehungskonzeption lässt sich als „ideell“ bezeichnen, weil die Kinder den Erziehungsprozess in seiner idealen Form diskutierten und konzeptionierten, nach der er quasi ohne Brüche verläuft und eine nachvollziehbare Sinnhaftigkeit aus Sicht der Kinder beinhaltet.

2 Es ist eine durchaus wesentliche Frage, ob Kinder für eine qualitative Studie nach gewissen Merkmalen ausgewählt werden. Da die Fallzahlen in der vorliegenden Untersuchung zu klein waren, um im Sinne der Intersektionalitätstheorie alle wichtigen Differenzlinien und Merkmale zu beachten und eine solche Auswahl niemals optimal gestaltet werden könnte, wurde in dieser Studie die Entscheidung getroffen, die Kinder ausschließlich nach Alter, Geschlecht und sprachlichen Fähigkeiten auszuwählen.

In dieser Sichtweise der befragten Kinder wurde die Erziehungskonzeption nicht infrage gestellt: Erziehung verläuft in dieser *ideellen Erziehungskonzeption* im Sinne einer Metamorphose. Kinder verwandeln sich von einem unentwickelten und unzivilisierten Wesen hin zu einem entwickelten, gesellschaftsfähigen Erwachsenen. Kinder werden in der *ideellen Erziehungskonzeption* außerdem dichotom zu Erwachsenen dargestellt, sie befinden sich in einem Status des „Noch-Nicht“, während die Erwachsenen den Zustand des vollständig entwickelten Gesellschaftsmitgliedes erreicht haben.

Ein zentraler Befund ist, dass die befragten Kinder deutlich den Status der Kinder und den der Erwachsenen unterscheiden und diesen Gruppen dichotome Eigenschaften und Fähigkeiten zusprechen. Dabei lassen die Aussagen der Kinder die Vermutung zu, dass sie Kinder als unvollkommene Wesen betrachten, die durch einen Entwicklungsprozess, die Metamorphose, zum Status des mündigen Erwachsenen geführt werden. Dafür spricht zum Beispiel, dass Johanna[3] erklärt:

> „Ja und ähm was ich ja auch gut finde, dass unsre Eltern das Sprechen beigebracht haben und das Laufen [I.: H=hm.] und was man hier alles so machen muss, also dass man jetzt nicht irgendwas umschmeißen soll oder sowas.“

Die Eltern bekommen hier die Rolle einer Lehrkraft im Erziehungsprozess zugewiesen. Sie bringen den Kindern etwas bei, haben mehr oder größeres Wissen als die Kinder, die „Neuankömmlinge“, die dieses Wissen erst erwerben müssen. Erst der Entwicklungsprozess, den die Eltern laut Johanna aktiv initiieren und begleiten in ihrer Rolle als Erzieher*innen, ermöglicht den Kleinkindern die Kommunikation durch Sprache sowie die Beweglichkeit in Form des Laufens. Weiterhin deutet Johanna auf das Erlernen eines sozialen Regelwerkes hin. Kinder kommen demnach ohne Kenntnis dieses Regelwerkes auf die Welt und müssen erst lernen, welche Verhaltensweisen „hier“ – also auf der Welt, im gesellschaftlichen Zusammenleben – angemessen und erwünscht sind. Johanna spricht damit den Eltern die Macht zu, Kindern grundlegende Fähigkeiten beibringen zu können, sowie über das Wissen zu verfügen und darüber bestimmen zu können, welche Pflichten und Ordnungen an die jüngere Generation herangetragen werden müssen. Hier entwickelt sich ein Diskurs zu Regeln bzw. zu einem Regelwerk, welches von Kindern erlernt werden muss. So passt die Aussage von Mathis zu der Erläuterung von Johanna:

> „und dass sie [die Eltern, KG] Regeln aufstellen [I: hm] für gute Manieren [I: hm], dass wir uns nicht so schlecht benehmen dann, damit wir Regeln kennenlernen.“

---

3 Alle hier verwendeten Namen wurden anonymisiert.

Die Interpretation der Gruppendiskussion verdeutlicht, dass die Kinder einen Entwicklungsprozess schon in der Kindheit selbst verorten. So berichtet zum Beispiel Mathis weiter:

> „Ich hab mehrere Geschwister und [1] ich hab [2] *früher* meine [1] Geschwister immer son paar Witze bei ihnen gemacht, die ihnen gar nicht gefallen haben, das hab ich *vorher* nicht gewusst und das und [2] und dann haben meine Eltern immer gesagt, du sollst das nicht machen und so weiter und *heute* hab ichs richtig gelernt, dass ich das nicht machen soll." (Hervorhebungen KG)

Die markierten Temporaladverbien deuten darauf hin, dass Mathis in ein „vor" und in ein „nach" dem Lernprozess unterscheidet. Damit wird klar, dass das Kind aus der Perspektive der Gegenwart in die Vergangenheit und in die Zukunft blickt.

Auf das erwähnte Regelwerk kommt Mathis später nochmals explizit zu sprechen:

> „also meine Eltern wolln wolln nur, dass ich *dann* wenn ich erwachsen bin, dass ich halt auch an die Regeln halte so wie beim Autofahrn oder so, und dass ich auch alles durchziehe, was auch zum Beispiel schwer ist [I: ahja] dass ich das *dann* halt verstehe [I: hm] [1] ja dass ich auch *dann* soweit bin [I: hm]" (Hervorhebungen KG).

Hier rekurriert Mathis auf „Regeln", die vergleichbar mit denen beim Autofahren seien. Diese gelte es zu erlernen, auch wenn dieser Lernprozess beschwerlich sein könne. Wenn die Kinder irgendwann erwachsen sind, soll dieser Lernprozess Früchte tragen, *dann* also sollen zum Beispiel die gelernten Regeln auch angewendet werden können. Spätestens also, wenn Mathis erwachsen ist, soll er so viel gelernt haben, dass er zwischen Erwachsenen bestehen kann, dass er nicht gegen die geltenden Regeln verstößt und damit zum Gelingen der Gesellschaft beiträgt. Auch hier wird das Kind im Vergleich zum Erwachsenen als unfertig beschrieben. Erst durch den Entwicklungsprozess wird das Kind zum fähigen und wissenden Erwachsenen: *Dann* versteht es die in der Welt geltenden Regeln, *dann* ist es soweit. Durch die mehrfache Verwendung des Adverbs „dann" wird auch die Zukunftsgerichtetheit dieses Erziehungsgeschehens deutlich; Erziehung macht in dieser Perspektive stark für die Zukunft, eben für dann, wenn die Kinder den Status der Erwachsenen erreicht haben.

Einen weiteren Aspekt von Erziehung sehen die Kinder in der Tatsache, dass sie durch die Erziehung auf das „echte Leben" vorbereitet werden. So sagt Renate:

> „und dass ich ähm auch ein bisschen weiß, wie das Leben auch draußen ist, als nur nich so wie son Kind, weil ähm auch, dass man [1] ähm Steuern zahlen muss."

Der Status des Kindes scheint ein unvollständiger zu sein. Kinder befinden sich in der Entwicklung und deshalb auch, wie Renate anbringt, in einer Art Moratorium. Renate unterscheidet in ihrer ersten Aussage zwischen zwei Formen von Leben – dem da draußen sowie dem ihrigen. Sie glaubt, als Kind in einer eigenen, geschützten Welt zu leben. In dieser Welt kann sie als Kind bestehen, wohingegen in der Welt da draußen Schwierigkeiten und Unwägbarkeiten zu erwarten sind. Die Differenz zwischen Kindern und Erwachsenen sowie die damit verbundenen Fähigkeiten und Zuständigkeiten kristallisieren sich in dieser Aussage heraus: Erwachsene können in der Welt draußen bestehen, sie kennen die Regeln, sie wissen, wie man sich zu verhalten hat. Kinder dagegen sind *noch nicht* soweit, sie kennen *noch nicht*, sie sind *noch nicht* groß, sie können in der Welt da draußen *noch nicht* bestehen. Kinder wissen um diese Differenzen, die zwischen Erwachsenen und Kindern bestehen.

Es zeigt sich, dass Kinder aus ihrer eigenen Sicht einen Zivilisierungsprozess durchlaufen müssen. Am Anfang dieses Prozesses steht das Kleinkind mit seinen Unfähigkeiten (fehlende Sprache, fehlende Fähigkeit der Fortbewegung, fehlendes Wissen über die gesellschaftlichen Regeln), das dann mithilfe der Eltern Stück für Stück einen Reifungs- und Entwicklungsprozess durchläuft, der schlussendlich im Status des Erwachsenseins vollendet wird.

4.2 Erlebte Erziehungsrealität: Verhandelnde und widerständige Praktiken

In einer weiteren Perspektive der Kinder wird die *erlebte Erziehungsrealität* verhandelt. Hier wird im Gegensatz zu der oben ausgeführten *ideellen Erziehungskonzeption* sichtbar, dass Erziehung durchaus von Brüchen sowie von Widerstand und Ambivalenzen geprägt ist. So erklärt Renate: „Eltern können auch ganz schön blöd sein".

Dies deutet darauf hin, dass die Kinder das elterliche Erziehungsverhalten keineswegs ausschließlich positiv bewerten, sondern auch kritisch reflektieren und sich aktiv dazu positionieren. Während die Kinder einerseits die verhältnismäßig ideell geformte Erziehungskonzeption bearbeiten, führen sie andererseits an, dass sie die elterlichen Handlungsvorgaben negativ bewerten, infrage stellen und sich mit diesen konstruktiv auseinandersetzen. So erklärt beispielsweise Renate, dass sie sich manchmal sehr aufrege wegen der Pflichten, die ihr im Alltag aufgetragen werden. Sie hat in der Familie Aufgaben zu erledigen, wie beispielsweise die Wäsche zusammenzulegen. Auch andere Kinder berichten von solchen Aufgaben, Talea nennt „Besteckdienst" und „Flaschendienst". Diese Aufgaben werden von Renate nicht grundsätzlich als negativ beurteilt, aber sie stören sie doch gerade dann, wenn sie eigentlich selbstbestimmt über ihre Zeit verfügen möchte:

> „Und die ganzen Dinger muss ich das immer falten ins Zimmer legen und manchmal hab ich halt einfach da keine Lust drauf und dann will eher so lesen Buch lesen oder irgendwas und [...] das is so viel Arbeit ich HASSE das och."

Während zuvor also auf der Ebene der kindlichen Vorstellung einer Erziehungskonzeption die elterlichen Anweisungen, Regelvorgaben und Erziehungshandlungen als wertvoll für das Gelingen der Metamorphose des Kindes beurteilt wurden, schlägt sich in der *erlebten Erziehungsrealität* oftmals eine deutlich negativere Einschätzung der elterlichen Handlungen nieder. Hier stellen die Kinder die aufgestellten Regeln und Aufforderungen infrage und setzen sich mit diesen auseinander. So diskutieren die Kinder unter anderem über die Vorgabe der Eltern, sie sollten ihre Zimmer aufräumen, und kommen schließlich zu der folgenden Erkenntnis:

> „Johanna: Ja und die Mama sagt immer ich soll jetzt aufräumn und dann wenn ich grad alles aufgeräumt hab [Renate: Ja genau.] und dann such ich was wühl ich alles wieder durch [Kinder lachen] und dann fang ich alles wieder von vorn an ah [Martha: GENAU.] und dann muss ichs wieder aufräumen. [Kinder lachen]
>
> Martha: Genau man findet das auch nich einmal alles wieder aufgeräumt hat [Johanna: Ja genau.]
>
> Renate: Ja ich such immer was wenn ich fertig aufgeräumt hab. [Martha: Genau.]
>
> Talea: Manchmal find ich was.
>
> Martha: In der Unordnung findet man alles."

Hier wird klar, dass die Kinder die elterliche Vorgabe aufräumen zu müssen als verhältnismäßig sinnlos empfinden. Es zeigt sich, dass sich die Kinder durch die Vorgaben der Eltern eingeschränkt fühlen. Diese negative Beurteilung des elterlichen Verhaltens geht sogar so weit, dass die Kinder sehr frustriert sind über die Umgangsweisen der Eltern mit ihnen. Das wird beispielsweise durch die folgende Aussage von Renate deutlich:

> „Manchmal sag ich *ich haue ab* von hier aber dann tu ichs doch nich obwohl ich dann meine Sachen gepackt hab, aber das is ja wurschtegal, manchmal wenn ich auch und dann bin ich halt richtig zick und zack richtig gegen meine Eltern" (Hervorhebung KG).

Renate äußert vor allem mit dem hervorgehobenen Satz eine große Frustration und Wut gegenüber ihren Eltern. Hier setzt sie sich aktiv mit den elterlichen Verhaltensweisen auseinander, verhandelt diese in ihrer Gefühlswelt und will dieser Situation entgehen, indem sie ihre Sachen packt und „abhauen" will.

An mehreren Stellen in der Gruppendiskussion sprechen die Kinder über das Streiken im familiären Alltag. Dieses Streiken soll als eine widerständige

Praxis herausgearbeitet werden. Es zeigt sich darin eine Form, wie die Kinder die elterlichen Anforderungen an sie umgehen oder sogar ignorieren können. Werden also die bereits genannten Regeln oder Erziehungsziele an die Kinder herangetragen, wozu laut der Kinder unter anderem auch gehört, dass sie gehorchen sollen, so zeigen sie aktiven Widerstand, indem sie einfach nicht mehr „funktionieren" und die an sie gestellten Anforderungen nicht erfüllen. Die Bedeutsamkeit dieses Vorgehens wird beispielsweise von Laurins Aussage unterstrichen:

> „Ähm ich wollt zwei Sachen sagen [I.: Ok] also eins da da wollt ich nich aufstehn dann so [2] und da hat m meine Mutter gesagt steh jetzt bitte auf und da da hab ich gesagt nö ich streike und hab dann noch im Bett gelegen [I.: H=hm.] im Bett geblieben ich streike ich streike ich *streike*" (Hervorhebung KG).

Laurin berichtet bereits zuvor, dass es ihm sehr schwerfalle, früh am Morgen aufzustehen. Dies gehört aber zu den täglichen Anforderungen, die von den Erwachsenen, *in persona* seiner Mutter, an ihn gestellt werden. Die Vehemenz des Widerstandes dagegen wird durch die dreifache Verwendung und letztlich starke Betonung des Ausdrucks „Ich streike" betont. Laurin will und kann diese Anforderung demnach nicht erfüllen und setzt seinen Widerstand in Form eines aktiven Nicht-mehr-Mitmachens sowie Außer-Acht-Lassens der gültigen Regeln und Normen durch.

In der Analyse zeigt sich also, dass Kinder zwischen einer hohen Akzeptanz der als mächtig erlebten elterlichen Handlungen und einer aktiven Aushandlung und Verhandlung dieser changieren.

5 Fazit

Den Standpunkt von Kindern zu erforschen bedeutet mit Bezugnahme auf Honig (1999b), dass kindliche Praktiken herausgearbeitet werden sollen, „mittels derer sie [die Kinder, KG] sich als soziale Akteure in die generationale Ordnung eintragen und sie mitgestalten" (Honig 1999b: 43). Mit Herausbildung der *ideellen Erziehungskonzeption* und der *erlebten Erziehungsrealität* konnte ein erster Schritt in Richtung dieser Forderung unternommen werden. So geht es in der *ideellen Erziehungskonzeption* laut der Aussagen der Kinder darum, dass Eltern ihren Kindern Werte und Normen vermitteln und sie damit zu gesellschaftsfähigen Erwachsenen erziehen. Sie sind dazu aufgerufen, ihren Kindern moralisches Wissen nahezubringen und damit zum Gelingen von gesellschaftlichem Zusammenleben beizutragen. In dieser Erziehungskonzeption geht es um die erfolgreiche *Metamorphose* des als „unfertig" verstandenen Kindes in einen gesellschaftsfähigen Erwachsenen. Dem liegt die Vorstellung zugrunde, Kinder seien unmündig und sie beherrschten noch nicht die notwendigen Regeln und Eigenschaften, um der Gesellschaft anzugehören. Erwachsene dagegen haben aus Sicht der befragten Kinder das nötige Regelwerk bereits erlernt, sie sind mündig und gesellschaftsfähig. Hier herrscht zunächst vollstes Verständnis für die unterschiedliche generationale Machtverteilung. Den Eltern wird in dieser Erziehungskonzeption Macht zugestanden, sie wird sogar von den Kindern eingefordert, um das Gelingen der Metamorphose zu ermöglichen. Der Erziehungsprozess wird hier als von den Eltern intendiert berichtet und er beinhaltet konkrete Erziehungsziele. Kinder sind sich in dieser Perspektive eines Sozialisations- bzw. Enkulturationsprozesses bewusst, für dessen erfolgreiches Gelingen sie ihre Eltern in die Verantwortung nehmen.

Zum anderen wurde die *erlebte Erziehungsrealität* identifiziert. Hier wird zunächst in starker Form die *ideelle Erziehungskonzeption* fortgesetzt, indem freiwillig auf Macht im familiären Erziehungsprozess verzichtet wird – aufgrund einer Akzeptanz der generationalen Machtverhältnisse *per se* oder wegen eines Vertrauens auf die Fürsorge und Pflege der Eltern, oder aber weil elterliche Mächte durch eine punktuelle Ohnmacht gar nicht infrage gestellt werden können. In den darauf folgenden *widerständigen Praktiken*, die in diesem Beitrag beispielhaft ausgeführt wurden, schwindet diese Akzeptanz bereits dann, wenn Kinder die elterlichen Handlungen einer kritischen Bewertung unterziehen oder sich mit diesen aktiv auseinandersetzen. Hier wird die elterliche Macht schließlich infrage gestellt und es werden Handlungen vollzogen, die diese Macht zu minimieren oder auszuhebeln suchen. Damit zeigt sich, dass die zu Beginn hohe Akzeptanz der elterlichen Macht im Erziehungsprozess, die sich zunächst aus der *ideellen Erziehungskonzeption* ergab, im Laufe der *erlebten Erziehungsrealität* immer schwächer wird.
Insgesamt lässt sich erkennen, dass sich die Kinder selbst als Akteur*innen sehen, als fähige und kompetente Subjekte, die in der Lage sind, das von den Eltern vermittelte Wissen für sich sinnvoll und schlüssig einzusetzen. Dazu nutzen sie zum einen das Instrument der Akzeptanz und Nachahmung der elterlichen Handlungsweisen und Regelvorgaben, zum anderen das Instrument der Abgrenzung, indem sie gegen die erlebte familiäre Erziehung widerständige Praktiken entwickeln und „rebellieren“. Kinder haben damit einen aktiven Eigenanteil am Erziehungsprozess und können als „souveräne Subjekte“ im Erziehungsprozess bezeichnet werden.

Ein weiterer inhaltlich wichtiger Befund ist darin zu sehen, dass Kinder auch im jungen Alter bereits eine Idee von Erziehung haben, sie dem Handeln ihrer Eltern Sinn zuschreiben und sich selbst konstruktiv mit erzieherischen Interaktionsprozessen in der Familie auseinandersetzen. Die These des familiären Verhandlungshaushaltes erhält mit den hier beschriebenen Forschungsergebnissen eine weitere empirische Unterfütterung. Jedoch konnte auch gezeigt werden, dass Kinder keineswegs immer in die Verhandlung eintreten, sondern durchaus auch rollenkonform agieren, wenn sie beispielsweise in der *ideellen*

Erziehungskonzeption das Handeln ihrer Eltern und deren Macht im Erziehungsprozess durchgängig akzeptieren und die Verantwortlichkeit der Eltern für das Gelingen des Erziehungsprozesses sogar einfordern.

Darüber hinaus zeigt sich, dass Erziehung aus der Perspektive von Kindern bislang in der Kindheitsforschung nur wenig berücksichtigt wird. Auch in diesem Artikel konnte dieses Thema nur punktuell bearbeitet werden. Um ein umfassenderes Bild zu erhalten, wäre ein größeres Forschungsvorhaben sinnvoll, das in quantitativ und qualitativ angelegter Form die Perspektive von Kindern, aber auch ihrer Eltern, auf Erziehung in der Familie einbezieht.

Literatur

Alanen, Leena (1992): Standpoint in the sociological study of children. Jyväskyla: Ms.

Alanen, Leena (1994a): Gender and generation. Feminism and the ‚child question'. In: Quvortrup, Jens/Bardy, Marjatta/Sgritta, Giovanni/Wintersberger, Helmut (Hrsg.): Childhood matters. Social theory, practice and politics. Avebury: Aldershot, S. 27–42.

Alanen, Leena (1994b): Zur Theorie der Kindheit. Die ‚Kinderfrage' in den Sozialwissenschaften. In: Sozialwissenschaftliche Literatur Rundschau 17, H. 28. S. 93–112.

Alanen, Leena (1997): Soziologie der Kindheit als Projekt: Perspektiven für die Forschung. In: Zeitschrift für Soziologie der Erziehung und Sozialisation 17, 2, S. 162–177.

Alanen, Lenna (2005): Kindheit als generationales Konzept. In: Hengst, Heinz/Zeiher, Helga (Hrsg.): Kindheit Soziologisch. Wiesbaden: VS Verlag für Sozialwissenschaften, S. 65–82.

Andresen, Sabine/Diehm, Isabell (2006): Kinder, Kindheiten, Konstruktionen. Erziehungswissenschaftliche Perspektiven und sozialpädagogische Verortungen. Wiesbaden: VS-Verlag.

Böhm, Andreas (2000): Theoretisches Codieren. Textanalyse in der Grounded Theory. In: Flick, Uwe/von Kardorff, Ernst/Steinke, Ines (Hrsg.): Qualitative Forschung. Ein Handbuch. Reinbek bei Hamburg: Rowohlt-Taschenbuch-Verlag, S. 475–484.

Böhm, Winfried (2005): Wörterbuch der Pädagogik. Stuttgart: Alfred Kroner Verlag.

Flick, Uwe/von Kardorff, Ernst/Steinke, Ines (Hrsg.) (2000): Qualitative Forschung. Ein Handbuch. Reinbek bei Hamburg: Rowohlt-Taschenbuch-Verlag.

Fuhs, Burkhardt (2000): Qualitative Interviews mit Kindern. Überlegungen zu einer schwierigen Methode. In: Heinzel, Friederike (Hrsg.): Methoden der

Kindheitsforschung. Ein Überblick über Forschungszugänge zur kindlichen Perspektive. Weinheim: Juventa Verlag, S. 87–103.
Gerarts, Katharina (2014): Familiäre Erziehung aus Kindersicht. Eine qualitative Studie unter Berücksichtigung von Macht in der generationalen Ordnung. Wiesbaden: Springer VS.
Greig, Anne/Taylorand, Jayne/MacKay, Tommy (2007): Doing Research with Children. London: Sage Publications.
Heinzel, Friederike (2000): Kinder in Gruppendiskussionen und Kreisgesprächen. In: Heinzel, Friederike (Hrsg.): Methoden der Kindheitsforschung. Ein Überblick über Forschungszugänge zur kindlichen Perspektive. Weinheim: Juventa Verlag, S. 117–130.
Heinzel, Friederike (2003): Qualitative Interviews mit Kindern. In: Friebertshäuser, Barbara/Langer, Antje/Prengel, Annedore (Hrsg.): Handbuch qualitative Forschungsmethoden in der Erziehungswissenschaft. Weinheim/München: Juventa Verlag, S. 707–723
Heinzel, Friederike (Hrsg.) (2012): Methoden der Kindheitsforschung. Ein Überblick über Forschungszugänge zur kindlichen Perspektive. Weinheim/München: Juventa Verlag.
Honig, Michael-Sebastian (1999a): Entwurf einer Theorie der Kindheit. Frankfurt am Main: Suhrkamp Verlag.
Honig, Michael-Sebastian (1999b): Forschung „vom Kinde aus“? Perspektivität in der Kindheitsforschung. In: Honig, Michael-Sebastian/Lange, Andreas/Leu, Hans Rudolf (Hrsg.): Aus der Perspektive von Kindern? Zur Methodologie der Kindheitsforschung. Weinheim/München: Juventa Verlag, S. 33–50.
Hülst, Dirk (2010): Grounded Theory. In: Friebertshäuser, Barbara/Langer, Antje (Hrsg.): Handbuch qualitative Forschungsmethoden in der Erziehungswissenschaft. Weinheim/München: Juventa Verlag, S. 281–300.
Korczak, Janusz (2005): Wie man ein Kind lieben soll. Göttingen: Vandenhoeck & Ruprecht.
Krüger, Heinz-Hermann (2006): Forschungsmethoden in der Kindheitsforschung. In: Diskurs Kindheits- und Jugendforschung 1. www.pedocs.de/volltexte/2009/987/pdf/Krueger_Forschungsmethoden_in_DisDisk_2006_1_D.pdf. [Zugriff am 9.7.2018].
Liegle, Ludwig (2006): Bildung und Erziehung in früher Kindheit. Stuttgart: Kohlhammer.
Mey, Günther (Hrsg.) (2005): Handbuch qualitative Entwicklungspsychologie. Köln: KSV Kölner Studien-Verlag.
Punch, Samantha: (2002): Research with children: The same or different from research with Adults? In: Childhood 9, S. 321–341.
Ulich, Michaela/Oberhuemer, Pamela (1993): Und sie machen sich ein Bild. Familie aus der Sicht von Kindern. And they form an impression: the family in the opinion of children. In: Elschenbroich, Donata/Pagenstecher, Lising/Schwarzer, Hermann (Hrsg.): Was für Kinder. Aufwachsen in Deutschland. Ein Handbuch. München: Kösel, S. 120–126.

Weltzien, Dörte (2009): Dialoggestützte Interviews mit Kindern im Kindergarten- und Grundschulalter unter Berücksichtigung ihrer Peerbeziehungen. Methode und empirische Ergebnisse. In: Fröhlich-Gildhoff, Klaus/Nentwig-Gesemann, Iris/Haderlein, Ralf (Hrsg.): Forschung in der Frühpädagogik. Materialien zur Frühpädagogik, Bd. 2. Freiburg: FEL, S. 69–100.

„Kinder brauchen viele Eltern“: Elternschaftsmodelle in Mehrfachpartnerschaften

Cornelia Schadler

1 Mehr als zwei Eltern

Betrachten wir die Entwicklung der Familienformen in den letzten 50 Jahren, dann wird, zumindest statistisch, die Familie von morgen auch die Familie von heute sein. Es ist wahrscheinlich, dass die Kernfamilie – eine Familie die aus Mutter, Vater und Kind(ern) besteht – weiterhin die häufigste Familienform sein wird. Neben dieser dominanten Familienform werden jedoch Familienformen sichtbarer werden, die zwar nicht neu sind, aber zunehmend Akzeptanz und öffentliche Wahrnehmung erreichen. Dazu gehören auch Partnerschaften, die mehr als zwei erwachsene Menschen involvieren, sogenannte polyamore Beziehungen oder Mehrfachpartnerschaften und deren Kinder.

Mehrfachpartnerschaften haben in den letzten 20 Jahren zunehmend die wissenschaftliche Forschung zu Beziehungen beschäftigt (vgl. Barker 2005; Klesse 2007; Mayer 2014; Schadler und Villa 2016). Formen von Elternschaft mit drei, vier oder fünf Erziehungspersonen, die aus dieser Beziehungsform heraus entstehen, bekommen noch nicht genug Aufmerksamkeit (vgl. Sheff 2011; Pallotta-Chiarolli 2010; Raab 2018). Dass mehr als zwei Personen Elternschaftsrollen ausüben, hat zwar in Zeiten der Nachscheidungs- und Patchworkfamilien keinen Neuheitswert mehr, besonders ist hier aber, dass in Mehrfachpartnerschaften häufig mehrere Eltern unter einem Dach wohnen oder durchgängig präsent sind, um sich Erwerbs- und Familienarbeit aufzuteilen.

Eltern[1] in Mehrfachpartnerschaften sprechen durchwegs davon, keine role models zu haben und deswegen selbst einen individuellen Weg bei der Teilung

1 Dieser explorative Artikel erzählt typisiert aus dem Leben von Eltern in Mehrfachpartnerschaften. Zu diesem Zweck wurden Interviews mit einem oder mehreren Mitgliedern aus 13 polyamorösen Netzwerken mit Kindern in typisierte Geschichten synthetisiert, die die Alltage der Eltern nachzeichnen. Die Interviews wurden im Rahmen eines Projekts zu Familiendefinitionen geführt (Schadler 2016). Die Aufgabe explorativer Studien ist es, aus einer geringen Datenmenge Charakteristika oder Typen abzuleiten, die

von Aufgaben finden zu müssen. Trotzdem kristallisieren sich aus den Erzählungen von Menschen in Mehrfachpartnerschaften drei Organisationtypen heraus:

a) Das egalitäre Elternschaftsmodell, bei dem mehr als zwei Eltern den Anspruch haben, gleichwertig für die Fürsorge und Erziehung ihrer Kinder verantwortlich zu sein;
b) das Co-Elternschaftsmodell, bei dem mehr als zwei Eltern gemeinsam für Kinder sorgen, es aber ein hierarchisiertes Elternschaftsmodell gibt, in dem einige Eltern mehr in die Tätigkeiten der Kindererziehung und -fürsorge involviert sind als andere Eltern; und
c) die simulierte Zweielternschaft, bei der die Eltern in Mehrfachpartnerschaften versuchen, ihre Partnerschaften weitestgehend von der Kindererziehung zu trennen.

Die folgenden Erzählungen sollen die Charakteristika dieser Elternschaftsmodelle darstellen und gleichzeitig, vor allem für jene Leser*innen, die diese Familienformen noch nicht kennen, einen Einblick in das Familienleben von Menschen in Mehrfachpartnerschaften geben.

2 Egalitäre Elternschaft: Mehr als zwei gleichberechtigte Eltern

Karin, Karla, Konrad und Kurt[2] leben gemeinsam in einer polyamoren Beziehung. Sie verstehen darunter, dass sie untereinander körperliche und geistig-emotionale Intimitäten austauschen und möglichst alles miteinander teilen, was im Leben wichtig für sie ist. Sie leben alle gemeinsam in einem Haus am Stadtrand und sie haben ein gemeinsames Kind (Konni). Das Kind verbringt die meiste Zeit mit Karla, Konrad und Kurt, während Karin mehr Stunden als die anderen Partner*innen der Erwerbsarbeit nachgeht und somit auch mehr zum Familieneinkommen beiträgt. Die Partner*innen identifizieren sich als Cis-Frauen und -Männer[3], aber auch als Menschen, die klassische Männer- und Frauenrollen aufbrechen. Nachbar*innen, Freund*innen und viele Bekannte wissen Bescheid über die Beziehungskonstellation, auch der Kindergarten der Tochter. Im Freund*innen- und Bekanntenkreis gibt es andere Mehrfach-

---

dann an größeren Datenmengen weiter geprüft, konkretisiert und überarbeitet werden können.

2 Die dargestellten Fälle sind stark anonymisierte und synthetisierte Erzählungen.

3 Die Informant*innen verbinden damit, dass ihre Geschlechtsidentität ihrem zugewiesenen biologisch-rechtlichem Geschlecht entspricht und sie auf Grund ihrer Erscheinung auch von Anderen diesem Geschlecht zugeordnet werden.

partnerschaften und zumindest ein weiteres Kind mit mehr als zwei Eltern. Zuhause, in der Freizeit und im Kindergarten können die Eltern so meist mit ihrem Konzept kollektiver Elternschaft sichtbar werden. Das Kind wird von der Umgebung allen vier Partner*innen zugeschrieben. Karla, Konrad und Kurt versuchen sich die Betreuungsaufgaben (Kochen, das Bringen zum Kindergarten, die Gestaltung gemeinsamer Freizeit mit dem Kind, die Fürsorge bei Problemen, das Treffen von Entscheidungen) gleichmäßig aufzuteilen. Karin verbringt seltener allein Zeit mit Konni als die anderen Familienmitglieder, ist aber an Entscheidungen gleichwertig beteiligt. Mit Karla, Konrad und Kurt hat Konni drei Eltern, die Fürsorge und Erziehung gleichberechtig aufteilen wollen. Weil es kaum Modelle gibt, auf die die drei aufbauen können, müssen sie selbst neue Methoden entwerfen um Zuständigkeiten und Aufgaben zu verteilen. Zu Beginn gab es häufig Besprechungen der Lage und wöchentlich wurden To-do-Listen erstellt und den einzelnen Partner*innen zugewiesen. Alle drei gehen einer Teilzeiterwerbsarbeit nach und sehr oft sind zwei Elternteile für Konni da, wenn diese nicht im Kindergarten ist.

Die vier leben in einem Sozialstaat, der Zugang zu kostenloser medizinischer Versorgung und leistbaren Kinderbetreuungseinrichtungen ermöglicht. Während die Anmeldung dort offiziell immer über die rechtlichen Eltern erfolgen muss, was bislang nur zwei Personen sein dürfen, sind im Alltag alle vier Eltern Ansprechpersonen für das Personal des Kindergartens. Bei wichtigen Gelegenheiten, bei Festen oder offiziellen Terminen kommen so viele Eltern wie möglich mit. „Die sind es schon gewöhnt, dass wir mitunter zu viert beim Elterngespräch sitzen“, meint Karla. Die anderen Eltern der Gruppe hätten die Situation entweder interessiert akzeptiert oder „fragen erst gar nicht nach. Manche wollen, glaub‘ ich, nicht zu genau wissen, was ihre Vorstellungen sprengen könnte“, spekuliert Konrad. Die Eltern nehmen aber an, dass andere ihre Situation durchaus diskutieren, wenn sie nicht dabei sind, einfach aufgrund des „Neuheitswerts“, den die Familie für viele anderen Eltern hätte.

Viele Aufgaben wie die Gänge auf den Spielplatz oder das Zubereiten des Essens machen alle vier Eltern gerne gemeinsam. Auch wenn sie sich dafür den Vorwurf der Ineffizienz gefallen lassen müssen, alle vier wollen so viel Zeit als möglich als Familie verbringen. Sie wollen die schönen Momente gemeinsam erleben und ebenso die unbeliebten Tätigkeiten (etwa Putzen) teilen. Karin, die mehr Erwerbsarbeit leistet als die anderen Familienmitglieder, stößt sobald sie kann hinzu und integriert sich ins Familienleben. Am Wochenende, meint Karla, sei Karin genauso zuständig wie alle anderen. In Wochen oder an Tagen, an denen „viel los ist“ (Karla), wird ein Plan erstellt, der allen vier Eltern genau spezifizierte Aufgaben und Betreuungszeiten zuteilt. So kann jede*r ab und zu ausgehen oder auch mal ein paar Tage allein verreisen, wenn er*sie einen Kurzurlaub vom Familienleben braucht.

Die traditionelle Rollenaufteilung (Frauen erziehen und kümmern sich, Männer verdienen Geld) scheint hier aufgebrochen und Konni wächst in einer

Umgebung auf, in der die Aufgaben gleichmäßig über mehrere Personen verteilt sind. Gleichzeitig ist Karins Rolle mit weniger Fürsorgetätigkeiten und mehr Erwerbsarbeit verbunden. Dies kann einerseits über begrenzte zeitliche Ressourcen erklärt werden, andererseits aber auch mit Anleihen an traditionelle Rollenmuster, die mehr Erwerbsarbeit/Geld mit weniger Fürsorgetätigkeiten ausgleichen. Früher habe Karin, so erzählen die Partner*innen, ebenfalls mehr Zeit in Fürsorge investiert, dann sei sie aber beruflich aufgestiegen und eine sehr egalitäre Elternschaftsformation habe sich in ein Mischmodell von egalitärer und Co-Elternschaft verwandelt.

Grundsätzlich sehen sich Karla, Konrad, Kurt und Karin als Pionier*innen, weil sie sichtbar außerhalb der Norm leben und dies Wirkung auf die Menschen in ihrer Umgebung habe. Diese Rolle nehmen sie aber nicht immer freiwillig ein, vor allem wenn sie sich „wieder und wieder und wieder“ (Karla) mit ihrem Elternschafts- und Beziehungskonzept vorstellen und erklären müssen: bei neuen Freund*innen der Tochter, beim Elternabend, im Bastelkurs, an der Kasse des Schwimmbads. Die Diskriminierung, die durch die Unsichtbarkeit ihrer Lebensform entsteht, ist für die Partner*innen unterschiedlich leicht oder schwer zu ertragen. Karla möchte sich meist in jeder Situation erklären; Kurt „gibt schon mal auf“ (Karla) und lässt andere im Glauben, es handle sich hier um eine „Patchworkfamilie“ mit „neuen und alten oder Ex-Partnern“ (Karla). Kurt hat außerdem kein Sorgerecht für Konni. Im Alltag fällt ihm das kaum auf, er würde dennoch gerne in einem offiziellen Dokument als Vater vermerkt sein, so wie Konrad das auch ist.

Generell habe sich das Leben der vier seit der Geburt ihrer Tochter verändert. Das Beziehungsleben der Eltern habe sich stark an der Elternschaft ausgerichtet. „Wir machen weniger als früher“, meint Konrad, „und schon gar nicht alle gemeinsam ohne Kind.“ Die Beziehungen der Eltern zueinander wurden durch die Elternschaft neu definiert. Zu Liebe und Intimität kommt hinzu, dass „wir einfach wen haben, um den wir uns kümmern müssen, da ist es manchmal auch gar nicht so wichtig, dass wir uns alle täglich gegenseitig unsere Liebe ausdrücken, wir müssen einfach gemeinsam als Familie zurechtkommen“ (Konrad). Ähnlich wie in Zweielternfamilien wird die Beziehungsebene der Erwachsenen aus Zeitgründen zugunsten von Erziehungsaufgaben zurückgestellt. „Wir glauben, dass Kinder viele Eltern brauchen“, meint Karla schließlich. Ihrer Ansicht nach würden mehrere Bezugspersonen negative Persönlichkeitszüge der Einzelnen ausgleichen. Die Kinder könnten sich an jenen Erziehungspersonen orientieren, die ihnen in einer spezifischen Situation Sicherheit und Bestätigung geben.

Aus soziologischer Perspektive finden wir hier eine Erzählung, die Menschen inkludiert, die keine vordefinierten Aufgaben haben. Weder das Geschlecht noch vordefiniertes Wissen oder Fähigkeiten definieren die Aufgaben, die die jeweiligen Familienmitglieder ausführen, sondern ein Ziel der Gruppe ist es, die notwendigen Aufgaben möglichst gleich aufzuteilen. Lediglich

Karin widmet sich stärker der Erwerbsarbeit, kann damit aber auch ermöglichen, dass Karla, Konrad und Kurt weniger arbeiten und sich die Erziehungsarbeit gleichmäßig aufteilen. In der Erzählung erscheint es außerdem eher als Zufall, dass Karin diese Position ausfüllt. Durch die Offenheit aller Familienmitglieder, grundsätzlich auch alle Aufgaben ausführen zu können, entsteht eine Flexibilität, die andere Organisationsformen der Familie nicht mit sich bringen. Zusätzlich scheint Karin durch ihre Funktion als Haupterwerbsarbeitende keine besondere Machtposition in der Familie zu haben. Eher wird bedauert, dass ihr dadurch oft die Zeit für gemeinsame Familienaktivitäten fehle. Dieses Bedauern könnte einerseits als eine Konsequenz der grundlegend egalitären Struktur der Familie gelesen werden, andererseits aber auch als ein Rückgriff auf traditionelle Rollenbilder, in denen Frauen, die moderne Rollen ausführen, bemitleidet werden. Die kindzentrierte Praxis der gesamten Formation deutet auf Ersteres hin. Das Kind und dessen Erziehung scheint Priorität für alle Erwachsenen zu haben. Das nächste Kapitel wird zeigen, dass Eltern in Mehrfachpartnerschaften durchaus unterschiedliche Fokusse haben können.

3 Co-Elternschaft: Viele Eltern, unterschiedliche Priorität(en)

Sina lebt mit ihrem Kind (Susi) und sie hat zwei Partnerinnen (Sandra und Sally). Sina und Susi verbringen die eine Hälfte der Woche mit Sally und die andere Hälfte mit Sandra. Selten verbringen sie auch einmal einen Tag oder eine Nacht allein oder mit dem biologischen Vater von Susi. Wer an welchem Tag wo ist, wird immer wieder von Neuem organisiert. Ein gemeinsamer Kalender, den alle über das Mobiltelefon nutzen, zeigt immer allen, wo Sina und ihr Kind heute sind. Die Partnerschaften definieren sich über ihre geistige, emotionale und körperliche Nähe. Finanzieller Austausch findet nicht statt. Die Erwachsenen definieren sich selbst als lesbisch oder queer. Der biologische Vater des Kindes ist mit der Dreierformation befreundet, nimmt an der Erziehung aber kaum teil. Das Kind ist meist dort, wo Sina sich gerade befindet, also in der gemeinsamen Wohnung mit Sandra oder in Sallys Wohnung. Während Sina hauptsächlich für die Fürsorge ihres Kindes verantwortlich ist, gibt es zwischen Sandra und Sally eine Aufgabenteilung. Entscheidungen bezüglich der Erziehung des Kindes fällt Sina mit Sandra. Sally ist wiederum jene Co-Mutter, mit der das Kind außerhalb der jeweiligen Wohnungen Freizeitaktivitäten unternimmt. Sina ist so in alle Bereiche ihres Kindes involviert, während es zwischen Sandra und Sally so etwas wie eine Aufteilung von Zuständigkeiten in die Bereiche Indoor (Entscheiden, Planen, Organisieren) und Outdoor (Spielen, Aktivsein, Ausflüge machen) gibt. Rechtlich ist Sina Alleinerziehende. Für sie gibt es keine Möglichkeit, alle Eltern in eine legale Konstellation zu überführen. Eine Lösung wäre, eine ihrer Partnerinnen zu heiraten, doch das würde für Sina bedeuten, dass sie gezwungen wäre, eine ihrer Partnerinnen zu bevorzugen. Wäre es möglich beide Partnerinnen auch legal zu Partnerinnen zu machen, würde sie das „wahrscheinlich sofort tun" (Sina). Manchmal ist es Sina aber auch recht, dass nur sie allein in rechtlicher Hinsicht über Sina entscheiden kann, denn sie verbringe die meiste Zeit mit ihr und habe auch die engste Beziehung zu ihrem Kind. Sally und Sandra hätten gerne eine legale Verbindung zu Susi. Vor allem Sally hätte gerne, dass Susi auch ihre Tochter wäre. Doch angesichts der aktuellen Situation, in der nur zwei Personen das Sorgerecht für ein Kind haben können, die Gruppe jedoch zu dritt ist, argumentiert sie, dass lieber nur Sina legal mit Susi verbunden sein solle und somit die anderen Partnerinnen gleichberechtigte – wenn auch nicht rechtlich anerkannte – Co-Mütter sind.

Sina hadert öfters mit ihrer Situation, weil sie ihrem eigenen Empfinden nach durch ihre „bloße Existenz" (Sina) auf Normen aufmerksam mache. Sie wird entweder als Alleinerziehende oder als Teil einer gleichgeschlechtlichen Partnerschaft oder als Teil einer Mehrfachpartnerschaft wahrgenommen. Eine „normale Unsichtbarkeit" (Sina), die – wie das nächste Fallbeispiel zeigt – durch die Simulation einer nuklearen Familie oder Patchworkfamilie entstehen kann, ist ihr selten möglich. Je nach Tagesverfassung findet sie das entweder „super" oder aber auch „stressig und aufreibend" (Sina). Nicht der Norm zu entsprechen schafft für Sina gleichzeitig Freiheit. Für sie falle der Perfektionsanspruch weg, den viele Eltern an sich stellen. Sina meint, dass sie weder die perfekte Wohnung, noch den perfekten Kindergarten oder die perfekte Schule brauche. Susi habe auch so ausreichend Bezugspersonen und Freund*innen, von denen sie lernen könne. Das ist es, was Sina letztendlich wichtig ist.

Trotzdem bräuchten alle drei ab und zu das Gefühl, einmal nicht aufzufallen und in einem Umfeld zu sein, in dem alle ihre Situation verstehen. Deswegen fahren sie regelmäßig mit befreundeten Poly-Familien in den Urlaub. Dort ergäbe sich dann für kurze Zeit eine kleine Blase, ein Ort, „wo ich einfach nur wie alle andern bin" (Sina). Dort könnten Probleme, die in Mehrfachpartnerschaften oder in Formen kollektiver Elternschaft entstehen, diskutiert werden, ohne dass gleich das Konzept an und für sich hinterfragt und verworfen würde. Insbesondere Sally empfindet dies als eine der größten Alltagsdiskriminierungen: Wann immer etwas schief gehe oder es einen Konflikt gäbe, werde dies von Verwandten und Bekannten (die in Zweierbeziehungen leben) sofort auf die spezifische Beziehungskonstellation bezogen. Dabei werden die Beziehungsformen der Bekannten selbst auch dann nicht als Auslöser von Schwierigkeiten diskutiert, wenn die Personen sehr schlechte Erfahrungen innerhalb ihrer eigenen Zweierbeziehungen und nuklearen Familien gemacht hätten. Mangelnde Sichtbarkeit sowie fehlende *role models* und Problemlösungsstrategien wirken hier immer wieder einschränkend und müssen von Sandra, Sina und Sally be- beziehungsweise erkämpft werden.

Das zweite große Problem von Sandra, Sina und Sally ist ihre ungelöste Wohnsituation. Im Grunde „passt es ganz gut“ (Sina), dass Sina immer zwischen zwei Orten hin und her pendle. Sina hat aber nicht den Rückzugsraum, den sie sich wünscht. Ihre Wunschlösung wäre daher, gemeinsam mit Allen in einem großen Haus zu leben oder in zwei bis drei kleinen Wohnungen, die direkt nebeneinander liegen. Beides habe sich aber bislang nicht ergeben, zumindest nicht zu einem für alle leistbaren Preis. Auch sei Wohnraum in der Regel so gebaut, dass Mehrfachelternschaften mit ihren spezifischen Bedürfnissen nicht mitbedacht werden. Sina weiß von anderen Gruppeneltern, die Raum um- oder neugebaut haben. Dies sei aber in der Stadt, in der Sandra, Sina und Sally wohnen, unmöglich. Sozialer Wohnungsbau sei dort so gestaltet, dass zwei Eltern plus Kind gut dort leben könnten (kleines Schlafzimmer, kleines Kinderzimmer, Wohnküche). So würden sich alle mit der Situation arrangieren, dass Sina und Susi zwischen den beiden anderen Mamas hin und her pendeln. Immerhin gäbe es damit auch Freiraum für alle Familienmitglieder.

Sandra, Sina und Sally leben eine klarere Aufgabenteilung als Karin, Karla, Konrad und Kurt. Ebenso wie im oberen Fall wird jedoch einerseits das Fehlen von Normen (*role models*) beklagt, der dadurch entstehende kreative Raum aber andererseits gleichzeitig begrüßt. Er schafft für Sandra und Sally die Möglichkeit, sich auf spezifische Aspekte der Elternschaft zu konzentrieren und ihre Rolle in der Familie über diese Aufgaben zu definieren. Im Gegensatz zur Normfamilie mit zwei festgesetzten komplementären Rollen fällt diese Aufteilung für Sandra und Sally zwar komplementär aber weitaus kleinteiliger aus, während die Elterndefinition von Sina alle Aufgaben einschließt. Es ergibt sich in der Folge eine Teilung in Primäreltern (Sina, die alle Aufgaben übernimmt) und Co-Eltern (Sandra und Sally, die spezialisierte Aufgaben haben). Sinas Leben ist weitaus kindzentrierter als Sandras und Sallys, die Teile der Woche auch ohne ihre Tochter verbringen. Dennoch haben alle an der Erziehung in unterschiedlicher Intensität teil. Im nächsten Kapitel werden wir einen Fall kennenlernen, in dem Partnerschaften getrennt von der Kindererziehung gelebt werden.

4 Simulierte Zweielternschaft: Der Norm nach außen entsprechen können

Jana ist verheiratet mit Jon, sie haben zwei Kinder. Nach vielen Jahren Ehe lernte sie James kennen. Jana erzählt, sie hatte sich verliebt, wollte sich aber nicht von ihrem Ehemann trennen. Nach langen Gesprächen vereinbarten sie und ihr Mann, die Beziehung zu öffnen – unter der Bedingung, dass sie James in einer anderen Stadt treffe. Seitdem verbringen Jana und James ein Wochenende im Monat miteinander. Ansonsten telefonieren sie, während Jana weiterhin mit Jon, ihrem Mann, lebt. James wohnt in einer anderen Stadt, es ist also nicht möglich, dass sich alle Beteiligten zufällig über den Weg laufen. Auch James hat Familie. Jana und James haben die Partner*innen und Kinder des anderen noch nie persönlich kennengelernt. Die ältere Tochter von Jana und Jon weiß laut Jana, dass diese ihre freien Wochenenden mit einem anderen Mann verbringt. Mehrfachpartnerschaft wird in dieser Formation aber klar von Elternschaft getrennt, die jeweils in traditionellen Strukturen gelebt wird. Die Eltern sind, was ihre Beziehungskonstellationen betrifft, Freund*innen und Verwandten gegenüber recht offen, was sehr unterschiedliche Reaktionen hervorgerufen habe. Die Beiden leben in einem Umfeld, in dem es keine anderen offenen Mehrfachpartnerschaften gibt, allerdings schon „Menschen, die heimlich weitere Beziehungen führen“ (Jana). „Wir hören immer wieder ‚Für mich wäre das nichts‘“, erzählt Jana, und Jon ernte Unverständnis, „dass er seiner Frau das erlaubt.“ Die meisten Reaktionen des Umfeldes sind also durchaus geprägt vom normativen Verständnis einer heterosexuellen Kernfamilie mit entsprechender Rollenteilung. Andere hätten auf die neue Beziehungssituation aber auch mit ehrlichem Interesse und Unterstützung reagiert. Mit der Zeit hätten sich dann alle irgendwie daran gewöhnt und meist sei Janas Mehrfachpartnerschaft kein Thema mehr.

In der allgemeinen Öffentlichkeit (Schule, Arbeit) treten Jana und Jon als Kernfamilie auf. „Dort geht das niemanden was an“, meint Jana, das sei Privatsache. Ihre Tochter (im Teenageralter) könne selbst entscheiden, ob sie Freund*innen von der weiteren Beziehung ihrer Mutter erzählen möchte.

Jana findet auch, dass es keine legale Repräsentation von Mehrfachpartnerschaften oder Mehrfachelternschaft brauche. „Wir sind doch frei und können alles machen was wir wollen“, meint sie, „es muss nicht immer alles bis ins Letzte geregelt sein.“ Ihre Beziehungen und auch die Erziehung seien Privatsache. Jana möchte keine Rollenmuster aufbrechen, weil es ihrer Ansicht nach nicht mehr viel aufzubrechen gibt. Alles andere würde bedeuten, Anderen vorzuschreiben wie sie leben sollen und das wolle sie ja selbst auch nicht vorgeschrieben bekommen.

In diesem Beispiel ist die Mehrfachpartnerschaft Janas für ihre Position als Mutter nur nachrangig relevant. Sie muss sich für die weitere Beziehung Freiräume schaffen, was auch beinhaltet, dass in dieser Zeit ihr Mann alle Aufgaben übernimmt. In der Öffentlichkeit ist ihre Beziehungskonstellation nicht sichtbar. Diese wird explizit als private Angelegenheit definiert. Aus dieser Position heraus argumentiert Jana auch gegen eine rechtliche Anerkennung von Mehrfachpartnerschaften. „Weniger Staat, mehr Privates und Familie“ – diese Perspektive ist einerseits mit einer konservativ-liberalen Position vereinbar. Andererseits brauchen auch Jana und Jon für diese Lebensform Definitionen von Partnerschaft und Elternschaft, die konservative Geschlechter- und Rollenbilder überschreiten. Jana hat sich mit ihrer Beziehung zu James einen Raum geschaffen, der frei von Kindererziehung ist, während ihre Beziehung zu Jon nicht von der Elternschaft zu trennen ist. Dennoch muss die Familienformation diesen Freiraum organisieren und bei der Aufgabenverteilung berücksichtigen. Die Elternschaft von Jana und Jon ist somit nicht unberührt von Janas Beziehung zu James.

5 Familie von morgen?

Die drei Beispiele von egalitärer Mehrfachelternschaft, Co-Elternschaft und simulierter Zweielternschaft illustrieren unterschiedliche Situationen, in denen Eltern in Mehrfachpartnerschaften leben.

Die drei Elternschaftsmodelle sind charakterisiert durch unterschiedliche Aufgabenteilungen. Während Jana (simulierte Zweielternschaft) Freiräume finden muss, müssen die anderen beiden Familien kreative Lösungen für die Verteilung der Aufgaben auf drei oder vier Personen finden. Es können a) alle Mitglieder der Familie alle Aufgaben übernehmen und es wird regelmäßig verhandelt, welche*r Partner*in welche Aufgabe übernimmt oder es können sich b) einzelne Partner*innen auf bestimmte Aufgaben spezialisieren. Mit der Spezialisierung scheint ein geringeres Zeitbudget der Eltern für Erziehungsaufgaben verbunden zu sein, da jede*r nur einen Teil der Aufgaben übernimmt. Deshalb passt diese Form der Aufgabenteilung gut in Co-Elternschaftsmodelle, in denen Primäreltern alle Aufgaben übernehmen können, während Co-Eltern nur für bestimmte Aufgaben hinzukommen.

Die genannten Typen der Elternschaft in Mehrfachpartnerschaften kristallisieren sich in den Daten der zugrundeliegenden Studie (vgl. Schadler 2016) immer wieder heraus. Die Modelle sind aber flexibel und innerhalb einer Beziehungsbiografie können Eltern zwischen diesen Formen wechseln. Familien, die ein Co-Elternmodell führen, können durchaus in bestimmten Situationen und Zeiten ein egalitäres Modell leben, während egalitäre Elternschaftsformationen in ganz spezifischen Situationen (etwa beim Übertritt der Kinder in eine neue Schule) in Co-Elternschaftsmodelle oder in simulierte Zweielternschaft gedrängt werden können. Die Biografien meiner Informant*innen können also auch Züge aller Typen haben. Allerdings zeigte sich situationsgebunden jeweils eine dieser drei Formen.

In allen betrachteten Fällen geht mit der Mehrfachpartnerschaft eine Transgression traditioneller Rollenteilung einher. Das Konzept des *Breadwinner Models*, das vorsieht, dass zwei Personen oppositionellen Geschlechts (immer) für klar voneinander getrennte Aufgaben zuständig sind, lässt sich hier kaum anwenden. Einzelne Familienmitglieder können zwar komplementäre Spezialisierungen aufweisen, diese Trennung der Aufgaben wird aber nicht wie bei der traditionellen Zweielternschaft von körperlichen oder strukturellen Bedingungen abgeleitet (vgl. Schadler 2013). Selbst im Fall der simulierten Zweielternschaft, bei der Jana die meiste Zeit mit ihrem Mann lebt, ist sie nicht immer verfügbar um die für sie vorgesehen Aufgaben zu erfüllen, da die zusätzliche Beziehung Zeit und Raum beansprucht. In den oben genannten Fällen haben die Familien eigenständige Lösungen gefunden Aufgaben zu verteilen, weil sie sich nicht auf vorgefertigte Rollen oder Definitionen verlassen konnten. Die so eröffneten Potenziale verdienen mehr Aufmerksamkeit, denn von diesen neuen Lösungen können auch Zweielternfamilien profitieren, die eine nicht-traditionelle oder andere Aufgabenteilung leben möchten, auch wenn die Erfüllung dieses Wunsches noch unmöglich erscheint (vgl. Schadler 2013). Die Lösungen der Eltern in Mehrfachpartnerschaften können hier Modelle schaffen, von denen schließlich alle Eltern profitieren.

Literatur

Barker, Meg (2005): This is my Partner, and this is my … Partner's Partner: Constructing a Polyamorous Identity in a Monogamous World. In: Journal of Constructivist Psychology 18, S. 75–88.

Barker, Meg/Langdridge, Darren (2010): Understanding non-monogamies. New York: Routledge.

Klesse, Christian (2007): Polyamory – von dem Versprechen, viele zu lieben. In: Zeitschrift für Sexualforschung 20, 4, S. 316–330.

Mayer, Gesa (2014): Poly werden. In: Journal für Psychologie 22, 1, S. 1-27

Otter, Ronald (2016): Beyond Same-Sex Marriage: Perspectives on Marital Possibilities. Lanham: Lexington Books.

Pallotta-Chiarolli, Maria (2010): Border Sexualities, Border Families in Schools. Lanham: Rowman & Littlefield.

Raab, Michael (2018): Care in Consensually NonMonogamous Relationship Networks: Aspirations and Practices in a Contradictory Field. In: Graduate Journal of Social Science 14, 1, S. 10–27.

Schadler Cornelia (2013): Vater, Mutter, Kind werden. Eine posthumanistische Ethnographie der Schwangerschaft. Bielefeld: transcript.

Schadler, Cornelia (2016): How to Define Situated and Ever-Transforming Family Configurations? A New Materialist Approach. In: Journal of Family Theory & Review 8, 4, S. 503–514.

Schadler, Cornelia/Paula-Irene Villa (2016): Polyviduen: Liebe und Subjektivierung in Mehrfachpartnerschaften. In: GENDER – Zeitschrift für Geschlecht, Kultur und Gesellschaft 2016, 1, S.11–26.

Sheff, Elisabeth (2011): Polyamorous Families, Same-Sex Marriage, and the Slippery Slope. In: Journal of Contemporary Ethnography 40, 5, S. 487–520.

Unter einem Dach? – Alt werden und alt sein in der Familie

Anita Christians-Albrecht

1 Einleitung

„Hurra, wie leben länger!“ So titelte vor kurzem eine regionale Zeitung und verwies darauf, dass Deutschland die älteste Bevölkerung in Europa und nach Japan die zweitälteste in der Welt hat (vgl. Schrupp 2017). Dieses unter dem Stichwort „demografischer Wandel“ bekannte und historisch einmalige Phänomen stellt unsere Gesellschaft vor große Herausforderungen: In den vergangenen Jahrzehnten hat die Zahl der Neugeborenen in Deutschland fast stetig abgenommen. Die Anzahl der 70- und über 70-Jährigen ist demgegenüber zwischen 1990 und 2013 von 8,1 auf 13,1 Millionen gestiegen. Und 2050 wird vermutlich jede achte Person 80 Jahre oder älter (12,3 Prozent) bzw. jede dritte Person 65 oder älter (32–33 Prozent) sein.[1]

Von einer klassischen Bevölkerungspyramide, bei der junge Menschen die stärksten Jahrgänge stellen und sich die Besetzungszahlen der älteren Jahrgänge als Folge der Sterblichkeit allmählich verringern, kann schon lange keine Rede mehr sein.

Das Älterwerden der Gesellschaft ist auf der einen Seite ein großer Erfolg: Ein Erfolg der medizinischen Versorgung und Entwicklung, ein Erfolg des Lifestyles, der Ernährung, der besseren Arbeitsbedingungen. Aber mit dem Erfolg sind auch Befürchtungen verbunden: Das Verhältnis der Generationen gerate aus dem Gleichgewicht, fürchten viele und reden vom „Generationenkonflikt“ oder gar vom „Generationenkrieg“ – Formulierungen, die auf massive Befürchtungen bezüglich eines brüchigen Generationenvertrages schließen lassen. Ohne Frage: Die Herausforderungen durch die neue Altersstruktur unserer Gesellschaft sind enorm.

1 Die genauen Zahlen und viele weitere Fakten zum demografischen Wandel finden sich in: Pötzsch/Rößger u.a. 2015.

2 Auswirkungen auf die Familienstrukturen[2]

Die demografischen Veränderungen wirken sich in vielfältiger Weise auf die Familienstrukturen aus und provozieren Fragen nach der Bedeutung der Familie für alte Menschen und nach der Bedeutung alter Menschen für die Familien. Bedingt durch die steigende Lebenserwartung stellen Drei-Generationen-Konstellationen innerhalb einer Familie heute den Regelfall dar; aber auch Vier-Generationen-Konstellationen sind keine Seltenheit mehr. Eltern und Kinder und (Ur-)Großeltern und (Ur-)Enkel erleben wesentlich mehr gemeinsame Jahre als früher. Der Begriff der „vertikalen Familienbeziehungen" und das Bild der Bohnenstange (eine Verlängerung der Familienstruktur bei gleichzeitiger Verdünnung) machen deutlich, was gemeint ist: Dadurch, dass weniger Kinder geboren werden, „spielen die so genannten horizontalen Familienbeziehungen, also die zu Geschwistern, Cousins, Cousinen, Tanten und Onkeln [...] nur noch eine untergeordnete Rolle" (Engel/Oswald 32005: 6).

Das früher häufig verwendete Bild des Stammbaums (neben dem Hauptstamm mehrere und lange Seitenäste) ist nur noch bedingt gültig. Trotz der sich verlängernden gemeinsamen Zeit leben die verschiedenen Generationen auch wesentlich seltener als früher in einem gemeinsamen Haushalt. Der Anteil der Senior*innen, die mit direkt verwandten Familienmitgliedern anderer Generationen unter einem Dach leben, nimmt im Zeitvergleich deutlich ab (1991: 13 Prozent; 2014: 8 Prozent).

„Die Zahl der Haushalte mit drei oder mehr Generationen ist in Deutschland zwischen 1995 und 2015 von 351 000 auf 209 000 zurückgegangen. Das entspricht einem Rückgang von 40,5 %" (Statistisches Bundesamt 2016)[3].

Ältere Menschen wohnen zunehmend allein in ihrem Haushalt; und es sind vor allem ältere Frauen, die allein leben, und zwar oft, weil sie verwitwet sind. Aber auch die Zahl der Ehescheidungen im Alter nimmt insgesamt zu:

> „Das Scheidungsrisiko zwischen dem 20. und 30. Ehejahr liegt mittlerweile bei etwa 27 Prozent" (Mahne/Wolff/Simonson/Tesch-Römer 2017: 16).

Diese Singularisierung bedeutet aber nicht automatisch soziale Isolation. Ältere Menschen haben oft neben ihren Familien auch andere tragfähige soziale Netzwerke (Bekannte, Freunde, Nachbarn), die Kontakte und Unterstützung sichern. Dennoch sind familiale Beziehungen gerade für sie von zentraler Bedeutung. Erstaunlich ist, dass es trotz der zurückgehenden Zahl der Mehrgenerationenhaushalte

> „nicht zu einem Verlust an Verbindlichkeit und Solidarität zwischen den Generationen gekommen" ist und „die verschiedenen Generationen gegenseitig

2 Vgl. (auch zu den Begriffen): Engel/Oswald 32005: 6f.
3 Die Daten sind Ergebnisse des Mikrozensus und Alterssurveys 2015.

mannigfaltige Unterstützungs- und Hilfeleistungen füreinander erbringen“ (Engel/Oswald 32005: 7).

Veränderte Kommunikationsformen wie Skypen, WhatsApp oder soziale Netzwerke werden für die Kontakthäufigkeit und Beziehungspflege intensiv genutzt, so dass emotionale Nähe und Beziehungsenge in den letzten Jahren auf einem hohen Niveau stabil geblieben sind (Statistiken in: Mahne/Wolff/Simonson/Tesch-Römer 2017: 226f.). Man spricht von einer „Intimität auf Abstand“[4], einer inneren Nähe bei äußerer Distanz oder von „multilokalen Mehrgenerationenfamilien“ (Bertram 2002).

3 Chancen und Risiken

In Gesellschaften, in denen ältere Menschen Seltenheitswert haben, werden diese besonders geehrt und geachtet. In früheren Zeiten wurden gerade den Älteren richterliche, lehrende und heilende Funktionen zugeschrieben. Dies gilt in unserer Zeit schon lange nicht mehr. Das Speichern, Behalten und Erinnern und auch die Weitergabe von Wissen und Informationen werden heutzutage weitgehend durch moderne Technologien geleistet.

Das Alter in einer alternden Gesellschaft wie der unseren ist also durch einen Rollenverlust gekennzeichnet. Trotz gegenteiliger wissenschaftlicher Erkenntnisse werden ältere Arbeitnehmer*innen als leistungsgemindert eingestuft. Dieses negativ getönte Altersbild geht allerdings an der Realität vorbei und ist nach den Ergebnissen deutscher und internationaler Forschungen nicht zu rechtfertigen, denn Alter bedeutet keineswegs nur Gebrechlichkeit und Hilfsbedürftigkeit. Ältere Menschen waren noch nie so gesund, aktiv, kompetent und engagiert wie heute. Sie sind zudem bereit, an vielen Stellen Verantwortung zu übernehmen: im Ehrenamt, in der Politik und eben auch in der Familie.

32 Prozent der pflegenden Angehörigen sind selbst bereits 65 Jahre und älter; 5 Prozent von ihnen gehören sogar zu den Hochaltrigen (80 Jahre und älter) (Engstler /Menning 22003) und mehr als die Hälfte der Großeltern (51 Prozent) ist unverzichtbar im Hinblick auf die Betreuung der Enkelkinder (Sozialverband Deutschland 2012).

---

4 Der Begriff wurde schon in den 1960er-Jahren geprägt durch Leopold Rosenmayr und Eva Köckeis (Rosenmayr/Köckeis 1966).

4 Ein neues familiales Highlight: die Großelternschaft

Aufgrund der längeren Lebenserwartung ist die Großelternschaft heute für viele Ältere eine zu erwartende und über einen langen Zeitraum gestaltbare Altersrolle, die es allerdings mit anderen Aktivitäten zu koordinieren gilt. So war zwischen 1996 und 2008 zunächst zu beobachten, dass immer weniger Großeltern ihre Enkelkinder betreuten (Rückgang von 33,7 auf 24,7 Prozent). Interessant ist, dass dieser Trend sich wieder ändert und 2014 wieder 30,2 Prozent der Großeltern angaben, in diesem Bereich regelmäßig Aufgaben zu übernehmen (Mahne/Klaus 2017: 241).

Eine Umfrage des Deutschen Jugendinstituts ergab, dass Großeltern und hierbei insbesondere die Omas mütterlicherseits vor allem in Alleinerziehenden-Familien und in Familien mit höheren Einkommen eine große Rolle bei der Betreuung der Enkelkinder übernehmen, zumindest wenn die Generationen nicht zu weit auseinander wohnen (Deutsches Jugendinstitut/Dortmunder Arbeitsstelle Kinder- und Jugendhilfestatistik 2005). Jedes dritte Kind, das noch wenigstens einen Großelternteil hat, wird mindestens einmal pro Woche von Oma oder Opa betreut (vgl. Wilbrand-Donzelli 2015). Enkelkinder sind dabei für Ältere nicht nur eine beglückende, sondern auch eine sinnstiftende Bezugsgröße. Die Beziehungen zu ihnen gehören somit neben der Partnerschaft, dem Kontakt zu den Kindern und Freundschaften zu den wichtigsten persönlichen Bindungen älter werdender Menschen.

Dass die heutigen Enkel mehr von ihren Großeltern haben als frühere Generationen, zeigte 2010 das Generationen-Barometer des Instituts für Demoskopie Allensbach (vgl. Haumann 2010). Knapp zwei Drittel der 16- bis 29-Jährigen gaben an, die Großeltern hätten sie geprägt oder sie hätten etwas von ihnen gelernt. Bei den Über-60-Jährigen konnte das noch nicht einmal die Hälfte sagen und 21 Prozent von ihnen hatten ihre Großeltern auch gar nicht mehr kennengelernt. Bei den 16- bis 29-Jährigen traf letzteres hingegen nur auf fünf Prozent zu.

Die Familie kann also auch unter diesem Aspekt als Lernort betrachtet werden. Gerade heute, wo an die Stelle von fest gefügten Ordnungen Aushandlungsprozesse getreten sind und ein *anything goes* proklamiert wird, sind Dialoge zwischen den Generationen – etwa mit verständnisvollen Großeltern – zur Entwicklung von Standpunkten und Lebenseinstellungen enorm wichtig. Kinder und Jugendliche können zudem lernen, wie Eltern und Großeltern Krisen bewältigen, wie Abschiede und Neuanfänge gestaltet werden, wie Glaube gelebt wird und was Zusammenhalt ist. Sie machen Erfahrungen mit Bewältigungsmustern und – im besten Fall – auch mit dem Umgang mit Sterben und Tod.

5 Pflege daheim oder Pflegeheim?

In vielen Familien können Kinder „die Alten“ als die erleben, die unterstützen und viel mit dem Enkel oder der Enkelin unternehmen, als die, die fit sind und sich im Durchschnitt 10 Jahre jünger fühlen als sie sind. So könnte es bleiben, so bleibt es aber nicht immer. Mit zunehmendem Alter wachsen die Probleme, etwa beim Gehen oder Sehen. Oder ein Sturz in der Wohnung, ein Schlaganfall oder die Diagnose „Demenz“ verändern alles. Früher waren alte Menschen in diesem Fall auf ihre Familie angewiesen. Heute dagegen gibt es spezielle staatliche Institutionen, die für die Versorgung im Alter bzw. während der Zeit der Krankheit zuständig sind. Es gibt Alten- und Pflegeheime und sogar „Seniorenresidenzen“.

Umso erstaunlicher ist es, dass es immer noch in erster Linie die familialen Beziehungen sind, die im Fall der Pflegebedürftigkeit eines älteren Menschen zum Tragen kommen. So zeigen Erhebungen, dass ca. drei Viertel aller pflegebedürftigen Menschen zu Hause – oft in Verbindung mit Pflegediensten – von ihrer Familie versorgt werden (Statistisches Bundesamt 2017: 5). Ein Drittel dieser Hauptpflegepersonen sind (Ehe-)Partner*innen, ein weiteres Drittel Töchter und Schwiegertöchter. Pflege ist also nicht nur grammatikalisch weiblich (vgl. Institut für Demoskopie Allensbach 2015).

Der Staat unterstützt dabei – nicht ganz uneigennützig. 1995 wurde die Pflegeversicherung eingeführt. Denn schon damals war klar, dass eine alternde Gesellschaft eine stationäre Unterbringung aller hilfsbedürftigen Senior*innen auf Dauer nicht finanzieren kann. So gilt seit langem die Devise „ambulant vor stationär“, ohne die die viel beschworene „Pflegekatastrophe“ vermutlich längst Realität wäre.

Die Zahl der Pflegebedürftigen wird in den nächsten Jahrzehnten deutlich steigen, die Möglichkeiten der Familien werden dagegen schwinden. Darüber gibt der Indikator der intergenerationellen Unterstützungsrate Auskunft, also das Verhältnis der hochbetagten Elterngeneration zur Generation ihrer Kinder. Während 1950 auf 100 Personen, die zwischen 60 und 79 Jahren waren, nur 7 hochbetagte Personen (80 Jahre und älter) kamen, waren es 1970 schon 11, im Jahre 2001 schon 23, und im Jahre 2050 dürften es nach der Schätzung der Bevölkerungs-Vorausberechnung schon 49 sein. Die Zahl der Pflegebedürftigen wird weiter steigen, das Potenzial an pflegenden Angehörigen jedoch abnehmen.

Auch auf dieser Grundlage ist es dringend nötig, Selbständigkeit im Alter so lange wie möglich zu erhalten, um Pflegebedürftigkeit auf eine kurze Zeit am Ende des Lebens zu komprimieren.

6 Belastung und Überforderung

Jede dritte Pflegeperson fühlt sich stark oder sehr stark belastet, Frauen deutlich stärker (39,2 Prozent) als Männer (20,3 Prozent). Dabei wird die Pflege von Demenzkranken als besonders belastend erlebt (vgl. Pinquart 2016). Hochbetagte tragen ein ungleich höheres Risiko, daran zu erkranken, und so wird die Zahl der Erkrankten in Deutschland von heute ca. einer Million auf drei Millionen im Jahr 2050 steigen. Die Pflegetätigkeit kann auch die Gesundheit beeinträchtigen: Die Palette reicht von Rückenschmerzen bis zu Depressionen.

Besonders hart trifft der Wandel der Familienstrukturen das mittlere Alter, die sogenannte Sandwichgeneration (vgl. Döring 2015). Es sind Frauen zwischen 40 und 60 – voll im Beruf stehend, häufig mit schulpflichtigen, pubertierenden Kindern oder Kindern, die sich gerade von den Eltern lösen, mit ersten Erfahrungen der eigenen gesundheitlichen Begrenztheit –, die in dieser Situation mit dem (eigenen und gesellschaftlichen) Anspruch konfrontiert werden, die Federführung in der Pflege der alt gewordenen Eltern zu übernehmen.

Sie befinden sich in der „Rushhour des Lebens“ und stoßen in ihrem hektischen Alltag regelmäßig an ihre Grenzen. Denn Kindererziehung und Elternpflege waren und sind „weiblich“. Zwar bringen sich die Männer heute mehr ein als noch in der letzten Generation, aber sie stellen seltener ihre eigenen Karrierepläne oder Bedürfnisse zurück. Der Hilfebedarf der Eltern ist zudem häufig verbunden mit elterlichen Erwartungen und löst deshalb bei erwachsenen Kindern in der Regel eine Vielfalt von ambivalenten Gefühlen aus.

7 Impulse aus der biblischen Überlieferung

Können die Überlieferungen der Bibel Orientierung geben im Geflecht der unterschiedlichen Fragestellungen? Eine bekannte Geschichte, das Gleichnis vom barmherzigen Samariter (vgl. Lk 10,30-37), scheint mir in diesem Zusammenhang wichtig zu sein. Hier wird die Hilfe für einen (Pflege-)Bedürftigen beispielhaft geschildert. Beim genauen Lesen des Textes wird allerdings deutlich, dass hier, auch wenn viele die Geschichte so verstehen, „keinesfalls eine Aufopferungsideologie gestützt wird“ (Oldenburg 32005: 49).

Der Samariter tut, was für den Hilfsbedürftigen notwendig ist, aber er überfordert sich nicht. Er kümmert sich um die Verletzungen und sorgt für eine sichere Unterbringung, aber „er teilt sich die Pflege und Sorge mit einem anderen, den er dafür entlohnt“ (ebd.). Das ermöglicht ihm die Fortführung des eigenen Lebens und „bewahrt ihn davor, dass seine sprichwörtliche Barmherzigkeit bitter wird" (ebd.). Mehr verlangt auch der christliche Glaube nicht. Niemals würde Jesus erwarten, dass man als Angehörige*r einer pflegebedürftigen Person den Samariter in seinem Engagement noch übertrifft.

Damit sind wir bei den Fragen: Was ist von uns als Kindern und Enkelkindern gefordert im Hinblick auf die Unterstützung alter Menschen in unserer Familie? Was konkret ist für uns als Menschen in einer humanen Gesellschaft, vielleicht auch für uns als Christ*innen die Aufgabe?

Wer gehört überhaupt zur Familie? – Diese Frage ist für viele nicht mehr so leicht zu beantworten. Familien sind heute Beziehungsgeflechte, die wesentlich vielfältiger und dynamischer sind als früher und sich ständig verändern. Während die ältere Generation sich oft ganz selbstverständlich als zugehörig empfindet, zählen in einer Umfrage nur 50 bis 66 Prozent der Kinder und Jugendlichen Großeltern, Onkel und Tanten und Cousins und Cousinen zur eigenen Familie, während 8 bis 15 Prozent nicht verwandte Personen in die Familie integrieren, sowohl gleichaltrige als auch erwachsene Bezugspersonen (vgl. Zinnecker/Behnken/Maschke/Stecher 2002: 22).

Im Alten Testament taucht das Wort „Familie" gar nicht auf. Dennoch sind sowohl bei den nomadisch lebenden Verbänden als auch bei den sesshaft gewordenen bäuerlichen Gruppen immer mehrere Generationen im Blick. Die Großfamilie sichert das wirtschaftliche Überleben aller und bietet Schutz gegen äußere Übergriffe. Innerhalb der Strukturen gilt es Herausforderungen zu bewältigen, die auch uns heute nicht fremd sind (Patchworkfamilien, Konflikte unter Geschwistern, Gewalt in der Familie usw.). Das vierte Gebot („Du sollst Vater und Mutter ehren") und das sechste Gebot („Du sollst nicht ehebrechen") formulieren zudem die Schutzfunktion der Familie: Es gilt, dem „werdenden" und dem „vergehenden" Leben einen verlässlichen Raum zur Entfaltung und zur Unterstützung zu geben.

Im Neuen Testament wird die Beziehung Jesu zu seiner eigenen Familie als sehr ambivalent beschrieben: Seine Verwandten halten ihn für verrückt (vgl. Mk 3,21), und er fordert seine Anhänger mehrfach dazu auf, Familie und Haus zu verlassen und ihm nachzufolgen (vgl. etwa Lk 14,25). Die Gemeinschaft derer, die sich in der Nachfolge sammeln, wird zur neuen Familie (vgl. Mt 12,46-50).

Kindern und Witwen gilt dabei aber – im Kontext einer patriarchal geprägten Gesellschaft – immer seine besondere Achtung und Fürsorge. Sie sind für ihn nicht nur Schutzbedürftige, sondern auch besondere Vorbilder des Gottesglaubens. Besonders bedeutsam wurden in der christlichen Tradition die Haustafeln in den Briefen (vgl. Kolosser 3, 18-4,1; Epheser 5,22-6,9): Sie sprechen alle, die zum Haus gehören, auf ihre gegenseitige Verantwortlichkeit an, verorten die Macht im Haus allerdings beim Hausherrn, dem sich alle anderen unterzuordnen haben.

Familie lässt sich also verstehen als Einladung Gottes, über die Generationen hinweg Verantwortung, Verbindlichkeit und Verlässlichkeit zu leben und zu gestalten. Grund dafür ist, dass auch Gott verlässlich ist und hilft. Leben Kinder und Enkel und Eltern eine solche gegenseitige Bindung und Verantwortung auch heute noch? Wenn man sich die intergenerationalen Transfers anschaut, muss man sagen: Ja!

8 Intergenerationale Transfers

Immer wieder wird der traditionelle Generationenvertrag einseitig als Transferleistung an die Älteren verstanden. Dabei wird häufig vergessen, dass der umgekehrte Weg sehr intensiv beschritten wird und die Älteren viel an die Jüngeren weitergeben: Nicht nur Erfahrungen, Kinderbetreuung und emotionalen Beistand, sondern auch beträchtliche finanzielle Unterstützung. Der „Alterssurvey" förderte zutage, dass mindestens 10 Prozent der Renten als Unterstützung der Enkel oder der eigenen Kinder an die jüngeren Generationen zurückfließen.[5] Die Häufigkeit materieller Transfers von Großeltern an Enkelkinder hat sich zwischen 1996 und 2014 fast verdoppelt.

> „Über 65-jährige Eltern leisten siebenmal so viele Geldzahlungen (28%) an ihre erwachsenen Kinder, wie sie von diesen zurückerhalten (4%). Dafür ist das Verhältnis im Bereich der persönlichen Hilfen relativ ausgeglichen (Ältere: 20% – Jüngere: 17%)" (Opaschowski 2003).

Darüber hinaus stärken Ältere durch das Festhalten an Ritualen den Familienzusammenhalt, vermitteln durch Erzählungen aus der Vergangenheit das Gefühl der Verwurzelung und Zugehörigkeit und stellen Zeit als wichtige Ressource zur Verfügung. Transferleistungen der jüngeren Generation an die ältere sind demgegenüber – neben der Unterstützung beim Verstehen und Bewältigen der Gegenwart (insbesondere der Medien- und Kommunikationstechnik) und der Eröffnung von Möglichkeiten, nicht Gelebtes nachzuholen oder Neues auszuprobieren – die Unterstützung im Alltag und die Übernahme der Pflege.

5 Näheres dazu siehe auch Mahne/Wolff/Simonson/Tesch-Römer 2017.

9 Fazit

Unter einem Dach? – Alt werden und alt sein in der Familie …

Man könnte vermuten, dass eine evangelische Pastorin von der biblischen Tradition her für die traditionelle Mehrgenerationenfamilie plädiert, die unter einem Dach lebt und gemeinsam den Alltag und alle anstehenden Probleme bestreitet. Damit würde man aber der biblischen Überlieferung mit ihrer Fülle – gerade auch im Hinblick auf Familienkonstellationen – nicht gerecht. Es gilt eher, auf der Grundlage der Bibel hilfreiche Impulse für die heutigen Fragestellungen herauszuarbeiten.

Viele Kinder meinen, sie seien verpflichtet, ihre betagten Eltern bei sich aufzunehmen. Dabei bringen bindungssichere Personen ihren Eltern ein höheres Maß an Verpflichtung, Hilfsbereitschaft, emotionaler Unterstützung und Hilfe entgegen als bindungsunsichere. Bindungssichere Personen haben das Gefühl, viel zu geben, aber auch viel zu erhalten oder erhalten zu haben. Eine Heimunterbringung ihres*ihrer alten oder dementen Angehörigen ist für sie deshalb ein persönliches Scheitern und Versagen oder der Bruch eines Versprechens und zudem nicht mit dem christlichen Glauben zu vereinbaren. Natürlich ist es wichtig, um den richtigen Weg zu ringen, aber es gibt nicht die eine Lösung, die nach christlichem Verständnis auf jeden Fall die richtige ist. Eine Lösung muss machbar und für alle Beteiligten tragbar sein.

Glaubt man einer Emnid-Umfrage von 2011 zum Thema „Wie möchten Sie im Alter von 70 Jahren wohnen?“, so ist das Wohnen im Pflegeheim für viele Ältere auch gar nicht so unvorstellbar wie viele meinen. Das Wohnen in der eigenen Wohnung (mit oder ohne Hilfe) und das betreute Wohnen stehen zwar hoch im Kurs, aber der Unterschied zwischen den Antworten „Bei Kindern bzw. Verwandten“ (16 Prozent) und „im Pflegeheim, in der Seniorenresidenz“ (15 Prozent) ist nur minimal (TNS Emnid 2011: 5).

Es kommt nicht so sehr auf das von vielen Faktoren abhängige „wo“, sondern auf das „wie“ an.

Auch eine Heimunterbringung entlässt Familienmitglieder nicht aus ihrer Verantwortung. Sie sind auch weiterhin unerlässliche Bezugspersonen. Und es ist immens wichtig, dass sie „angehörig bleiben“. Die intergenerative Solidarität darf nicht aufhören, und die Familie muss weiterhin als tragendes Netz spürbar sein. Dabei ist niemand zur Perfektion verpflichtet:

„Man ist immer nur ein halb guter Vater, eine halb gute Lehrerin, ein halb glücklicher Mensch“ (Steffensky 2007: 45), schreibt Fulbert Steffensky, ehemals Mönch, dann Professor, Ehemann und Vater. Und man kann ergänzen: „Man ist immer nur ein halb guter Sohn, eine halb gute Tochter, ein halb guter Enkel.“ „Es ist nicht versprochen“, fährt Steffensky fort, „dass die Menschen sich den Himmel auf Erden bereiten. Aber man kann sich Brot sein, manchmal

Schwarzbrot, manchmal Weißbrot. Man kann sich Wasser sein, gelegentlich Wein.“ (Steffensky 2007: 45).

Dabei sollte man allerdings bedenken, dass Lebensqualität kein Privileg der Jugend ist. In einer humanen Gesellschaft hat jeder Mensch seinen Platz; und sich dafür einzusetzen, entspricht dem christlichen Verständnis. Ebenso wie die Kinder brauchen auch die Alten den Schutz der Gemeinschaft. Dass sie Hilfe benötigen, macht sie keineswegs wert- und würdelos. Ihren Mitmenschen haben sie dennoch viel zu geben. Denn der Umgang mit alten und pflegebedürftigen Menschen bietet große Chancen: Dass wir im Kontakt mit ihnen wieder zu einem ganzheitlichen Menschenbild finden, das nicht allein geprägt ist von der ökonomisch verwertbaren Produktivität des Einzelnen; dass wir von ihnen Gelassenheit lernen und das Glück der kleinen Alltagsfreuden; und dass wir einen offenen Blick auf das Leben als Ganzes gewinnen, von der Geburt bis zum Tod.

Alte Menschen brauchen ihre Familien, aber die Familien brauchen auch ihre alten Menschen. Gut, dass der Generationenpakt auf familiärer Basis bisher noch funktioniert und die Ausdehnung der gemeinsamen Lebenszeit eine neue Solidarität zwischen den Generationen ermöglicht. Auch unter zunehmenden Belastungen ist die praktizierte Solidarität zwischen den Generationen nach wie vor stark. – Aus theologischer und kirchlicher Perspektive ist dies nach Kräften zu unterstützen.

Literatur

Bertram, Hans (2002): Die multilokale Mehrgenerationenfamilie. Von der neolokalen Gattenfamilie zur multilokalen Mehrgenerationenfamilie. In: Berliner Journal für Soziologie 12, Heft 4, S. 517-529.

Deutsches Jugendinstitut/Dortmunder Arbeitsstelle Kinder- und Jugendhilfestatistik (2005): DJI-Kinderbetreuungsstudie 2005. https://www.bmfsfj.de/blob/101746/1e7f89aa5e980ea1c5d8ea3004460255/dji-kinderbetreuungsstudie-data.pdf. [Zugriff: 17.9.2018].

Döring, Dorothee (2015): Sandwichgeneration – Leben zwischen Beruf, eigener Familie und alten Eltern. Freiburg: Paulusverlag.

Engel, Sabine/Oswald, Wolf D. (2005): Von zerzausten Wettertannen, Bohnenstangen und distanzierter Intimität. Auswirkungen einer älterwerdenden Gesellschaft. In: Evangelische Aktionsgemeinschaft für Familienfragen in Bayern e.V. (Hrsg.): Familie – Eltern – Alter. Nürnberg: EAF, 3. Aufl.

Engstler, Heribert/Menning, Sonja (2003): Die Familie im Spiegel der amtlichen Statistik. Lebensformen, Familienstrukturen, wirtschaftliche Situation der Familien und familiendemographische Entwicklung in Deutschland. Berlin/Wiesbaden: Bundesministerium für Familie, Senioren, Frauen und

Jugend/Statistisches Bundesamt. https://www.bmfsfj.de/blob/94914/81f44ce52 5620c87c627fca6f71e75ad/prm-24184-gesamtbericht-familie-im-spieg-data.pdf [Zugriff: 17.9.2018].

Haumannn, Wilhelm (2010): Generationen-Barometer 2009. Eine Studie des Instituts für Demoskopie Allensbach. Münster: Monsenstein und Vannerdat.

Institut für Demoskopie Allensbach (2015): Frauen der Sandwich-Generation. Zwischen Kinderbetreuung und Unterstützung der Eltern. https://www.ifd-allensbach.de/uploads/tx_studies/BILD_der_FRAU_FRAUEN_DER_SANDWICH-GENERATION.pdf. [Zugriff: 17.9.2018].

Mahne, Katharina/Klaus, Daniela (2017): Zwischen Enkelglück und (Groß-)Elternpflicht – die Bedeutung und Ausgestaltung von Beziehungen zwischen Großeltern und Enkelkindern. In: Mahne, Katharina/Wolff, Julia K./Simonson, Julia/Tesch-Römer, Clemens (Hrsg.): Altern im Wandel. Zwei Jahrzehnte Deutscher Alterssurvey (DEAS). Wiesbaden: Springer VS, S. 231-245.

Mahne, Katharina/Wolff, Julia K./Simonson, Julia/Tesch-Römer, Clemens (Hrsg.) (2017): Altern im Wandel. Zwei Jahrzehnte Deutscher Alterssurvey (DEAS). Wiesbaden: Springer VS.

Oldenburg, Anna-Margarete (2005): Beistehen, Mitgehen, Loslassen. Gedanken zur Sterbebegleitung in der Familie. In: Evangelische Aktionsgemeinschaft für Familienfragen in Bayern e.V. (Hrsg.): Familie – Eltern – Alter. Nürnberg: EAF, S. 49-51.

Opaschowski, Horst W. (2003): Familie: Generationen helfen sich gegenseitig. https://www.familienhandbuch.de/familie-leben/familienformen/grosseltern/familiegenerationenhelfensichgegenseitig.php. [Zugriff: 17.9.2018].

Pinquart, Martin (2016): Belastungs-¬ und Entlastungsfaktoren pflegender Angehöriger – die Bedeutung der Erwerbstätigkeit. In: Zentrum für Qualität in der Pflege (Hrsg.): Vereinbarkeit von Beruf und Pflege. Berlin: Zentrum für Qualität in der Pflege, S. 60-72.

Pötzsch, Olga/Rößger, Felix u.a. (Hrsg.) (2015): Bevölkerung Deutschlands bis 2060. 13. koordinierte Bevölkerungsvorausberechnung, Wiesbaden: Statistisches Bundesamt. https://www.destatis.de/DE/Publikationen/Thematisch/Bevoelkerung/VorausberechnungBevoelkerung/BevoelkerungDeutschland2060Presse5124204159004.pdf. [Zugriff: 19.7.2018].

Rosenmayr, Leopold/Köckeis, Eva (1966): Intimität auf Abstand. Die Familienbeziehungen alter Menschen. In: Hochland, 38,3, S. 236-247.

Schrupp, Antje (2017): Hurra, wir leben länger. Hannoversche Allgemeine (15.12.2017). http://www.haz.de/Sonntag/Gastkommentar/Hurra-wir-leben-laenger. [Zugriff: 19.7.2018].

Sozialverband Deutschland (2012): Stellungnahme zum Referentenentwurf des Bundesministeriums für Familie, Senioren, Frauen und Jugend vom 6. September 2012. Entwurf eines Gesetzes zur Erweiterung der Großelternzeit und zur Modernisierung der Elternzeit (Großelternzeitgesetz). https://www.sovd.de/index.php?id=2118.0.html. [Zugriff: 17.9.2018].

Statistisches Bundesamt (2017): Pflegestatistik 2015, Deutschlandergebnisse. Wiesbaden: Statistisches Bundesamt.

Statistisches Bundesamt (2016): Pressemitteilung Nr. 263 vom 28.07.2016. https://www.destatis.de/DE/PresseService/Presse/Pressemitteilungen/2016/07/PD16_263_122.html. [Zugriff: 19.7.2018].

Steffensky, Fulbert (2007): Wider die Vergötzung der Ekstase. In: Kamer, Susanne (Hrsg.): In deinen Augen bin ich schön. Gelnhausen: Wagner Verlag.

TNS Emnid (2011): Wohnwünsche im Alter. Grafikreport. https://www.wohnen-im-alter-nrw.de/progs/projekt/wia/content/e1867/e1914/e2140/emnidumfrage.pdf [Zugriff: 18.9.2018].

Wilbrand-Donzelli, Nicola (2015): Müssen Oma und Opa den Umgang mit ihren Enkeln erst lernen? https://www.t-online.de/leben/familie/id_74385364/grosselternkurse-fuer-die-richtige-enkel-betreuung.html. [Zugriff: 17.9.2018].

Zinnecker, Jürgen/Behnken, Imbke/Maschke, Sabine/Stecher, Ludwig (2002): Wer gehört zur Familie? In: Dies. (Hrsg.): Null Zoff & Voll Busy. Die erste Jugendgeneration des neuen Jahrhunderts. Wiesbaden: Springer, S. 22-24.

Familie gestalten.
Politische Perspektiven

Mehrheimische Familienpraxis: postmigrantisch gelesen

Erol Yildiz

Eine pessimistische Sicht auf Migration scheint wieder im Trend zu liegen. Ob es um Einwanderung, Großstadtleben und Mehrsprachigkeit oder um die Situation der zweiten und dritten Generation in Bildung und Beruf geht, oft genug wird das „Ghetto-Thema" bemüht, ist von Integrationsverweigerung und Abschottungstendenzen die Rede, wird vor Parallelgesellschaften gewarnt oder das Zusammenleben für gescheitert erklärt.

Die Ursachen sind schnell ausgemacht: fremde Herkunft, fremde Wurzeln. Solche „Herkunfts-" bzw. „Wurzeldiskurse" erzeugen dabei ihre eigene gesellschaftliche Normalität. Diese dient als Ausgangspunkt für Integrationskonzepte, mit denen kulturelle Distanz abgebaut und der heimischen Normalität angepasst werden soll.

Ethnische oder kulturelle Differenzen rücken dabei als gesellschaftliche Leitkategorien in den Fokus und werden zu ontologischen Dualismen aufgebaut, die Eigenes und Fremdes, Nähe und Distanz definieren. Es entsteht eine Art kategoriale Exklusivität (vgl. Neckel/Sutterlüty 2008: 20), eine Naturalisierung von kultureller Distanz. Diese hat realitätserzeugende Effekte, sie kanalisiert die öffentliche Wahrnehmung und wirkt dadurch in die Gesellschaft zurück. Vielsichtige und komplexe Lebenswirklichkeiten mehrheimischer Familien bleiben unsichtbar, wenn der Blick auf Ethnizität und Kultur verengt wird.

In den öffentlichen Migrationsdebatten sehen wir uns mit einer kulturellen Hegemonie konfrontiert, die die einheimische Familie als Norm setzt und die mehrheimische Familie[1] als Sonderfall und als Abweichung von der Regel erscheinen lässt.

Dass sich ethnisches Rezeptwissen über mehrheimische Familien normalisiert hat, sieht man an den im Alltag und in den Medien weit verbreiteten Herkunftsdialogen: Einheimische treten Mehrheimischen als selbsternannte

1 Statt als „Migrant/innen", „Migrationsfamilie" oder als „Menschen mit Migrationshintergrund" kann man diese Bevölkerungsgruppen analog zur wörtlichen Bedeutung des „Einheimischen" auch als „Mehrheimische" bezeichnen. Daher werde ich in diesem Beitrag den Begriff des Mehrheimischen verwenden. Ich vertrete hier die These, dass wir alle eigentlich mehrheimisch sind, wenn auch auf unterschiedliche Weise und in unterschiedlicher Intensität.

Expert/innen in Identitätsfragen gegenüber, forschen auch bei der x-ten Generation weiter nach dem sogenannten Migrationshintergrund, den eigentlichen Wurzeln, als wollten sie der Nicht-Zugehörigkeit der Betreffenden auf die Spur kommen.

Diese dualisierende Denkweise, die Menschen auf „Wir“ (Einheimische) und „Die“ (Migrant/innen) reduziert, versperrt den Blick auf die gesellschaftsverändernde Kraft von Migrationsbewegungen, auf die Lebenswirklichkeiten vor Ort und deren innovatives Potenzial im urbanen Alltag. Übersehen wird auf diese Weise, dass Gesellschaften und vor allem Städte immer schon durch die „gleichzeitige Existenz von Differentem und Nebeneinander von Vielfalt“ zu charakterisieren waren, wie Thomas Krämer-Badoni (2002: 59) es ausdrückt.

Zunächst wird gezeigt, dass Forschungsperspektiven nicht neutral sind, sondern unsere Beobachtungen und theoretischen Interpretationen wesentlich beeinflussen. Migration kann je nach Blickwinkel als historische Normalität oder als Sonderfall betrachtet werden. Im zweiten Abschnitt richtet sich der Fokus darauf, dass Migrationsbewegungen die Gesellschaften nach außen öffnen und daraus neue familiale Bindungen und Verbindungen hervorgehen. In diesem Zusammenhang wird im dritten Teil eine postmigrantische Lesart favorisiert, die Migrationsbewegungen neu bewertet und andere Erfahrungsräume sichtbar macht, die im öffentlichen Diskurs kaum zur Kenntnis genommen werden. Daran anschließend geht es im vierten Abschnitt darum, an Fallbeispielen zu demonstrieren, wie mehrheimische familiale Konstruktionen vor Ort entstehen, die hier als familiale Transtopien bezeichnet werden. Zum Schluss werden daraus Folgerungen für eine kritische und zukünftige Migrationsforschung gezogen.

1 Migration und Vielheit: Eine Frage der Perspektive?

In der heutigen Zeit wird Mobilität zwar allseits als Erfordernis der globalisierten Welt beschworen, transnationaler Migration und Zuwanderung aber überwiegend mit Argwohn oder Ablehnung begegnet. Der Beitrag migrationsbedingter Mobilität zur Pluralisierung des Zusammenlebens wird dagegen weitgehend ignoriert.

Phänomene wie Flexibilität, Individualisierung und Vielheit werden bei den einheimischen Familien zwar pauschal als Zeichen globaler Orientierung gelobt, bei mehrheimischen Familien jedoch paradoxerweise als nachteilig gewertet. Wechselnde Zugehörigkeiten und flexible Lebensentwürfe im Zeichen weltweiter Öffnungsprozesse werden bei Einheimischen zur Selbstverständlichkeit, zur Normalität, bei Mehrheimischen zum Problem erklärt. Das heißt mit anderen Worten, zwischen Migration und Mobilität gibt es eine wertende Unterscheidung, aus der heraus sich getrennte Diskurse entwickelt haben. Dies betrifft auch die Hierarchisierung von Vielheit. Während bestimmte Formen als vorteilhaft und wünschenswert gelten, werden andere als problematisch wahrgenommen. Die Auswirkungen einer solchen Trennung sind nicht zu übersehen. Migrationsbezogene Phänomene, auch spezifische Formen von Mehrsprachigkeit, erscheinen aus dieser Sicht als Abweichung von der Normalität. Für mehrsprachig aufgewachsene Kinder gehört es beispielsweise zum Alltag, zwischen den Sprachen hin- und herzuwechseln. Obwohl so ein code switching und andere hybride Sprachpraktiken ganz normal sind, wird hier mit zweierlei Maß gemessen. Während eine Mischsprache aus Englisch, Französisch und Deutsch durchaus akzeptiert wird, ist von „doppelter Halbsprachigkeit" und anderen Defiziten die Rede, sobald sich etwas Türkisch, Serbisch oder Arabisch in die deutsche Sprache mischen.

Solche kategorialen Klassifikationen schaffen ihre eigene Normalität, an der sich Integrationskonzepte bis heute orientieren. Dualistische Auffassungen von kultureller Differenz (verstanden als ethnische Differenz) werden zur kategorischen gesellschaftlichen Leitdifferenz. Dieser hegemoniale Blick verfestigt kulturelle Hegemonie und bringt zugleich einen nationalen Ordnungszwang zum Ausdruck.

2 Migration und die Öffnung der Orte zur Welt

Im Gegensatz zu diesem disziplinierenden Ordnungsdenken besteht inzwischen in den Sozial- und Kulturwissenschaften ein gewisser Konsens darüber, dass nicht Sesshaftigkeit, sondern Wanderung historisch gesehen als Normalfall zu betrachten ist. Jede Geschichte des Menschen, jede Geschichte der Städte, ist auch eine Geschichte von Migration. Dies gilt umso mehr in Zeiten globaler Transformation durch die rasante Entwicklung von Informations- und Transporttechnologien, in denen Globales und Lokales zu immer neuen Vernetzungen führen – eine Öffnung der Orte zur Welt (vgl. Yildiz 2005).

In diesem Zusammenhang verweist Regina Römhild (2009) auf einen neuen Kosmopolitismus von unten. Eine transversale Bewegung, die Regionen, Kulturen und Denkarten, die oft geografisch und zeitlich weit voneinander entfernt sind, auf lokaler Ebene zusammenführt, ermöglicht Verbindungen virtueller wie realer Art und führt zu wechselseitigen Impulsen. Dabei entstehen unterschiedliche „Soziosphären" (Albrow 1997: 244), die weltumspannende gesellschaftliche und lebensweltliche Kombinationen präsentieren – eine Kosmopolitisierung von Lebensentwürfen, familiären Konstellationen und persönlichen Milieus, eine weltweite Ausdehnung der Beziehungsnetze des/der Einzelnen und von Familien im lokalen Kontext. Solche Beziehungsnetze sind „Teil eines intensiven Sozialgefüges, das zusammenhängende Aktivitäten hervorbringt, die den gesamten Globus einbeziehen“ (Albrow 1997: 245).

So wird Globalität zur Alltagsnormalität und zum Ausdruck eines neuartigen und erweiterten Erfahrungshorizonts, der nun einen neuen Referenzrahmen für individuelle wie familiäre Verortungspraktiken stellt. Das Alltagsleben wird zum praktischen Erfahrungs- und Experimentierraum, zu einem Bereich, in den die gesamtgesellschaftlichen und weltweiten Transformationsprozesse hineinwirken und in dem sie von Familien und Individuen reflexiv angeeignet, biografisch bearbeitet und in die Alltagspraxis übersetzt werden.

Die Gleichzeitigkeit von weltweiten Öffnungsprozessen, digitaler Vernetzung und lokaler Diversifizierung lässt nationale Mythen fragwürdig erscheinen. Lebensentwürfe, Differenzen und Zugehörigkeiten sind in Bewegung geraten, haben ihre Eindeutigkeit und räumliche Fixierung verloren, sind offener, vielschichtiger und damit auch riskanter geworden. Die durch solche Öffnungsprozesse (und gegenläufige Lokalisierungstendenzen) in Gang gesetzte reflexive Wende, die den/die Einzelne/n und Familien immer wieder zum Nachdenken über die eigene Biografie und Lebenskontexte nötigt, hat den gesamten Lebenslauf zu einem Lernfeld werden lassen.

Woran wir auf diese Weise herangehen, praktisch unseren Fokus neujustieren, erschließen sich andere, zeitgemäße Lesarten der Welt, aus denen ersichtlich wird, dass globale Öffnungsprozesse weltweit heterogene Resonanzen erzeugen. Hybride Strukturen und Kulturen, verschiedene zivilgesellschaftliche Formierungen, Fluchtlinien und Gegenbewegungen treten gleichermaßen hervor. Unterschiedliche Elemente globaler Art treten in lokalen Kontexten miteinander in Kontakt, woraus etwas Neues entsteht.

Aus diesem Blickwinkel bekommt das Leben vor Ort ein neues Gesicht, das mit einem gewandelten Verständnis von familiären Wirklichkeiten einhergeht, wie es vor wenigen Jahrzehnten kaum denkbar gewesen wäre. Menschen wohnen und leben an einem Ort, ihre Beziehungen, Verbindungen und sozialen Netzwerke gehen aber weit über das Lokale, Regionale und Nationale hinaus, werden über große Entfernungen hinweg gepflegt und beibehalten. Das Denken über Grenzen und Entfernungen hinweg ist in der globalisierten Welt zum Alltag geworden. Ulrich Beck spricht von einem Beobachtungshorizont, der die Öffnung der Orte und Biografien ins Weltweite ermöglicht (vgl. Beck 1997: 40), einem Beobachtungshorizont, der neue soziale Räume und damit neue Orientierungs- und Identifikationsmöglichkeiten für Familien im alltäglichen Leben schafft. Gerade Migrationsbewegungen haben wesentlich zu diesen weltweiten Öffnungsprozessen beigetragen, und es ist zumindest verwunderlich, dass diese Tatsache in den öffentlichen Migrationsdebatten kaum eine Rolle spielt. Daher wird im nächsten Abschnitt der Versuch unternommen, einen anderen Blick auf Migrationsphänomene zu werfen und Migrationsbewegungen und deren Folgen kontrapunktisch zu deuten – eine Perspektive, die hier postmigrantisch genannt wird.

3 Postmigrantische Lesart

Um die Beziehungen zwischen den Konstrukten von Orient und Okzident zu analysieren und gleichzeitig zu unterlaufen, schlug Edward Said (1994: 66) eine kontrapunktische Lesart vor. Diese Art des Gegen-Lesens bedeutet für das Thema Migration, gesellschaftliche Dominanzverhältnisse aus der Perspektive und Erfahrung von Migrant/innen zu betrachten – Migration verbleibt damit nicht ausschließlich Forschungsgegenstand, sondern wird vielmehr zum Ausgangspunkt des Denkens.

Dieser neue, postmigrantische Blick wird zunächst auf polarisierende Denkmuster gerichtet, die den etablierten Klassifikationen von Nähe und Distanz als Ausschlusskriterien zugrunde liegen: „Einheimische/Migrant/innen", „Wir/Die", „eigen/fremd". Um die vermeintliche Eindeutigkeit scheinbar unverrückbarer Zuordnungen zu dekonstruieren, gilt es, die Aufmerksamkeit auf Verschränkungen, Überschneidungen und Übergänge zu richten, die solche naturalisierenden Sortierungen ad absurdum führen.

Die postmigrantische Lesart bedeutet auch, die Geschichte der Migration und von mehrheimischen Familien anders zu erzählen; das gesamte Feld der Migration in der globalisierten Welt radikal neu zu denken (vgl. Yildiz/Hill 2015). Dabei rücken individuelle, familiäre und kollektive Erfahrungen von Migration und deren Auswirkungen in den Mittelpunkt. Es geht um Prozesse von Entortung und Neuverortung, Mehrdeutigkeit und Grenzbiografien. Gerade der Begriff des Dazwischen, der in der konventionellen Migrationsforschung als Defizit und Problem wahrgenommen wurde, erweist sich als produktiv für (post-)migrantische Situationen, in denen mit eindeutigen Verortungen gebrochen und Diskontinuität ins Blickfeld gerückt wird. Dieser innovative Bruch mit dem Gewohnten stellt etablierte Dualismen von „westlich/nicht-westlich", „inländisch/ausländisch" oder „Nähe/Distanz", die bisher als Wegweiser der gesellschaftlichen Wahrnehmung fungierten, radikal infrage und rückt stattdessen marginalisierte Wissensarten, mehrheimische Zugehörigkeiten und bewegte Biografien ins Blickfeld. In diesem Sinn stellen postmigrantische Lebensentwürfe Grenzräume dar: Grenzen werden hier nicht als Fronten, sondern als Schwellen, als Orte des Übergangs, der Bewegung verstanden.

Die bekannte Metapher vom Leben zwischen zwei Welten wird immer wieder herangezogen, um eine scheinbar verfahrene Situation zu beschreiben: die Zerrissenheit der Familien, der zweiten und dritten Migrationsgeneration. Ihre besondere Situation, die im öffentlichen Diskurs als problematisch gilt, zeigt sich aber bei genauerer Betrachtung auch als Potenzial, als eine kreative soziale Praxis. Sie eröffnet Räume der Individualität und gehört für viele zum ganz normalen Alltag – oder wie ein Gesprächspartner es ausdrückte: „Dazwischensein hat mich immer geprägt". Man braucht dies nicht als Statement gegen jede Sesshaftigkeit zu werten. Bewegung ist jedenfalls nicht als Abweichung von einem Normalzustand zu betrachten, sondern sie ist zugleich „notwendige Voraussetzung von Subjektivität" (Terkessidis 2015: 96).

Postmigrantische Perspektiven entstehen vor allem aus den Lebensentwürfen der Nachfolgegenerationen, die nicht über die gleichen Migrationserfahrungen verfügen wie ihre Eltern oder Großeltern. Sie sind in Köln, Berlin oder Wien geboren und aufgewachsen und haben hier Sozialisationsprozesse durchlaufen. Trotzdem werden sie überwiegend als Migrant/innen wahrgenommen. In der Auseinandersetzung mit der offiziellen Benennungspraxis entwickeln sie unterschiedliche Gegenstrategien und ironische Selbstbezeichnungen, die oft irritierend auf etablierte Wahrnehmungen wirken: ob „Kanak Attack"[2] oder „Tschuschenpower"[3] oder „Migrantenstadl"[4] – wir haben es hier mit neuen, sehr unterschiedlichen künstlerisch-politischen Selbstreflexionen zu tun.

Aus der veränderten Sicht auf die gesellschaftlichen Verhältnisse heraus gilt es auch, Migrationsforschung aus ihrer bisherigen Sonderrolle zu befreien und sie als Gesellschaftsanalyse zu etablieren. In diesem Kontext spricht Regina Römhild (2015) von einer postmigrantischen Migrationsforschung und plädiert für eine Ausrichtung, in der Migration nicht in erster Linie als Gegenstand, sondern als Perspektive begriffen wird. Die postmigrantische Idee fungiert damit als Beobachtungskategorie für eine soziale Situation von Mobilität und Vielheit, macht Brüche, Mehrdeutigkeit und marginalisierte Erinnerungen sichtbar, die nicht am Rande der Gesellschaft anzusiedeln sind, sondern die zentrale globalgesellschaftliche Verhältnisse zum Ausdruck bringen. Durch ihre irritierende Wirkung schafft diese neue Sicht auf die Dinge auch eine kritische Auseinandersetzung mit gesellschaftlichen Machtverhältnissen. Das Postmigrantische wird damit zum Kampfbegriff gegen eine Migrantisierung und Marginalisierung von mehrheimischen Familien, die sich als integraler Bestandteil der Gesellschaft sehen, gegen einen öffentlichen Diskurs, der Migrationsgeschichten weiterhin als spezifische historische Ausnahmeerscheinungen behandelt und in dem es zur Gewohnheit geworden ist, zwischen einheimischer Normalität und eingewanderten Problemen zu unterscheiden.

Die angebliche Zerrissenheit, die den konventionellen Migrations- und Integrationsdiskurs bisher geprägt hat, wird als eine Vielheit von Kontexten interpretiert, die einen Raum für unterschiedliche Orientierungen jenseits hegemonialer Deutungen schafft (vgl. Terkessidis 2015: 83). Die postmigrantische Praxis bedeutet in diesem Sinne Positionen einzunehmen, die neue und

2 http://www.kanak-attak.de/ka/aktuell.html
3 https://www.flimmit.com/tschuschen-power/
4 http://dasmigrantenstadl.blogspot.com/

alternative Möglichkeits- und Erfahrungsräume schaffen und in denen neue Artikulationsmöglichkeiten gefunden werden, „um eine neue Topographie des Möglichen zu zeichnen" (Rancière 2008: 61).

4 Familiale Transtopien

Eine postmigrantisch-kontrapunktische Lesart ermöglicht uns, das Verhältnis zwischen binären Konstruktionen neu zu lesen, macht Praxis- und Wissensformen sichtbar, die in nationalen Erzählungen kaum zur Kenntnis genommen werden. Um dies zu veranschaulichen, führe ich im Folgenden einige Fallbespiele an beziehungsweise aus, die genau in diese Richtung weisen. Es handelt sich um Familien und Personen, die sich mit restriktiven Lebensbedingungen vor Ort auseinandersetzen und sich in dieser Auseinandersetzung positionieren. In diesen Fallbeispielen, die aus unterschiedlichen Forschungszusammenhängen stammen,[5] stehen transnationale Orientierungen, Erfahrungsräume und deren Relevanz für die betreffenden Familien und Personen im Mittelpunkt.

4.1 Transnationales Sozialkapital: Familie Kaya, eine Kölner Familie?

Familie Kaya lebt seit zehn Jahren im Kölner Stadtteil Nippes und betreibt eine türkische Konditorei, direkt am Marktplatz des „Veedels" (kölsche Bezeichnung für Stadtviertel). Herr Kaya war als 18-Jähriger aus der Südtürkei in die Schweiz ausgewandert, hatte seine jetzige Frau im französischen Straßburg kennengelernt und war dorthin gezogen. Sie ist die Tochter einer Gastarbeiterfamilie aus der Türkei, in Straßburg geboren und aufgewachsen. Vor zehn Jahren kam die Familie dann mit ihren Kindern auf Empfehlung von Verwandten nach Köln, wo zu dieser Zeit gerade ein Geschäft in lukrativer Lage an einem belebten Marktplatz leer stand. Weil Herr Kaya in der Türkei eine Ausbildung als Konditor abgeschlossen hatte, beschloss die Familie, eine türkische Konditorei zu eröffnen. Nicht nur türkische, auch französische Rezepte wurden für ihre Backwaren und Desserts „importiert". Alle Familienmitglieder sind

5 Das Interview mit *Familie Kaya* wurde 2013 in Köln im Rahmen einer Studie über „migrantische Ökonomie" durchgeführt. Das Interview mit *Ranga Gupte* entstand im Rahmen der Studie *Kärnten auf den zweiten Blick* 2012 in Klagenfurt. Das dritte Interview mit *Fawzy Mosalam* wurde im Jahr 2017 von Julia Astecker und Sandra Fischerauer im Rahmen meines Seminars an der Universität Graz geführt und dokumentiert.

französische Staatsbürger/innen. Sie bekommen häufig Besuch aus Frankreich von ehemaligen Nachbar/innen und Freund/innen, aber auch aus den Niederlanden, wo ein anderer Teil der Familie lebt. In ihrem Geschäft werden daher unterschiedliche Sprachen gesprochen: Französisch, Deutsch, Türkisch, Niederländisch. Die Kinder wachsen mehrsprachig auf, eine Tochter besucht mittlerweile das Gymnasium.

4.2 Mobile Sesshaftigkeit: Von Indien über Finnland nach Kärnten

Sein Lebensweg hat Ranga Gupte von Indien, wo seine Eltern leben, über Finnland, wo seine Schwester ein Restaurant und ein Reisebüro leitet, nach Österreich geführt – und hier von Villach, wo er seinen Bruder nur kurz besuchen wollte, nach Klagenfurt. Seine Familie lebt über die ganze Welt verstreut – eine Situation, die er als Jüngster von insgesamt sieben Geschwistern für seine unternehmerischen Aktivitäten nutzen kann. Die Familienkontakte werden über alle Entfernungen hinweg aufrechterhalten. In Klagenfurt lebt er seit nunmehr 30 Jahren mit seiner Familie, arbeitete zunächst als Koch, Yoga-Lehrer und Kinderbetreuer. Später eröffnete er ein eigenes indisches Restaurant, zunächst in Villach und später in Klagenfurt, weil die Stadt, wie er glaubte, wegen des Flughafens und der Universität internationaler sei. In seinem Lokal inszeniert er „indische Kultur“ in Form unterschiedlicher Dekorationen und Arrangements – eine Art der Einrichtung, auf die, wie er betont, in Indien weniger Wert gelegt würde. Auch in anderer Hinsicht ging er geschäftsfördernde Kompromisse ein: Als vegetarischer Hinduist habe er sich den österreichischen Essgewohnheiten anpassen und Fleischgerichte servieren müssen. Seine Geschäftsgründung hätte er ohne die finanzielle Unterstützung seiner weit verzweigten Verwandtschaft nicht umsetzen können.

4.3 Transnationale Verortung: Fawzy Mosalam aus Graz

Fawzy Mosalam stammt ursprünglich aus Ägypten und besitzt seit 30 Jahren einen kleinen Delikatessenladen in Graz. Wie er im Gespräch betont, fliegt er jedes Jahr für zwei bis drei Wochen nach Ägypten „auf Urlaub“, besucht dort Bekannte und Verwandte. Er erzählt von Italien, wo er als junger Mann – nach seinem Studium der Agrarwissenschaften in Kairo – zehn Monate verbracht habe. Gerne schwelgt er in Erinnerungen, schwärmt von der italienischen Sprache. In Verona arbeitete er in einem Supermarkt, der Arbeitgeber habe sich aber geweigert, ihn offiziell anzumelden. Also zog Mosalam weiter nach Österreich, wo er seine Frau kennenlernte und neben anderen Tätigkeiten Anstellungen in einem Wiener Chemielabor, in einer Gärtnerei und einer Konditorei fand. Zusammen mit seiner Frau zog er für die Dauer eines Jahres wieder nach Ägypten, wo er als Agraringenieur arbeitete, kehrte danach aber nach Österreich zurück.

Hier beschloss er – inspiriert vom Wiener Naschmarkt und getrieben vom Wunsch nach einer beständigen Einkommensquelle –, mit einem kleinen Lebensmittelgeschäft die Selbständigkeit zu wagen. Bei einem seiner Besuche in der steirischen Landeshauptstadt stieß er auf ein leer stehendes Geschäft. Aufgrund der zentralen Lage in der Jakoministraße und der dennoch vergleichsweise niedrigen Mietpreise nutzte Mosalam die Gunst der Stunde und eröffnete im Jahr 1987 ein kleines orientalisches Delikatessengeschäft.

Von Kaffee über orientalische Gewürze bis hin zu Kartoffelpüree bietet es eine breite Auswahl an Lebensmitteln. Das Herzstück des Ladens bildet allerdings eine Glasvitrine, in welcher verschiedenste, von Mosalam selbst zubereitete „orientalische" Speisen (z.B. Spinatstrudel, Falafel, Couscous) und Beilagen (u.a. Tzatziki, Hummus) angeboten werden.

In Beispielen wie diesen, die für sehr viele Biografien von Migrant/innen in globalisierten Gesellschaften stehen können, zeigen sich Potenziale (transnationaler) Verbindungen und Lebenskonstruktionen, die durch Migrationsbewegungen entstanden sind und die für die gesellschaftliche Positionierung vor Ort genutzt werden. Die Migrant/innen haben ihre eigenen transnationalen Erfahrungsräume geschaffen. Vorstellungen von Familie, Heimat, Kultur, Herkunft oder Tradition werden von ihnen vor Ort neu übersetzt, in den aktuellen Lebensalltag transformiert und erhalten völlig neue biografische wie familiale Bedeutungen. Durch transnationale familiäre Netzwerke und deren Nutzung entstehen neue familiäre Konstruktionen und werden neue Kompetenzen entwickelt, transnationales Sozial- und Kulturkapital akkumuliert.

Auf lebendige Weise wird hier sichtbar, wie unterschiedliche Orte, Menschen, Erfahrungen und Ereignisse miteinander verbunden, diverse globale und lokale Elemente miteinander kombiniert werden, und welche Relevanz diese Praktiken für die Entwicklung spezifischer transnationaler Orientierungen und Lebensstrategien der Familien haben. Man könnte hier von familialen Transtopien sprechen (vgl. Yildiz 2013). So entstehen familiäre Räume, die neue Horizonte eröffnen, gewissermaßen als realisierte Utopien. Etablierte Deutungen gegen den Strich zu lesen, heißt auch, den Blick auf Widersprüche, Ambivalenzen, Übergänge und widerständige Praktiken zu richten. Aus dieser Sicht müsste die Geschichte der Migration neu und anders erzählt werden (vgl. Bojadzijev 2012): Denn die Migrant/innen erster Generation brachen ihre Verbindungen zu ihren Herkunftsorten keineswegs ab. Vielmehr entwickelten sich vielfältige Formen der Mobilität und es etablierten sich neue soziale Bindungen und familiäre Netzwerke, die für die Lebensentwürfe der betreffenden Familien konstitutiv wurden und es noch sind – eine Art transkultureller Praxis.

Durch unterschiedliche Verknüpfung dieser Strategien gewinnen familiäre und individuelle Lebenskonstruktionen ihre jeweils spezifische Ausprägung. Wir sehen, dass Zugehörigkeiten in Bewegung geraten sind, je nach Kontext neu definiert werden, wie transnational gespannte Mehrfachverbindungen und mehrheimische Orientierungen sich zu komplexen, vielschichtigen und hybriden Phänomenen verdichten.

Diese neue Dynamik erfordert zumindest ein Überdenken unserer etablierten Vorstellungen von Familie, Raum, Zeit und Zugehörigkeit.

5 Fazit: Vom Rand ins Zentrum

Die bisherigen Ausführungen und Beispiele können als Indizien dafür verstanden werden, dass in der globalisierten und mobilitätsgeprägten Welt neue soziale Geografien und familiale Wirklichkeiten entstehen, die durch eine Durchdringung von Bereichen geprägt sind, die früher als unwiderruflich getrennt galten. Durch persönliche und familiäre Alltagserfahrungen rücken ehemals entfernte Räume in den Horizont des subjektiven Bewusstseins.

Diese Erfahrung legt es nahe, den Blick auf Lebenswirklichkeiten und soziale Räume vor Ort zu richten und zwar aus der Perspektive der Peripherie – und aus der Perspektive translokaler und weltweiter Mobilität, Migration und Vielheit.

Es bleibt festzustellen, dass wir schon längst in einer Gesellschaft leben, die überall und dauerhaft von den Erfahrungen und Wirkungen des Kommens, Gehens und Bleibens geprägt ist. Es ist daher an der Zeit, solche Bewegungen als unverzichtbaren Bestandteil der Subjektivierungs- und Verortungsprozesse einzelner Individuen und Familien anzuerkennen.

Wir benötigen aus diesen Gründen eine selbstkritische Migrationsforschung, die die eigenen Prämissen auf den Prüfstand stellt und sich mit ihren überlieferten Grundlagen auseinandersetzt, eine Forschung, die sich im wahrsten Sinne des Wortes als kritische Gesellschaftsforschung versteht. In diese Richtung argumentiert auch Regina Römhild, wenn sie für eine „postethnische Revision der Migrationsforschung, ihrer Subjektkategorien und Forschungsdesigns" plädiert (2014: 255).

Mit einem eigenen Erlebnis, das die Ambivalenz, Uneindeutigkeit und den Widerspruch unserer Beobachtungen genau zum Ausdruck bringt, möchte ich meinen Beitrag beenden: Nach einem Symposium in Berlin-Kreuzberg trafen wir uns mit einigen Kolleg/innen in einem italienischen Restaurant in Kreuzberg. Am Eingang wurden wir von einem sonnengebräunten, gut gelaunten Kellner in Empfang genommen, der sich mit italienischem Temperament vorstellte: „Ich bin Sergio und werde euch heute Abend bedienen!“. In den nächsten Stunden ließ er es nicht an Aufmerksamkeit fehlen, war ständig zur Stelle, um nach unseren Wünschen zu fragen und ein paar Worte zu wechseln. Als wir schließlich aufbrachen, begleitete er uns noch zur Tür und sprach mich dabei auf Türkisch an. Auf meine überraschte Nachfrage erwiderte er, „die Türken erkennen sich einfach“ und erzählte, sein eigentlicher Name sei Sercan, doch er habe sich umbenannt, weil er schon seit 15 Jahren in diesem italienischen Restaurant arbeite. Sergio komme bei den Gästen einfach besser an. Er spreche sowieso besser italienisch als türkisch. Die anderen Gäste beobachteten uns interessiert, einer sagte anerkennend: „Schau mal, der Italiener kann Türkisch!“

Literatur

Albrow, Martin (1997): Abschied vom Nationalstaat. Frankfurt/Main: Suhrkamp.

Beck, Ulrich (1997): Das fremde eigene Leben – Globalisierung und Politisierung der Lebensführung. In: Beck, Ulrich/Ziegler, Ulf Erdmann/ Rautert, Timm (Hrsg.): Eigenes Leben. Ausflüge in die unbekannte Gesellschaft, in der wir leben. München: C.H. Beck Verlag, S. 38-43.

Bojadzijev, Manuela (2012): Die windige Internationale. Rassismus und Kämpfe der Migration (2. Auflage). Münster: Westfälisches Dampfboot.

Krämer-Badoni, Thomas (2002): Urbanität und gesellschaftliche Integration. In: Bukow, Wolf-Dietrich/Yildiz, Erol (Hrsg.): Der Umgang mit der Stadtgesellschaft. Ist die multikulturelle Stadt gescheitert oder wird sie zu einem Erfolgsmodell? Opladen: Leske & Budrich, S. 47-62.

Neckel, Sighard/Sutterlüty, Ferdinand (2008): Negative Klassifikationen und die symbolische Ordnung sozialer Ungleichheit. In: Neckel, Sighard/Soeffner, Hans-Georg (Hrsg.): Mittendrin im Abseits. Ethnische Gruppenbeziehungen im lokalen Kontext. Wiesbaden: VS Verlag, S. 15-26.

Rancière, Jacques (2008): Der emanzipierte Zuschauer. Wien: Passagen Verlag.

Römhild, Regina (2009): Aus der Perspektive der Migration. Die Kosmopolitisierung Europas. In: Hess, Sabine/J. Binder & J. Moser (Hrsg.): No Integration?! Kulturwissenschaftliche Beiträge zur Integrationsdebatte in Europa. Bielefeld: Transcript Verlag, S. 225-239.

Römhild, Regina (2014): Diversität?! Postethnische Perspektiven für eine reflexive Migrationsforschung. In: Nieswand, Boris/Drotbohm, Heike (Hrsg.): Kultur, Gesellschaft, Migration. Die reflexive Wende in der Migrationsforschung. Wiesbaden: VS Verlag, S. 255-270.

Römhild, Regina (2015): Jenseits ethnischer Grenzen. Für eine postmigrantische Kultur- und Gesellschaftsforschung. In: Yildiz, Erol/Hill, Marc (Hrsg.): Nach der Migration. Postmigrantische Perspektiven jenseits der Parallelgesellschaft. Bielefeld: Transcript Verlag, S. 37-48.

Said, Edward W. (1994): Kultur und Imperialismus. Einbildungskraft und Politik im Zeitalter der Macht. Frankfurt/Main: Suhrkamp Verlag.

Terkessidis, Mark (2015): Kollaboration. Berlin: Suhrkamp.

Yildiz, Erol/Hill, Marc (Hrsg.) (2015): Nach der Migration. Postmigrantische Perspektiven jenseits der Parallelgesellschaft. Bielefeld: Transcript Verlag.

Yildiz, Erol (2013): Die weltoffene Stadt. Wie Migration Globalisierung zum urbanen Alltag macht. Bielefeld: Transcript Verlag.

Yildiz, Erol (2005): Leben in der kosmopolitanen Moderne. Die Öffnung der Orte zur Welt (unveröffentlichte Habilitationsschrift). Köln: Universität zu Köln.

Das passt nicht ins Bild? Wirklichkeit und Fremdbilder muslimischen Familienlebens in Deutschland

Gabriele Boos-Niazy

1 Einleitung

Im Programmtext der Veranstaltung „Familie von morgen“ hieß es: „Wie die Großeltern in den 1960er Jahren ihre Familie gestalteten, wirkt aus heutiger Sicht entweder idyllisch oder vorsintflutlich, je nachdem, wo man steht. Die Vielfalt an Familienformen führt aber auch zu Irritationen und Konflikten. Denn wie Familie gelebt wird, hat etwas mit der tiefsten kulturellen, religiösen und weltanschaulichen Prägung zu tun“ (Bundesstiftung Magnus Hirschfeld 2017).

Diese harmlos wirkenden Sätze haben es in sich: Jegliche Entscheidung für eine Lebensform ordnet diejenigen, die sie leben, auf einer Skala an, die vom positiv konnotierten „modern“ bis zum negativ konnotierten „rückwärtsgewandt“ reicht. Und: Die Wahl folgt Prinzipien, die als starr gelten, solchen, die tief kulturell, religiös oder weltanschaulich geprägt sind.

Ist das tatsächlich so, oder hängt die Art, wie Familie heute gelebt wird oder gelebt werden kann, nicht viel mehr von gesellschaftspolitischen und ökonomischen Randbedingungen ab als von kulturellen, religiösen und weltanschaulichen Prägungen, die nur noch in Randbereichen Wirkung entfalten? Dieser spannenden Frage werde ich aus der Perspektive muslimischer Frauen nachgehen.

Die meisten Menschen erfahren gelegentlich, dass andere sie vorschnell kategorisieren, doch für viele Muslime – insbesondere, wenn sie als solche erkennbar sind – gehört es zum Alltag, sich gegen Stereotype behaupten zu müssen.

2 Das (negative) Wissen über die Anderen

Deborah Krieg, stellvertretende Direktorin der Bildungsstätte Anne Frank, schreibt in einem Artikel sehr treffend: „Im Themenkomplex ‚Religion' sind Fremdzuschreibungen, stillschweigende Annahmen und Vorbehalte schnell im Raum. Immer wieder kann beobachtet werden, wie das (negative) „Wissen über die Anderen" Gewissheiten, Handlungsstrategien, das Gefühl eigener Handlungsmacht oder die Erlaubnis zur Intervention den Alltag bestimmt und einschränkt. Das wird vor allem immer dann wirksam, wenn dieses „Wissen über die Anderen" ein gut kommunizierter Teil aktueller, emotionaler gesellschaftlicher und medialer Debatten ist, dem ein hoher Stellenwert in Identitätspolitiken und Selbstverortungsprozessen zukommt. Religion erweist sich als gut erprobtes und viel genutztes Vehikel für Differenzkonstruktionen und Otheringprozesse: Auf Grundlage der Trennung zwischen „Wir" und „Ihr" werden elementare Differenzen konstruiert, die negativ bewertet und betont werden. „Die Anderen" sind nicht – oder zumindest weniger – emanzipiert, demokratisch, verfassungstreu, tolerant, modern" (Krieg 2017: 15).

Menschen, deren Wurzeln in Ländern mit mehrheitlich muslimischer Bevölkerung vermutet werden, werden als „Muslime" gelesen, unabhängig davon, ob sie sich selbst so definieren. Damit sind wiederum vielfältige Assoziationen verbunden, die in Abgrenzung zum eigenen Verständnis einer „modernen" Familie z.B. lauten: Patriarchale Struktur, klassische Rollenverteilung, hohe Kinderzahl, enge Verwandtschaftsbindung, autoritärer, geschlechtsspezifischer Erziehungsstil, große Gastfreundschaft.

Dieses „Hintergrundrauschen" findet sich auch in Schulbüchern und staatlichen Broschüren wieder, schreibt angenommene Unterschiede fest und reproduziert sie immer wieder.

3 Schulbücher schaffen/bekräftigen Differenz

Im Grundschulbuch Tinto befindet sich im Lernbereich „Kulturen vergleichen" die Geschichte der beiden Schulfreundinnen Steffi und Aischa (Maar 2011). Steffi ist bei Aischas Familie zu Gast und der Text widmet sich den Differenzen, die im Ergebnis ein „Wir" und „Ihr" markieren. Aischas Familie beschreibt sich gegenüber dem lesenden Kind nicht selbst, sondern Steffis Fremdzuschreibung setzt den Maßstab. Es finden sich die gängigen Narrative über arabische/türkische/muslimische Familien: Aischas Familie ist groß und kinderreich. Sie ist gastfreundlich – Steffi darf sich zuerst bedienen. Sie ist patriarchal – Die Frauen der Familie dürfen erst essen, nachdem sie die Männer bedient haben; sie müssen sich mit dem zufriedenzugeben, was übrig bleibt. Die Frauen nehmen ihr Schicksal an – Aischas Trost ist, dass es in ihrer Familie nur zwei Männer gibt, und es ihr daher besser geht als ihrer Cousine, die fünf Brüder hat. Steffi erklärt ihrer Freundin zusammenfassend: „Das mit den Männern und Frauen bei euch finde ich sowieso doof…“ und: „Bei uns werden immer zuerst die Frauen bedient.“

Diese Konstruktionen von „Wir“- und „Ihr“-Gruppen prägen das Bild von Normalität, wobei die Mehrheitsgesellschaft als „Wir“-Gruppe den Maßstab vorgibt. Jede Abweichung davon wird von denjenigen, die zur „Wir“-Gruppe gehören, als fremd oder sogar potentiell gefährlich empfunden. Diejenigen, die feststellen, dass sie der „Ihr“-Seite zugerechnet werden, werten dies als Zeichen eines persönlichen Defizits. Die Zuschreibungen wirken somit auf die Selbstwahrnehmung beider Gruppen und schaffen schon in frühem Alter eine Distanz, die später nur mühsam wieder zu überbrücken ist[1].

Doch nicht nur Autor*innen von Schulbüchern beschreiben die Wirklichkeit vor dem Hintergrund der eigenen Normalität und sehen Abweichungen davon als ein Defizit, das behoben werden muss.

4 Staatliche Broschüren schaffen/bekräftigen Differenz

Auch in staatlichen Broschüren wird mitunter das Bild einer Mehrheitsgesellschaft entworfen, die ihr Alltagsleben an idealtypischen Maßstäben ausrichtet und danach lebt. So entwickelte das Bundesamt für Migration und Flüchtlinge (BAMF) eine Broschüre, die Flüchtlingen die Grundrechte erklärt (BAMF-Broschüre 2016 *Das Grundgesetz – Die Basis unseres Zusammenlebens*). Der Text lässt einen auf bestimmten Vorannahmen beruhenden erzieherischen Ansatz erkennen. So wird im Einleitungstext konstatiert, dass den Lesenden viele Dinge fremd und ungewohnt vorkommen werden, dass sie mit einer Vielzahl von Informationen konfrontiert sein werden, die sie nicht einordnen können. Das für die Deutschen wichtige Grundgesetz sei jetzt auch für sie, die Geflüchteten, wichtig und daher würden sie jetzt einige Rechte, aber auch Pflichten kennenlernen. Das Grundgesetz sei mehr als eine Rechtsordnung, heißt es weiter, es stelle die Basis unseres Zusammenlebens dar. „Nur weil die im Folgenden beschriebenen Rechte und Pflichten auch in den Herzen und Köpfen der

1 Solche Arbeitsmaterialien führen zudem dazu, dass auch Kinder, die Minderheiten angehören, gängige Klischees so reproduzieren als redeten sie über Dritte. Möglicherweise ist das ein Weg, doch irgendwie zur „Wir“-Gruppe zu gehören.

Menschen verankert sind, herrschen in Deutschland seit Jahrzehnten Frieden, Freiheit und Wohlstand" (BAMF-Broschüre 2016: 8). Bei Verständnisproblemen hinsichtlich der Grundrechte werden die Alteingesessenen als Ansprechpartner*innen empfohlen, denn auch für sie sei „die Auseinandersetzung mit dem Grundgesetz wichtig und interessant" (ebd.).

Derlei Inhalte stehen im Gegensatz zur Forschungslage: Wiederholt durchgeführte Studien belegen, dass innerhalb der Durchschnittsbevölkerung nicht nur wenig Wissen über Grundrechte vorhanden ist,[2] sondern dass rechtsextreme Auffassungen auch in der sogenannten Mitte der Gesellschaft seit Jahren hohe Zustimmungswerte erreichen[3] und eine erhebliche Einschränkung von Grundrechten für Muslime auch hier befürwortet wird.[4]

5 „Das verstehen wir unter Gleichberechtigung der Geschlechter!"

Die medial verbreitete Angst, die von Geflüchteten gelebten überkommenen Familienformen würden die Errungenschaften der Emanzipation gefährden, schlägt sich auch in der Broschüre des BAMF nieder.

Im einführenden Sachtext zu Artikel 3, Absatz 2 Grundgesetz – Thema Gleichberechtigung – wird vermittelt, was bei „Uns" anders ist als bei den neu Angekommenen (BAMF-Broschüre 2016: 21-24): Frauen können es genauso wie Männer ganz nach oben schaffen (Kanzlerin Merkel beweist das); sie entscheiden selbst über ihren Beruf und ihre Kleidung sowie darüber, wen sie heiraten und ob sie Kinder haben wollen; viele Männer beteiligen sich an den Haushaltspflichten und der Erziehung. Kurzum: Heute haben Frauen dieselben Möglichkeiten wie Männer (BAMF-Broschüre 2016: 23). Die „Frauenbewe-

2 Ein 2011 vom Spiegel durchgeführter, groß angelegter Wissenstest zu deutscher Geschichte und Politik, an dem sich rund 250.000 Menschen beteiligten, kam zu dem Ergebnis: „Einem nicht geringen Teil der Bevölkerung mangelt es an Kenntnissen der Rechts- und Gesellschaftsordnung und der Lebensverhältnisse in Deutschland" (Spiegel Online 2011).

3 Vgl. dazu die Langzeitstudie *Deutsche Zustände* (jährliche Erhebung von 2002-2012; 10 Bände, Suhrkamp Verlag) unter der Führung von Wilhelm Heitmeyer, insbesondere die Presseinformation zur Präsentation der Langzeitstudie unter dem Titel *Das entsicherte Jahrzehnt*; https://www.uni-bielefeld.de/ikg/Handout_Fassung_Montag_1212.pdf [Zugriff: 2.8.2018] sowie die sogenannten „Mitte"-Studien der Friedrich-Ebert-Stiftung, die 2006, 2008, 2010, 2012 und 2014 durchgeführt wurden.

4 Das zeigte sich einer 2010 im Auftrag der Friedrich-Ebert-Stiftung durchgeführten repräsentativen Studie: 58,4 Prozent der Befragten (West 53,9 Prozent, Ost 75,7 Prozent) plädierten dafür, die grundgesetzlich garantierte Religionsfreiheit für Muslime erheblich einzuschränken (Decker, Weißmann, Kiess, Brähler 2019: 134).

gung“ habe ein Umdenken in der deutschen Gesellschaft erreicht und seitdem würden Frauen „nicht länger nur auf die Rolle der Hausfrau und Mutter festgelegt.“[5] (BAMF-Broschüre 2016: 24) Der Text schließt mit einem Hinweis, der die zuvor gemachte Feststellung, die Chancengleichheit der Geschlechter sei bereits hergestellt, wieder auf ein realitätsnahes Niveau bringt: „Auch heute gibt es noch Dinge, die verbessert werden müssen. Der Staat arbeitet aber daran, dass Frauen und Männer in allen Lebensbereichen dieselben Chancen haben – sei es nun im Privatleben, im Beruf oder in der Familie.“ (BAMF-Broschüre 2016: 24). Der in der Broschüre vorgestellte, erfolgreich integrierte Flüchtling distanziert sich von seiner Erziehung und bestätigt damit das negative Bild der Herkunftskontexte, das die Broschüre m.E. transportiert: „Ich wurde so erzogen, dass der Haushalt eine Aufgabe der Frau ist. Meine Frau und ich teilen uns aber die Arbeit. Auch ich wasche das Geschirr, putze, bügele und mache den Einkauf. Ich habe ein schlechtes Gewissen, wenn meine Frau müde nach Hause kommt und ich habe nichts gekocht. Für mich ist es normal geworden, dass ich daheim helfe.“ (BAMF-Broschüre 2016: 22 – Keli, 67 Jahre).

6 Wie werden Geschlechterrollen tatsächlich gelebt?

Der Beantwortung dieser Frage widmete sich eine im Rahmen der DIK II durchgeführte repräsentative Studie mit dem Titel *Geschlechterrollen bei Deutschen und Zuwanderern christlicher und muslimischer Religionszugehörigkeit.* Ausgangspunkt war die Frage, „inwiefern bei der muslimischen Bevölkerung ein Bedarf im Hinblick auf die Förderung von Geschlechtergerechtigkeit besteht“ (BAMF-Broschüre 2014: 5) und ob es einen Zusammenhang zwischen gelebten Geschlechterrollen einerseits und Religionszugehörigkeit, religiöser Praxis und Faktoren wie Bildung und Sprachkenntnissen andererseits gibt (ebd.).[6]

Nach den Ergebnissen stellt Gleichberechtigung bei allen Befragten einen fest verankerten Wert dar und Folgegenerationen lösen sich von den klassischen Rollenbildern der ersten Generation. Zwar erfüllen sowohl praktizierende Christinnen als auch praktizierende Musliminnen tendenziell traditionellere Rollen bei der Hausarbeit, sie sind damit aber sehr zufrieden (BAMF-

5 Vergessen scheint, dass gerade in Westdeutschland die Erwerbsarbeit von Frauen von jeher sehr wechselhaft beurteilt wurde. Je nachdem, ob sie aufgrund von Arbeitskräftemangel erwünscht oder wegen hoher Arbeitslosenzahlen eher unerwünscht war, wurde sie mit positiven oder negativen Attributen belegt.

6 Befragt wurden 3 000 Personen.

Broschüre 2014: 5-7).[7] Je höher der Bildungsgrad der Frauen ist, desto seltener sind sie allein für Haushaltstätigkeiten zuständig; je höher der Bildungsgrad der Männer ist, desto häufiger engagieren sie sich in der Familienarbeit (BAMF-Broschüre 2014: 7).[8] Bei Paaren mit Hochschulabschlüssen sind häufiger beide voll erwerbstätig als bei Paaren ohne Hochschulabschlüsse. Die teilweise geringen, teilweise größeren Unterschiede zwischen christlichen und muslimischen Befragten lassen sich nicht durch die Religionszugehörigkeit erklären (BAMF-Broschüre 2014: 177). Maßgeblich beeinflusst werden traditionellere Einstellungen und Geschlechterrollen hingegen von der Bildung und dem sozialen Status (ebd.). Dementsprechend gibt es zum Teil große Unterschiede zwischen Personen innerhalb einer religiösen Gruppe und große Ähnlichkeiten zwischen Personen unterschiedlicher Religionszugehörigkeit (BAMF-Broschüre 2014: 178).

7 Wunsch nach Erwerbstätigkeit und Hindernisse

Die große Mehrheit der Befragten wünscht sich eine Vollzeit-Erwerbstätigkeit beider Partner (BAMF-Broschüre 2014: 154). Dem stehen verschiedene Faktoren entgegen. Zum einen führt die höhere Anzahl von Kindern unter sechs Jahren im Haushalt muslimischer Familien (im Vergleich zur Mehrheitsbevölkerung) zu einer niedrigeren Arbeitsmarktbeteiligung muslimischer Frauen. Aber auch muslimische Frauen fast aller Herkunftsländer, die aktiv auf Arbeitssuche sind, d.h. dem Arbeitsmarkt definitiv zur Verfügung stehen, weisen eine niedrigere Arbeitsmarktbeteiligung auf – sie sind überdurchschnittlich oft arbeitslos.[9] Als ein Grund kann ein geringes Bildungs- oder Sprachniveau angenommen werden; dadurch allein lässt sich die hohe Zahl jedoch nicht erklären. Mittlerweile ist belegt, dass gerade für Frauen mit religiös motivierter Bekleidung (Kopftuch) hohe Hürden beim Zugang zum Arbeitsmarkt existieren. So zeigt eine Studie von René Gründer und Albert Scherr, dass 45 Prozent der befragten Betriebe keine Auszubildende mit Kopftuch einstellen würden

7 Zufriedenheitswerte zwischen 75 und 91 Prozent.

8 Das zeigte sich einer 2010 im Auftrag der Friedrich-Ebert-Stiftung durchgeführten repräsentativen Studie: 58,4 Prozent der Befragten (West 53,9 Prozent, Ost 75,7 Prozent) plädierten dafür, die grundgesetzlich garantierte Religionsfreiheit für Muslime erheblich einzuschränken (Decker, Weißmann, Kiess, Brähler 2019: 134).

9 Z.B. bis zu 27,7 Prozent der Frauen iranischer Herkunft (ebd.). Die christlichen Befragten hatten einen Migrationshintergrund aus Italien, Rumänien und Polen; die muslimischen Befragten hatten einen Migrationshintergrund aus dem Iran, aus der Türkei, aus Südosteuropa, Südasien, Nordafrika und dem Nahen Osten (BAMF-Broschüre 2014: 5).

(Scherr/Gründer 2011). Die Dunkelziffer dürfte wegen des geringen Rücklaufs deutlich höher liegen.[10] Die Studie *Muslimisches Leben in Nordrhein-Westfalen* (2010) zeigt darüber hinaus, dass Migrant*innen aus Ländern mit mehrheitlich muslimischer Bevölkerung umso häufiger auf staatliche Transferleistungen angewiesen sind, je höher ihr Bildungsabschluss ist. Bei den Frauen ist diese Diskrepanz besonders ausgeprägt: So bezogen 13,4 Prozent der Frauen mit Hauptschulabschluss ausschließlich Transferleistungen, 11,6 Prozent der Frauen mit Mittlerer Reife und 29,7 Prozent der Frauen mit Fachhochschulreife oder Abitur; gut ein Drittel der Frauen trug ein Kopftuch (Ministerium für Arbeit, Integration und Soziales des Landes Nordrhein-Westfalen 2010: 115). Gerade der Gruppe, die die politisch geforderte Bringschuld beglichen hat, wird also überproportional ein gleichberechtigter Zugang zum Arbeitsmarkt verwehrt.

Die Psychologin und Frauenforscherin Birgit Rommelspacher hat dieses Phänomen analysiert. Sie beschreibt es als symptomatisch für die Phase einer Gesellschaft, in der die Multikulturalität nicht mehr geleugnet werden kann und die Neu-Bürger*innen Partizipationschancen einfordern bzw. offensichtlich wird, dass sie sie – an unvermuteter Stelle, z.B. als Lehrer*innen – bereits wahrnehmen. Sie stellt fest, dass es „primär um Verteilungskonflikte in Bezug auf die Teilhabe am Reichtum, auf den Zugang zu Bildung, politischen Einfluss und öffentliche Repräsentanz" (Rommelspacher 2009: 451) geht. Durch die politische und mediale Definition des Kopftuches als Symbol von nicht mit der Verfassung zu vereinbarenden Werten werde festgeschrieben, dass „die Fremden" nicht die gleichen Werte teilten, nicht in die Gesellschaft passten und daher auch nicht die gleichen Rechte für sich reklamieren könnten – ihren berechtigten Ansprüchen werde somit die Legitimität entzogen.

8 Bedarfe muslimischer Familien

Auch muslimische Frauen[11] sehen das Leben zwischen Beruf und Familienleben als zunehmend stressig und fremdbestimmt an. Berufstätige Paare und Alleinerziehende beklagen unflexible Kita-Zeiten, finden den gesetzlichen Anspruch auf Betreuungszeiten für kranke Kinder als zu knapp bemessen. Insbesondere Alleinerziehende brauchen einen größeren finanziellen Bewegungs-

10 Nur 29 Prozent der Betriebe hatten den Fragebogen überhaupt beantwortet (Scherr/Gründer 2011: 4).

11 Grundlage ist eine Befragung unserer Mitglieder im Aktionsbündnis muslimischer Frauen e.V.

spielraum.[12] Ganz oben auf der Wunschliste muslimischer Frauen steht die Reduzierung der Erwerbsarbeit beider Elternteile, damit Mütter und Väter sich wechselseitig um die Kinder kümmern können.[13] Im Hinblick auf die wechselnden Idealbilder eines „Frauenlebens" merken sie kritisch an, dass die starke Propagierung von Ganztagsbetreuung und Vollzeitberufstätigkeit beider Elternteile eher den Interessen der Wirtschaft als denen der Familien dient.

Bei allen Parallelen gibt es aber auch Unterschiede zwischen den Bedürfnissen muslimischer Eltern und jenen der Mehrheitsgesellschaft. Dies gilt insbesondere für jene muslimischen Eltern, die religiös praktizierend sind und/ oder Wert auf eine zweisprachige Erziehung legen. Neben Kita und Schule bleibt nur wenig Zeit für die sprachliche oder religiöse Bildung. Letztere könnte durch einen qualifizierten schulischen islamischen Religionsunterricht unterstützt werden. Damit die Religion nicht irgendwann nur als eine Reihe sinnentleerter Rituale, die keinen Bezug zum eigenen Alltag haben, praktiziert wird, halten es viele Eltern für notwendig, dass ihre Kinder zumindest die Grundlagen der arabischen Sprache erlernen. Ein guter Unterricht kommt jedoch nicht ohne Hausaufgaben und Prüfungen aus; die Vorbereitung dazu muss neben der Schule geleistet werden. Die Vermittlung gelebter Praxis bleibt durch die zeitlich umfangreiche außerhäusliche Betreuung und die Orientierung des gesamten gesellschaftlichen Lebens auf eine Woche, in der in der Regel ausschließlich der Sonntag arbeitsfrei ist, oft auf der Strecke. Der Besuch des Freitagsgebets ist eine Pflicht für muslimische Männer – wann je können Väter ihre Söhne dorthin mitnehmen, wenn der Freitag ein Arbeits- und Schultag ist?[14]

Manche Schulen bieten einen Muttersprachenunterricht in arabischer Sprache, doch nach Auskunft betroffener Eltern hängt die Qualität dieses Unterrichts stark von der Gruppenzusammensetzung unter den Schüler*innen[15]

---

12 Eine der befragten Alleinerziehenden schrieb bzgl. ihrer Situation: „Ich möchte Steuerklasse 3! Steuerklasse 2 fühlt sich an wie eine Strafe für das Nicht-Verheiratet-Sein!"

13 Die Befragten sind durchgängig junge Frauen, von daher spielt die Betreuung von Familienangehörigen keine Rolle.

14 Anregung für ein kurzes Gedankenexperiment: Stellen Sie sich vor, Sie lebten als praktizierender Christ in einem mehrheitlich muslimischen Land. Sie möchten neben dem, was die Mehrheitsgesellschaft an Input gibt, auch Ihre Sprache, Religion und Traditionen weitergeben, müssen oder wollen aber in Vollzeit berufstätig sein. Welchen organisatorischen Aufwand würden Sie betreiben, um beiden Wünschen gerecht zu werden? Würden Sie z.B. Ihre Kinder freitags (dem dortigen schulfreien Feiertag) zu einer Kirchengemeinde bringen, in der die deutsche Sprache gelehrt wird und auch Religionsunterricht stattfindet (so wie in zahlreichen Moscheen in Deutschland am Sonntag)? Wie würden Sie sich fühlen, wenn man Ihnen Ihre Bemühungen dann als Rückzug in eine Parallelgesellschaft und Integrationsunwilligkeit auslegen würde?

15 Bei Befragung unserer Mitglieder im Aktionsbündnis muslimischer Frauen e.V. wurde hinsichtlich des Arabischunterrichts vor allem kritisiert, dass häufig arabischsprachige und berberischsprachige Kinder (zwei völlig unterschiedliche Sprachen) unterschiedlicher Schularten und unterschiedlichen Alters gemeinsam unterrichtet werden.

sowie von der Qualifikation der Lehrkräfte ab; oftmals sind die Lernergebnisse unbefriedigend.[16] Deshalb versuchen viele Eltern einen privaten Unterricht zu organisieren, die Kinder selbst zu unterrichten oder eine Moschee zu finden, in der ein guter Unterricht stattfindet. Außerdem investieren sie Familienzeit, um die Sprachpraxis ihrer Kinder zu erhöhen.

Will man die Wahlfreiheit dieser Eltern im Hinblick auf eine umfangreichere Erwerbsarbeit verbessern, muss es spezifische Lösungen geben, die derzeit noch fern scheinen.

Damit kehre ich zu meiner Eingangsfrage zurück: Kann Familie heute gelebt werden, wie es den Wünschen und Bedürfnissen der Eltern und ihrer Kinder entspricht? Oder haben gesellschaftspolitische, ökonomische und rechtliche Randbedingungen mehr Einfluss auf die Lebensform als kulturelle, religiöse und weltanschauliche Prägungen? Für die – in sich kulturell vielfältige – Gruppe praktizierender muslimischer Familien lässt sich diese Frage eindeutig beantworten: Die Wahl ihrer Lebensweise ist von den äußeren Rahmenbedingungen abhängiger als von ihren eigenen Bedürfnissen.

Der Romanautor Ralf Isau stellte in seinem Roman *Der Herr der Unruhe* sehr treffend fest, dass jede Zeit ihre Gedankenuniformen hat und dies Grund genug ist, ab und zu seine Garderobe zu wechseln. Ich glaube, dass wir dabei sind, uns von uniformen Vorstellungen, wie Familie sein soll, zu lösen. Verschiedene Entwicklungen lassen dies hoffen: Die Forderung der Familienministerin Manuela Schwesig, nicht Familie müsse immer arbeitsfreundlicher, sondern die Arbeit müsse familienfreundlicher werden; die Debatte darüber, dass Familien- und Pflegearbeit aufgewertet werden müssen; und nicht zuletzt die zunehmende Vielfalt von Familienformen selbst. Es wäre schön, wenn irgendwann jede*r aus der Bandbreite der Lifestyle-Varianten die jeweils präferierte wählen kann, ohne sich rechtfertigen zu müssen, wenn sie nicht dem Mainstream entspricht.

Literatur

Becher, Inna/El-Menouar, Yasemin (2014): Geschlechterrollen bei Deutschen und Zuwanderern christlicher und muslimischer Religionszugehörigkeit. Forschungsbericht. Nürnberg: Bundesamt für Migration und Flüchtlinge. – Zitiert als BAMF-Broschüre 2014.

Bundesamt für Migration und Flüchtlinge: Referat Steuerung der Projektarbeit, Integration durch Sport, Informationsmanagement (Hrsg.) (2016): Das Grund-

16 Grundlage ist eine Befragung unserer Mitglieder im Aktionsbündnis muslimischer Frauen e.V.

gesetz – die Basis unseres Zusammenlebens. Nürnberg: Bundesamt für Migration und Flüchtlinge. – Zitiert als BAMF-Broschüre 2016.

Bundesstiftung Magnus Hirschfeld (2017): Familie von morgen. http://fachtagfamilie.mh-stiftung.de. [Zugriff: 17.7.2018].

Brähler, Elmar/Decker, Oliver/Kiess, Johannes/ Weißmann, Marliese (2019): Die Mitte in der Krise. Rechtsextreme Einstellung in Deutschland. Berlin: Friedrich-Ebert-Stiftung.

Gründer, René/Scherr, Albert (2011): Toleriert und benachteiligt. Jugendliche mit Migrationshintergrund auf dem Ausbildungsmarkt im Landkreis Breisgau-Hochschwarzwald. Ergebnisse einer Umfrage unter Ausbildungsbetrieben, Freiburg i.Br.: Pädagogische Hochschule.

Isau, Ralf (2004): Der Herr der Unruhe. München: Ehrenwirth.

Krieg, Deborah (2017): Das Wissen über die Anderen – Fremdzuschreibungen im Kontext von Religionen. In: Cheema, Saba-Nur (Hrsg.): (K)Eine Glaubensfrage. Religiöse Vielfalt im pädagogischen Miteinander. Frankfurt: Bildungsstätte Anne Frank e.V., S. 15-17.

Kölner Stadtanzeiger (2015): Interview mit Manuela Schwesig. Nicht die Familie muss arbeitsfreundlicher werden, sondern die Arbeitswelt familienfreundlicher. https://www.bmfsfj.de/bmfsfj/aktuelles/reden-und-interviews/-manuela-schwesig--nicht-die-familie-muss-arbeitsfreundlicher-werden--sondern-die-arbeitswelt-familienfreundlicher/101582. [Zugriff: 6.11.2018].

Maar, Paul (2011): Kulturen vergleichen: Steffi und Aischa. In: Bruns, Christiane (Hrsg.): TINTO 2-4. 4. Schuljahr – Basisbuch. Berlin: Cornelsen Verlag.

Ministerium für Arbeit, Integration und Soziales des Landes Nordrhein-Westfalen (2010): Muslimisches Leben in Nordrhein-Westfalen. https://www.phil-fak.uni-duesseldorf.de/fileadmin/Redaktion/Institute/Sozialwissenschaften/BF/Lehre/SoSe_2015/Islam/Muslimisches_Leben_in_NRW.pdf [Zugriff: 18.7.2018].

Projektgruppe „Rollenbilder in muslimischen Milieus“ der Deutschen Islam Konferenz (2012): Geschlechterbilder zwischen Tradition und Moderne. Materialien der Deutschen Islam Konferenz zu Rollenbildern und aktuellen rollenbezogenen Fragestellungen. Berlin: Geschäftsstelle der Deutschen Islam Konferenz, Bundesamt für Migration und Flüchtlinge.

Rommelspacher, Birgit (2009): Islamkritik und antimuslimische Positionen am Beispiel von Necla Kelek und Seyran Ates. In: Schneiders, Thorsten Gerald (Hrsg.): Islamfeindlichkeit – Wenn die Grenzen der Kritik verschwimmen. Wiesbaden: Verlag für Sozialwissenschaften, S. 433-456.

Spiegel Online (2011). Angela wer? http://www.spiegel.de/spiegel/a-747218-druck.html [Zugriff: 2.8.2018].

LGBT*Q-Familien[1]: Zwischen Tendenzen der Gleichstellung und fehlender Anerkennung

Mona Motakef, Julia Teschlade, Almut Peukert, Christine Wimbauer

Was eine Familie ist und welche Familienformen gesellschaftliche und rechtliche Anerkennung genießen, sind weiterhin umkämpfte Fragen (vgl. Wimbauer et al. 2018). Auch heute wird unter Ehe und Familie vielfach nur die heterosexuelle „Normal- oder Kleinfamilie" gefasst – bestehend aus Vater, Mutter und ihren leiblichen Kindern. Die Pluralität an Familienformen wird dabei ausgeblendet. Zurückzuführen ist dies auf die in alle gesellschaftlichen Institutionen eingeschriebene Paar- und Heteronormativität, welche die Konstellation der „heterosexuellen Kleinfamilie" stabilisiert. Doch diese Gleichsetzung wird durch sexualpolitische Bewegungen, Gleichstellungstendenzen in der Rechtsprechung, technologische Entwicklung in der Reproduktionsmedizin und nicht zuletzt durch die gelebten Alltagspraxen von LGBT*Q-Familien zunehmend infrage gestellt.

Was die Alltagspraxis betrifft, werden Elternschaft, intime Nahbeziehungen und Familie in vielfältigen Konstellationen verwirklicht: Durch lesbische Paare, die mithilfe eines Samenspenders und/oder einer Eizellspenderin Kinder bekommen; durch schwule Männer, die ihren Kinderwunsch durch Adoption oder Leihmutterschaft verwirklichen; durch Alleinstehende, durch Paare, im Co-Parenting, über eine Pflegschaft oder in einer Mehrelternkonstellation. Zudem erlaubt die Reproduktionsmedizin unterschiedliche Varianten, Kinderwünsche in gleichgeschlechtlichen oder queeren Familien zu realisieren. Allerdings gibt es in Deutschland nach wie vor strukturelle und alltagspraktische Hürden (vgl. ausführlicher Duden in diesem Band). Wollen lesbische Paare ein Kind, ist eine Selbstinsemination mit Spendersamen ebenso denkbar wie eine medizinisch betreute Insemination in einer Kinderwunschklinik.

In Deutschland ist die Durchführung aber nur in wenigen Kliniken möglich, weshalb lesbische Paare häufig Angebote im Ausland nutzen. Für schwule Paare ist eine Familiengründung meist komplizierter und mit wesentlich höheren Kosten verbunden. Ihnen bleibt, neben einer Adoption, meist nur der Weg ins Ausland, um mit einer Leihmutter zu kooperieren (vgl. Teschlade 2018). Leihmutterschaft und auch Eizellspenden sind in Deutschland gesetzlich verboten. Schwule Männer und lesbische Frauen realisieren zum Teil auch

1 LGBT*Q steht für *lesbian*, *gay*, *bi*, *trans** und *queer*.

in Queer- oder Mehrelternfamilien ihren Kinderwunsch. Beim sogenannten *Co-Parenting* gründen mindestens zwei Erwachsene, die kein „Liebespaar" sind, gemeinsam eine Familie und teilen sich die Elternschaft.

Doch öffnet sich die Rechtsprechung zunehmend. Familien mit gleichgeschlechtlichen Eltern stehen seit 2013 unter dem „besonderen Schutze der staatlichen Ordnung", so das Bundesverfassungsgericht in einer Entscheidung zur Sukzessivadoption (vgl. BVerfG 2013: 7). Seit Oktober 2017 können schwule und lesbische Paare den in Artikel 6 des Grundgesetzes besonders geschützten Bund der Ehe schließen und auch erstmals gemeinsam ein Kind adoptieren. Doch trotz dieser Erfolge bestehen viele Ungleichheiten zwischen Familien(-gründungen) von heterosexuellen und homosexuellen Paaren fort: Erwartet ein verheiratetes lesbisches Paar ein Kind, muss das Kind von der Mutter, die das Kind nicht geboren hat, adoptiert werden. Bei heterosexuellen Paaren ist der Ehepartner automatisch der Vater (vgl. Peukert et al. 2018). Mehrelternschaft ist ebenfalls nicht rechtlich abgesichert, obwohl es in vielen Familien mehr als zwei Eltern gibt, die Sorgeverantwortung für Kinder übernehmen.

An der „Ehe für alle" wird auch kritisiert, dass sie gerade nicht „gleiche Rechte für alle" bedeute, sondern nur solche gleichgeschlechtlichen Lebensformen staatlich anerkannt werden, die ausschließlich aus zwei Personen bestehen, die staatlich legitimiert dauerhaft Verantwortung füreinander übernehmen wollen. Lebensformen, die davon abweichen – polyamore Liebes- und Familienbeziehungen, dyadische oder größere Wahlverwandtschaften oder dauerhafte Verantwortungsgemeinschaften wie Freundschaften –, wird weiterhin gesellschaftliche und rechtliche Anerkennung verwehrt.

Seit Januar 2018 erforschen wir in unserem DFG-Projekt *Ambivalente Anerkennungsordnung. Doing reproduction und doing family jenseits der ‚Normalfamilie'*[2] für drei Jahre, wie in LGBT*Q-Familien Kinderwünsche realisiert werden. Wie wird Familie in der Alltagspraxis hergestellt und gelebt? Und was ist eigentlich eine Familie? Anhand von gemeinsamen Paar- und Familieninterviews rekonstruieren wir, welche praktischen und rechtlichen Hürden LGBT*Q-Familien dabei überwinden müssen bzw. mussten, um eine Familie mit Kindern zu gründen. Zudem interessiert uns, welche Erfahrungen der (Un-)Gleichheit und der (un-)gleichen Anerkennung sie in den verschiedensten Bereichen dabei machen. Mit unserem Forschungsprojekt möchten wir dazu beitragen, mehr Sichtbarkeit für die gelebte Vielfalt an Familienformen zu schaffen.

2 Mehr Informationen: https://hu.berlin/VielFam

Literatur

BVerfG (2013): Urteil des Ersten Senats vom 19. Februar 2013 – 1 BvL 1/11 – Rn. (1-110). http://www.bverfg.de/e/ls20130219_1bvl000111.html. [Zugriff: 22. 10.2018].

Peukert, Almut/Mona Motakef, Julia Teschlade/Christine Wimbauer (2018): Soziale Elternschaft – ein konzeptionelles Stiefkind der Familiensoziologie. Neue Zeitschrift für Familienrecht 7, 5, S. 322-326.

Teschlade, Julia (2018): Conceiving before conception: Gay couples searching for an egg donor on their journey to parenthood. In: Sayani Mitra/Tulsi Patel/Silke Schicktanz (Hrsg.): Cross-Cultural Comparisons on Surrogacy and Egg Donation: Interdisciplinary Perspectives from India, Germany and Israel. Cham: Palgrave Macmillan, S. 301-323.

Wimbauer, Christine/Julia Teschlade/Almut Peukert/Mona Motakef (2018): Paar- und Familienbilder der Mitte zwischen Persistenz und Wandel. Eine paar- und heteronormativitätskritische Perspektive. In: Schöneck, Nadine M./Ritter, Sabine (Hrsg.): Die Mitte als Kampfzone. Wertorientierungen und Abgrenzungspraktiken der Mittelschichten. Bielefeld: transcript, S. 125-142.

Unter besonderer Beobachtung: Regenbogenfamilien

Michael Plaß

In Deutschland finden sich die Mitglieder von Familien, die von der Konstellation Vater/Mutter/Kind/Kind abweichen, oftmals in einem Dilemma wieder, denn die „gute" und „richtige" Entwicklung ihres Kindes bzw. ihrer Kinder wird scheinbar automatisch infrage gestellt. Regenbogenfamilien befinden sich unter besonderer Beobachtung und sind aufgrund der elterlichen Homosexualität zudem homophober Diskriminierung ausgesetzt. Dieser Beitrag betrachtet Regenbogenfamilien aus pädagogischer Perspektive und verfolgt dabei zwei Aspekte: Zum einen werden Diskrepanzen zwischen der alltäglichen Rezeption dieser Familienform und den dazugehörigen wissenschaftlichen Forschungsbeiträgen aufgezeigt. Zum anderen wird das zentrale Problem der Homophobie herausgestellt, das die Lebenssituationen in Regenbogenfamilien prägt.[1]

Obwohl die Problematisierungen von Regenbogenfamilien wissenschaftlich bereits seit über 10 Jahren nicht mehr haltbar ist, so werden sie trotzdem weiterhin mit Homophobie konfrontiert – sei es durch journalistische Artikel, kirchliche Dogmen oder politische Manöver. Die Homophobie, der Regenbogenfamilien ausgesetzt sind, ist meist als Sorge getarnt. Eine (scheinbar positiv formulierte, aber dennoch homophobe) „Sorge" ist z.B., dass Lesben, Schwule und Bisexuelle (LSB) aufgrund ihrer Diskriminierungserfahrungen so viel Energie für ihr eigenes Wohlbefinden aufwenden müssen, dass sie sich nicht mehr voll und ganz um das ihrer Kinder kümmern können (vgl. Jansen/Steffens 2006: 644). Es werden aber auch immer wieder unverblümt homophobe Argumentationen geäußert: Schwule Männer seien per se promisk und damit das Familiengefüge von vorneherein instabil (vgl. Mayrhofer 2009: 87). Das Pendant dazu ist: Lesbische Frauen seien männerfeindlich und würden deshalb ihren Kindern männliche Rollenvorbilder vorenthalten, was deren Entwicklung empfindlich beeinträchtigen würde (vgl. Rauchfleisch 2001). Die zweite große „Sorge" ist, dass Regenbogenkinder die mit ihren Eltern assoziierten „Makel" erlernen könnten. Konkret geht es dabei um zwei Ängste: dass sie erstens selbst lesbisch, schwul oder bisexuell werden könnten (vgl. Cara-

---

1 Sämtliche Ausführungen beziehen sich unmittelbar auf die Arbeit *Diskursanalyse zur Sozialisation in Regenbogenfamilien. Homosexualität und Heteronormativität* (Plaß 2012).

pacchio 2009: 61; Mayrhofer 2009: 69; Jansen/Steffens 2006: 648; Streib-Brzič/Gerlach 2005: 178; Eggen 2002; Fthenakis/Ladwig 2002: 2; Rauchfleisch 2001); und dass sie sich zweitens nicht zu „richtigen" Mädchen/Frauen bzw. Jungen/Männern entwickeln würden, sondern geschlechtsuntypische Verhaltensweisen entwickeln könnten (vgl. Carapacchio 2009: 56; Eggen 2002; Gerlach 2010: 215). Als Beispiele dienen der Sohn, der sich gerne Kleider anzieht und einfach „zu weich" ist, auf der einen Seite und die sich prügelnde Tochter, die nie einen Ehemann abbekommen wird, auf der anderen. Die ursprünglich gegen die LSB-Eltern gerichtete Homophobie wird damit auf Regenbogenkinder übertragen.

Wissenschaftliche Forschungsbeiträge der letzten beiden Jahrzehnte haben diese homophoben Befürchtungen nicht nur mehrfach widerlegt, sie haben sogar die Vorteile von Regenbogenfamilien offenbart: Lesben und Schwule sind sehr wohl gute Eltern, weil sie einerseits enorme Widerstände überwinden müssen, um Kinder zu bekommen; sie haben ihren Kinderwunsch also besonders intensiv reflektiert (vgl. Jansen/Steffens 2006: S. 652). Andererseits sind sie ihren Kindern moderne Rollenvorbilder: im Hinblick darauf, wie eine Paarbeziehung egalitär geführt oder wie die Arbeit in der Beziehung gerecht verteilt werden kann. Sie leben dabei jenseits der traditionellen Muster des erwerbstätigen Vaters und der Mutter, die vor dem Problem der Vereinbarkeit von Familie und Beruf steht, weil es diese traditionellen Muster in LSB-Beziehungen schlichtweg nicht geben kann. Regenbogenkinder sind somit in dieser Hinsicht sogar freier in ihrer Entwicklung (vgl. Mayrhofer 2009: 9). Außerdem bescheinigt die Forschung u.a. schwulen Vätern ein außergewöhnlich stark ausgeprägtes Engagement in ihrer Elternrolle (vgl. Fthenakis/Ladwig 2002) und identifiziert die Paarbeziehungen von lesbischen Müttern als besonders egalitär (vgl. Streib-Brzič/Gerlach 2005: 177).

Und auch Regenbogenkinder zeigen in ihrer Entwicklung ausgesprochen wünschenswerte Eigenschaften: Sie sind deutlich sensibler gegenüber Sexismus, besonders kritisch gegenüber scheinbar natürlich gegebenen Rollenvorstellungen und der dazugehörigen Verteilung von Haus- und Erwerbsarbeit. Zudem sind sie offener zu alternativen Lebensentwürfen eingestellt (vgl. Rauchfleisch 2001). Und selbstverständlich sind Regenbogenkinder keineswegs einem größeren Risiko ausgesetzt, Opfer von sexueller Gewalt zu werden (vgl. Fthenakis 2002: 13).

Das eigentliche Problem, mit dem Regenbogenfamilien konfrontiert werden (und das in der Tat die Gefahr birgt, dass Regenbogenkinder Schaden nehmen) ist Homophobie. Homophobie hält sich nach wie vor hartnäckig in den Diskussionen um Regenbogenfamilien, obwohl keine seriösen Forschungsbeiträge existieren, die belegen, dass Lesben und Schwule schlechtere Eltern sind oder sich Regenbogenkinder aufgrund der Sexualität ihrer Eltern in irgendeiner Hinsicht in ihrer Entwicklung benachteiligt sind. Und selbst wenn sich im Vergleich zu den Kindern heterosexueller Eltern tatsächlich mehr Regenbogenkinder lesbisch, schwul oder bisexuell entwickelten oder häufiger geschlechtsuntypische Verhaltensweisen zeigten bzw. sich als trans* identifizieren würden: Es wäre nichts Verkehrtes, Schlimmes oder Falsches daran (vgl. Plaß 2012: 110). Denn das ist gelebte Vielfalt. Die Politik, religiöse Institutionen, Stammtische und der Journalismus sind nach wie vor gefragt, jedwede homophobe Tendenzen tiefgehend zu reflektieren. Denn Homophobie ist keine Meinung.

Im Rahmen des alltäglichen Zusammenkommens von Eltern, Kindern und Jugendlichen in Kitas, Schulen, Sportvereinen, auf Spielplätzen etc. ist die Akzeptanz von verschiedenen Familienformen eine wichtige Voraussetzung für die gelungene Entwicklung aller Kinder einerseits und eine vorbildliche Elternschaft andererseits. Für viele Regenbogenfamilien ist diese Akzeptanz heute allerdings noch eine Wunschvorstellung. Dabei stehen zentrale Werte wie Respekt, Solidarität und Entwicklungschancen Regenbogenfamilien genauso zu wie allen anderen Familienformen. Akzeptanz darf vor Fragen zu Sexualität und Geschlecht genauso wenig Halt machen wie vor anderen zentralen Faktoren des Lebens wie Religion, Herkunft, sozialem Status oder Ethnizität. Denn letztendlich wird die Freiheit einer Gesellschaft nur stets größer, je mehr Menschen an ihr teilhaben können.

Literatur

Carapacchio, Ina (2009): Eine Studie zur Diskriminierung von Kindern Homosexueller und zum Vergleich von Regenbogenfamilien mit heterosexuellen Familien. http://edoc.ub.uni-muenchen.de/9868/1/Carapacchio_Ina.pdf. [Zugriff: 9. 5.2011].

Eggen, Bernd (2002): Papa und Mama sind zwei Männer. http://frankfurt.gay-web.de/hessisch-lesbisch/a_papaundmama.html. [Zugriff: 13.3.2011].

Fthenakis, Wasilios (2000): Gleichgeschlechtliche Lebensgemeinschaften und kindliche Entwicklung. In: Basedow, Jürgen/ Hopt, Klaus J./ Kötz, Heinz/ Dopffel, Peter (Hrsg.): Die Rechtsstellung gleichgeschlechtlicher Lebensgemeinschaften. Tübingen: Mohr Siebeck, S. 351-389.

Fthenakis, Wassilios/ Ladwig, Arndt (2002): Homosexuelle Väter. In: Fthenakis, Wassilios/Textor, Martin (Hrsg.): Mutterschaft, Vaterschaft. Weinheim/Basel: Beltz, S. 118-142.

Jansen, Elke/Steffens, Melanie (2006): Lesbische Mütter, schwule Väter und ihre Kinder im Spiegel psychosozialer Forschung. In: Verhaltenstherapie & psychosoziale Praxis 38, 3, S. 643-656.

Mayrhofer, Ulrike (2009): Kinder in Regenbogenfamilien. Wie entwickeln sich Kinder gleichgeschlechtlich l(i)ebender Menschen in Bezug auf ihre Geschlechtsidentität? Hamburg: Doplomica Verlag GmbH.

Plaß, Michael (2012): Diskursanalyse zur Sozialisation in Regenbogenfamilien. Homosexualität und Heteronormativität. Münster: LIT Verlag.

Rauchfleisch, Udo (2001). Das Familienhandbuch des Staatsinstituts für Frühpädagogik. Lesbische Mütter und ihre Kinder. https://www.familienhandbuch.de/elternschaft/besondere-formen-von-elternschaft/lesbische-mutter-und-ihre-kinder. [Zugriff: 11.3.2011].

Streib-Brzič, Uli/ Gerlach, Stephanie (2005): Und was sagen die Kinder dazu? Gespräche mit Töchtern und Söhnen lesbischer und schwuler Eltern. Berlin: Querverlag.

Familie – das sind wir alle

Susann Rüthrich

Menschen in Familien sorgen sich umeinander, verbringen Zeit zusammen, diskutieren, spielen, lachen, essen zusammen. Familie zu leben ist nicht immer leicht, aber durch die Familie wird vieles leichter. Familie ist für mich dort, wo Menschen füreinander dauerhaft Verantwortung übernehmen. Bei mir zu Hause ist immer viel los: meine drei Kinder sorgen immer für Aktion, Freund*innen und Verwandte kommen und gehen, wir besprechen wer wen wann in die Kita bringt und abholt. Mein Partner, meine Mutter und Schwiegermutter und die Pat*innen meiner Kinder und ihre Partner*innen, Freund*innen und Nachbar*innen – sie alle sind meine Familie. Dabei ist für mich irrelevant, ob sie verheiratet oder verpartnert sind, wen sie lieben, ob sie Kinder haben oder kinderlos sind. Wir alle haben doch eines gemeinsam: die Familie ist für uns das Wichtigste.

Als Mitglied des Ausschusses für Familie, Senioren, Frauen und Jugend ist mir wichtig, dass Familien die Unterstützung bekommen, die sie brauchen, um auch Verantwortung füreinander übernehmen zu können. Pflegezeit, ElterngeldPlus, volles Selbstbestimmungsrecht für Trans*- und Inter*-Personen, Unterhaltsvorschuss, Zusammenhalt in der Gesellschaft oder die Bekämpfung von menschenverachtenden Einstellungen sind Themen, mit denen ich mich täglich beschäftige und an deren Umsetzung und Weiterentwicklung ich arbeite – gemeinsam mit vielen Akteur*innen der Zivilgesellschaft und meinen Kolleg*innen im Deutschen Bundestag, natürlich auch überfraktionell.

Als Kinderpolitikerin beschäftigen mich seit geraumer Zeit Kinder, die in Armut leben. Ich möchte Kinderarmut nicht nur bekämpfen, ich möchte sie abschaffen.

Manche Kinder und Jugendliche haben leider ganz andere Startbedingungen als ihre Altersgenoss*innen – sei es, weil sie aus einem wenig begüterten Hause kommen, weil sie mit einer bestimmten Staatsangehörigkeit geboren werden, weil sie in der Stadt oder auf dem Land aufwachsen, weil sie als Junge oder Mädchen behandelt werden oder weil sie aufgrund ihrer Konstitution und pauschaler Zuschreibungen beeinträchtigt werden. Bis zu tatsächlicher Chancengleichheit ist es noch ein weiter Weg.

Jede*r muss die Chance haben, sich gemäß der eigenen Bedürfnisse zu entwickeln und zu verwirklichen. Dafür muss aber jede*r auch die Chance haben, diese Bedürfnisse artikulieren zu können, ja, sich ihrer überhaupt erst bewusst zu werden. Materielle Einschränkungen, starre Rollenerwartungen und ausschließende Rahmenbedingungen stehen dem oft entgegen.

Dass die Festschreibung der Kinderrechte im Grundgesetz im Koalitionsvertrag der aktuellen Regierung nun endlich ihren Platz gefunden hat, freut mich sehr. Nun heißt es, an deren Formulierung zu arbeiten. Die UN-Kinderrechtskonvention ist dafür der Maßstab. Kinderrechte müssen auf Augenhöhe mit anderen Grundrechten sein. Dass zum Beispiel der Datenschutz immer noch Kinderrechte ausbremst, kann so nicht bleiben. „The best interest of the child“ muss in allen Angelegenheiten, die Kinder betreffen, umgesetzt werden.

Das Mindeste, was Kindern zusteht, ist eine Kindergrundsicherung. Kinder selbst können prinzipiell nichts an ihrer materiellen Situation ändern. Wir können das aber schon.

Um das Einkommen von Eltern müssen wir uns selbstverständlich ebenso kümmern: durch Tariftreue, Vollbeschäftigung, die Vereinbarkeit von Familie und Beruf. Kinder sollten aber nicht warten müssen, bis sie über diese Wege gefördert werden. Vielmehr sollten ihnen selbst staatliche Familienleistungen als selbstverständlicher Anspruch zur Verfügung stehen, ohne sie zu stigmatisieren oder zu beschämen.

Eltern und Kinder benötigen somit zwei Säulen: die monetäre und die strukturelle. Meine Idee der Kindergrundsicherung steht auf zwei starken Füßen:

Die eine Säule bezieht sich auf das Einkommen der Familien. Jede Familie sollte pro Kind ein zu versteuerndes Einkommen oberhalb der Existenzsicherung bekommen. Bei Familien mit hohem Einkommen bliebe nach Abzug der Steuern in etwa eine Summe in Höhe des heutigen Kindergeldes übrig. Bei Familien mit keinem oder wenig Einkommen bliebe alles übrig.

Die zweite, strukturelle Säule ist, dass Kinder ohne Hürden all das nutzen können, was sie zum guten Aufwachsen brauchen – von Kita bis Schule, von gesundem Mittagessen über Hort und Nachhilfe, von ÖPNV bis Sport und Kultur. Es ist ein Kinderrecht bestmöglich gefördert zu werden. Strukturelle Hürden müssen daher – wie das abschließende Beispiel verdeutlicht – reduziert werden:

Zurzeit können Mitarbeiter*innen des Jobcenters auf Antrag der Eltern den Kindern für jeweils kurze Zeiträume 10€-Zuschüsse bewilligen – etwa für Nachhilfe, Mittagsverpflegung oder Sport. Aber was könnte denn schlimmstenfalls passieren, wenn ein Kind diese vorhandenen Angebote einfach nutzt und dann der*die Anbieter*in beim Jugendamt oder einer anderen staatlichen Stelle direkt abrechnet? Dass das Kind zu viel Nachhilfe bekommt und zu gut wird? Dass das Kind Fußball und Gitarre spielen lernt?

Ich fürchte, es ist noch ein langer Weg, bis in Deutschland kein Kind mehr arm ist. Aber die Debatte um eine Lösung ist auf den verschiedenen Ebenen im vollen Gange – und das ist gut so.

Anforderung an eine zeitgemäße Familienpolitik aus der Perspektive des BMFSFJ

Bundesministerium für Familie, Senioren, Frauen und Jugend

1 Familie in der Gegenwart

Familien stehen immer im Zentrum gesellschaftlicher Veränderungen.

Was Familie ist und wie sie gelebt wird, ändert sich ebenso wie die Gesellschaft. Die früher übliche traditionelle Familienform ist heute eine von vielen. Familie ist vielfältig geworden, ebenso wie die Rollen der einzelnen Familienmitglieder. Die meisten Eltern von heute wünschen sich eine partnerschaftliche Beziehung und wollen Zeit für die Kinder und Beruf vereinbaren.

2 Eine zeitgemäße Familienpolitik

Gute Familienpolitik muss sich an die Bedürfnisse der Familien von heute anpassen und gute Rahmenbedingungen für die Familie von morgen setzen. Familienpolitik sollte deshalb auf drei Säulen gegründet sein:

- partnerschaftliche Vereinbarkeit in einer Zeit sich wandelnder Geschlechterrollen;
- passgenaue Familienleistungen, die der Vielfalt von Familien gerecht werden, Kinderarmut bekämpfen und deshalb gerade die Familien mit kleinen Einkommen und Alleinerziehende erreichen;
- Zeit für Familien in einer flexibler werdenden Arbeitswelt.

Immer mehr Menschen fordern Zeit für die Familie und Zeit für den Beruf. Mit dem ElterngeldPlus haben wir bereits einen wichtigen Schritt in diese Richtung unternommen. Das Besondere am ElterngeldPlus ist der Partnerschaftsbonus: Den erhalten Eltern, wenn beide zwischen 25 und 30 Stunden die in der Woche arbeiten. Mit der Reform des Bundeselterngeld- und Elternzeitgesetzes soll der

Partnerschaftsbonus flexibilisiert und Eltern in besonderen Belastungssituationen entlastet werden.

Damit Familien passgenaue finanzielle Unterstützung erhalten, wurden der Grund- und Kinderfreibetrag, das Kindergeld, der Kinderzuschlag und der Entlastungsbetrag für Alleinerziehende angehoben. Erfolge sind zudem beim Unterhaltsvorschuss zu verzeichnen. Seit dem 1. Juli 2017 springt der Staat lückenlos und unbefristet für Kinder ein. Alle Kinder haben ein Recht auf die gleichen Chancen. Unabhängig von ihrer Herkunft, unabhängig vom Einkommen ihrer Eltern. Von Anfang an.

Zu gleichen Chancen gehört auch ein gutes Betreuungsangebot. Bund, Länder, Kommunen und Träger haben in den vergangenen Jahren flächendenkend neue Betreuungsplätze für Kinder unter drei Jahren geschaffen. Mit dem Gute-Kita-Gesetz beteiligt sich der Bund erstmals verlässlich an der Verbesserung der Qualität in der Kindertagesbetreuung und der Kindertagespflege. Jedes Bundesland kann dabei die eigenen Qualitätsschwerpunkte setzen. Mehr Qualität und weniger Gebühren: So unterstützen wir besonders Familien mit kleinen und mittleren Einkommen. Kinderbetreuung muss in Randzeiten noch flexibler werden, um besonders auch Eltern zu helfen, die im Schichtdienst arbeiten. Mit dem Programm KitaPlus fördert das Bundesfamilienministerium Kinderbetreuung in Randzeiten.

Da gute Kinderbetreuung nicht mit dem Schulbeginn aufhören darf, wird ein Rechtsanspruch auf Kinderbetreuung im Grundschulalter verankert – für die Vereinbarkeit von Familie und Beruf ebenso wie für Bildungsgerechtigkeit und Chancengleichheit der Kinder.

3 Resümee

Es ist ein Fortschritt, dass in unserer Gesellschaft immer mehr Menschen leben können, wie und mit wem sie wollen. Daran arbeiten wir auch weiterhin: Die Männer, die nach §175 verurteilt wurden, können seit dem letzten Jahr rehabilitiert werden.

Am 1.10.2017 ist das *Gesetz zur Öffnung der Ehe* in Kraft getreten. Damit wird die Gesetzgebung der gesellschaftlichen Wirklichkeit gerecht, denn auch zuvor lebten bereits circa 10 000 Kinder in Regenbogenfamilien. Viele gleichgeschlechtliche Paare sind bereits heute liebevolle und fürsorgliche Eltern. Die vorherige Rechtslage, wonach gleichgeschlechtliche Paare nicht heiraten durften, war eine Diskriminierung. Sie war nicht mit dem Grundgesetz vereinbar und aus der Sicht vieler Menschen christlichen Glaubens auch nicht mit der Religion.

Wir haben gemeinsam viel erreicht! Politik und Gesellschaft müssen jedoch auch in Zukunft gemeinsam daran arbeiten, dass familiäre Vielfalt in Deutschland diskriminierungsfrei und rechtlich gleichgestellt gelebt werden kann. Dazu sind bei dem Fachtag wichtige Ideen entstanden, die wir gemeinsam umsetzen können.

Bedingungen für Familiengestaltung. Werte, Normen, Recht

Familie: eine selbstverständliche Lebensform? Der soziale Strukturwandel der Familie

Dorett Funcke

1 Einleitung

Über Familie ist in den letzten Dekaden kontrovers diskutiert worden. Die Debatte verlief dabei nicht selten zwischen den beiden Polen der „Dramatisierung und Beschwichtigung" (Burkart 2008: 14). Die einen behaupteten die Familie sei ein Auslaufmodell, in der Krise, im Zerfall begriffen bzw. eine untergehende Lebensform oder sogar eine Zombie-Institution (Beck 2000). Die andere Seite vertrat die Auffassung, Familie sei „unverwüstlich" (Allert 1998). Es handele sich keineswegs um einen Niedergang der Familie, sondern bei all den Veränderungen, die Ehe und die Familie betreffen, um einen ganz normalen Strukturwandel. Um diesen nun schon seit Jahrzehnten widersprüchlich geführten „familienzentrierten Krisendiskurs" (Burkart 2002: 397) geht es im Beitrag. Es ist zwar ersichtlich, dass neben der institutionellen Verknüpfung von Liebe, Zusammenleben, lebenslanger Ehe, exklusiver Monogamie und biologischer Elternschaft andere Lebensformen als Alternative zugenommen haben, aber von einem „Deinstitutionalisierungsprozess der Familie" (Tyrell 1988: 145f.) kann nicht die Rede sein: Nicht nur sind den Menschen heute laut einer Befragung im Rahmen des Sozio-oekonomischen Panels (SOEP, 2015) die Familie und die Kinder nach der Gesundheit am wichtigsten (vgl. Wagner et al., FAZ, 27.1.2017) und geben laut der Shell Jugendstudie (Hurrelmann, Albert & Quenzel, 2010) 76 Prozent der Jugendlichen an, eine Familie zum Glücklichsein zu brauchen; sondern es wächst auch immer noch die Mehrzahl der minderjährigen Kinder in Deutschland (77 Prozent) mit einem verheirateten Elternpaar auf (vgl. Peuckert 2012: 343).

2 Der Strukturwandel der Familie seit den 1950er- und 1960er-Jahren

Seit den 1950er- und 1960er-Jahren, dem sogenannten *Golden Age of Marriage*, einer Zeit, in der die bürgerliche Familie (verheiratet, Kind, Mann berufstätig) die weitverbreitetste Lebensform war, hat sich ein Wandel der Familie vollzogen. Dieser Strukturwandel der Familie war unübersehbar, auch wenn er innerhalb der Debatte um die Familie unterschiedlich bewertet wird. Die Ergebnisse der Umfrageforschung aus der Hochzeit der bürgerlichen Familie in der Mitte des 20. Jahrhunderts spiegeln diesen Wandel deutlich wider. Während heute jedes dritte Paar geschieden wird, sich der Anteil der Ledigen im traditionellen Familienalter beinahe verfünffacht hat (vgl. Peuckert 2012: 14), die Anzahl der „Ehen ohne Trauschein" sprunghaft gestiegen ist und elterliche Beziehungen im Verwandtschaftsnetz von „Deine-meine-unsere-Kinder"-Konstellationen (Beck 2000) – wenn auch nicht der Normalfall, wie Beck behauptet – so doch auch keine Seltenheit sind, verweisen die Daten für die Mitte des 20. Jahrhunderts auf eine „institutionelle Verfestigung des bürgerlichen Familientyps" (Peuckert 2012: 16). Kinderlos blieben damals nur jeder zehnte Mann und jede zehnte Frau der Geburtsjahrgänge 1929 bis 1931. 90 Prozent der Kinder unter sechs Jahren lebte mit seinen leiblichen und verheirateten Eltern zusammen (Schmidt-Relenberg 1965). Und nur jedes zwanzigste Kind wurde nichtehelich geboren (vgl. ebd.). Eine Umfrage zu Beginn der 1960er-Jahre spiegelte die ungebrochen hohe Bedeutung der Ehe wider. Noch neun von zehn Männern und Frauen hielten „die *Institution Ehe* grundsätzlich für notwendig (Köcher 1985). Auch unter Jugendlichen gehörte die Heirat selbstverständlich zu dem, was man sich für die eigene Zukunft vorstellte. Die meisten Menschen sahen in der Ehe eine dauerhafte und verpflichtende Bindung und wünschten sich, dass die Ehescheidung möglichst erschwert werden sollte oder dass Ehen generell unlösbar sein sollten" (Peuckert 2012: 24). Die Wahrscheinlichkeit, dass ein damals 18-jähriger Mann bzw. eine 16-jährige Frau heiratete betrug 96 bzw. 95 Prozent (ebd.: 17). Wie stark die Orientierung am Muster der bürgerlichen Familie war, zeigt deutlich auch eine in den 1960er-Jahren durchgeführte Befragung unter Abiturientinnen. Fast alle, 93 Prozent, antworteten auf die Frage „‚Möchten Sie als Mutter von Kindern noch berufstätig sein?' mit einem entschiedenen ‚nein' (Schmidt-Relenberg 1965)" (ebd.: 16). Und selbst in einer Studie aus den 1990er-Jahren gaben mit Ausnahme von nur wenigen Jugendlichen alle an, einmal Kinder haben zu wollen. Neun von zehn der Befragten sprachen sich auch dafür aus, dass eine Frau verheiratet sein sollte, wenn sie ein Kind bekommt (Allerbeck und Hoag 1985).

Seit dem Ende des Goldenen Zeitalters der bürgerlichen Familie Ende der 1960er-Jahre hat sich der institutionelle Rahmen, in dem ein Paar in einer

Zweierbeziehung zusammenlebt und auch der Übergang vom Paar zur Familie vollzogen wird, stark geändert. Auffällig sind vor allem zwei große Veränderungen. Zum einen differenzierte sich der Bereich der sozialen Lebensformen zunehmend in einen Familien-Sektor und in einen Nicht-Familien-Sektor aus (vgl. Peuckert 2012: 155). So nahm insbesondere die Anzahl nichtfamilialer Haushalte zu: kinderlose Ehepaare, Alleinlebende (Singles), Wohngemeinschaften, kinderlose *Living-Apart-Together*-Beziehungen, nichteheliche Lebensgemeinschaften, etc. Zum anderen veränderte sich die Struktur der familialen Lebensgemeinschaft zulasten der „Normalfamilie". Auch wenn Familienformen wie die Alleinerziehenden-Familie, die nichteheliche Familie mit Kindern, die Stief-, Adoptiv- oder Pflegefamilie nicht neu waren, so war es doch ihr zahlenmäßiger Anstieg. Eine Trendwende im Hinblick auf die Zunahme alternativer Familienformen, deren Spektrum sich durch die gleichgeschlechtliche Familie und die sogenannte Inseminationsfamilie[1] erweitert hat, ist im Moment nicht sichtbar. So kann festgehalten werden: Nicht der „Familiensinn" ist den Menschen abhandengekommen, sondern neben der Familie haben andere private Lebensformen an Bedeutsamkeit gewonnen.

3 Ehe und Familie als überkommene Lebensformen? Argumente gegen die Verfallsdiagnose

Die demografischen Veränderungen (wie Geburtenrückgang, Ehescheidungen, spätere Heiraten[2]) und die Zunahme alternativer Lebensformen (wie uneheliches Zusammenleben mit oder ohne Kindern) werden gerne als Symptome für eine Krise von Ehe und Familie gedeutet. Im Folgenden werden einige Argumente genannt, die eine optimistischere Lesart ermöglichen und die Deutung vom vermeintlich *dramatischen* Strukturwandel privater Lebensformen relativieren.

1 Es handelt sich hierbei um Paare, die sich ihren Kinderwunsch aufgrund von Unfruchtbarkeit mithilfe eines medizintechnischen Verfahrens aus dem Bereich der Reproduktionsmedizin erfüllen. Der Begriff der Insemination meint die künstliche Befruchtung mit dem Samen des (Ehe-)Mannes (homologe Insemination) oder mit dem eines fremden Mannes (Samenspende – heterologe Insemination) (vgl. u.a. Funcke 2011, 2014).

2 Das Heiratsalter, so das Bundesinstitut für Bevölkerungsforschung (BiB), ist innerhalb der letzten zwei Jahrzehnte um rund 4,5 Jahre gestiegen. 1990 heirateten Männer im Durchschnitt mit 27,9 Jahren, Frauen im Durchschnitt mit 25,2 Jahren. Männer im Jahre 2012 waren bei ihrer ersten Eheschließung im Durchschnitt 32,2 Jahre, Frauen 29,9 Jahre alt. Als Gründe werden längere Ausbildungszeiten, andere Karrierewege und die gestiegene Akzeptanz alternativer Lebensentwürfe genannt (vgl. Jansen, FAZ, 30.10. 2014).

Ehe und Familie: Wenn Paare Kinder bekommen, dann wird – besonders in Westdeutschland – immer noch häufig geheiratet. 70 Prozent der insgesamt 8,1 Millionen Familien mit mindestens einem minderjährigen Kind waren im Jahr 2013 Ehepaare. 20 Prozent waren Alleinerziehende. 10 Prozent lebten in einer nichtehelichen Lebensgemeinschaft bzw. in einer (wenn auch wesentlich seltener) gleichgeschlechtlichen Lebensgemeinschaft (vgl. Peuckert 2015: 14). Aus der Perspektive der Kinder gilt: Von den insgesamt 13 Millionen minderjährigen Kindern wachsen gut drei Viertel (76 Prozent) bei einem verheirateten Elternpaar auf. 17 Prozent wachsen nur bei einem Elternteil auf, 7 Prozent bei einem Paar, das nicht verheiratet ist. Waren im Jahr 2005 Paare verheiratet, dann hatten sie mehrheitlich zwei oder drei Kinder (vgl. Burkart 2008: 33). Betrachtet man die Paare, die mit Kindern zusammenleben, einmal unabhängig davon, ob sie verheiratet sind, so zeigen quantitative Forschungsergebnisse, „dass die biologische Zwei-Elternfamilie […] der dominierende Typus ist, [auch wenn] andere Familienformen wie Alleinerziehende, Stieffamilien und vor allem Patchworkfamilien bedeutsame Familienformen sind" (Feldhaus/Huinink 2011: 77, zit. n. Nave-Herz 2014: 15). Diese nüchternen Zahlen belegen, dass keineswegs davon die Rede sein kann, „dass die Menschen sich massenhaft von Ehe und Familie abwenden" (Burkart 2008: 36). Die Kernfamilie ist –auch wenn sie nur eine unter zahlreichen anderen Lebensformen ist – doch immer noch die häufigste.

Alternative Lebensformen sind eine Übergangsphase: Zwar wird heute im Vergleich zur Blütezeit der bürgerlichen Familie in den 1950er- und 1960er-Jahren zunehmend in Alternativen zu Ehe und Familie gelebt, aber in der Regel ist dies begrenzt auf eine bestimmte Lebensphase. Nur vorübergehend wird in einer Wohngemeinschaft, allein, zusammen aber unverheiratet (mit oder ohne Kinder) oder als Paar getrennt lebend gelebt. Die Pluralität alternativer Lebensformen ist in dem Zeitraum zwischen dem Auszug aus dem Elternhaus und der Gründung einer eigenen Familie am größten. „Bei den jüngeren Gruppen (bis 25) dominiert dagegen das Leben in der Herkunftsfamilie, bei den Älteren (ab 30) dominiert das Leben in einer selbst gegründeten Familie" (Burkart 2008: 35).

Der Anteil der Alleinlebenden hat nur leicht zugenommen: Wer heute in einem Haushalt allein lebt, ist nicht unbedingt ein Single, auch wenn diese Gleichsetzung oft erfolgt, da Statistiken über Haushaltsformen als Grundlage für die zahlenmäßige Darstellung der Lebensformen genommen werden (vgl. Engstler/Menning 2003).[3] Weder die Haushaltsstatistik noch die indifferente Einstellung gegenüber der Ehe können als Ausdruck einer Vereinzelung oder gar einer Beziehungslosigkeit gedeutet werden.[4] Dass wir es in Deutschland

---

3 Zu den Fehlinterpretationen der Statistik vgl. auch Burkart 2008: 28ff.

4 Vom Statistischen Bundesamt werden regelmäßig Zahlen über die Haushaltsformen erhoben (vgl. z. B. Hrsg. 2006). Inzwischen hat das Statistische Bundesamt aber das Konzept der Lebensformen in den Mikrozensus aufgenommen (vgl. Mikrozensus 2009).

mit einer Singlegesellschaft zu tun haben, ist eine irrige Behauptung. Menschen, die heute im Familienalter sind, leben weder gern allein, noch wollen sie auf eine feste Partnerschaft verzichten. In einer Befragung aus dem Jahr 2006 gaben drei von vier allein, ohne eine_n Partner_in Lebenden an, darunter zu leiden, nicht in einer festen Beziehung zu leben (vgl. Schmidt et al. 2006). In einer, wenn auch schon etwas älteren, Infratest-Befragung (2001) schloss nur ein geringer Anteil der Alleinlebenden eine feste Partnerschaft aus, lediglich 6 Prozent der Männer und 12 Prozent der Frauen (vgl. Peuckert 2015: 31).

Demografische Entwicklungen anders interpretiert: Günter Burkart hat an ausgewählten Entwicklungen gezeigt, dass diese keineswegs ausschließlich als Zeichen für einen krisenhaften Verlauf gedeutet werden müssen. So kann z.B. der starke Rückgang der Geburtenrate auch das Gegenteil von einer Abkehr der Elternschaft bedeuten. Weniger Kinder seien auch als Ausdruck einer „gesteigerten elterlichen Verantwortlichkeit“ (ebd. 2008: 27) zu deuten. Auch sind die Zahlen, die zeigen, dass heute später als früher geheiratet wird nicht als ein Prozess der Destabilisierung der Ehe zu interpretieren. Ein Eheaufschub kann auch bedeuten, dass die Ehe heute wichtiger geworden ist, die Ansprüche an die Ehe gestiegen sind, mit der Folge, länger mit einer Ehe zu warten und den_die Partner_in sorgfältiger auszuwählen. Auch hohe Scheidungszahlen sind nicht als ein Hinweis auf eine zunehmende Desintegration zu werten. Genau das Gegenteil ist der Fall. Die Menschen haben heute ein klares Modell vom Gelingen einer Ehe-Beziehung. Sobald ihre Ehe nicht diesen für sie gültigen Kriterien entspricht, verbleiben sie nicht in der Beziehung, sondern lassen sich scheiden. Hohe Ansprüche an die Qualität einer Beziehung führt dazu, dass die „Trennungsschwelle niedriger“ (Schmidt et al. 2006: 33) wird und man sich die eheliche Zufriedenheit in einer nachfolgenden Ehe erhofft (vgl. Furstenberg 1987).

Hohe Wiederverheiratungsquote: Der hohe Stellenwert, der einer Ehe für das persönliche Glück beigemessen wird, zeigt sich auch in der hohen Zahl an Wiederverheiratungen. Im Vergleich zu Ledigen haben geschiedene Personen die höhere Heiratserwartung (Peuckert 2012: 338). Geschiedene im Alter von ca. 30 Jahren heiraten in Deutschland mit einer 75-prozentigen Wahrscheinlichkeit ein zweites Mal. „Im Alter von 40 ist dann ein Rückgang auf 50 Prozent und im Alter von 60 ein Rückgang auf 9 Prozent zu verzeichnen (vgl. ebd.). Auch wenn die Menschen heute im Zuge einer Liberalisierung der Gesellschaft die Ehe nicht mehr wie in früheren Zeiten ideologisch verteidigen, so werden Ehe und auch Familie „weiterhin praktisch bevorzugt“ (Burkart 2008: 38). Allgemein kann man mit Blick auf die hohe Wiederverheiratungsquote festhalten, dass die Menschen nicht mit dem Modell der Ehe als solchem unzufrieden sind, sondern „nur“ mit der konkreten Ehe. Der Unterschied, ob ein Scheitern ein Modell falsifiziert oder ob dieses Scheitern bedeutet, dass

---

Die amtliche Statistik hat so bessere Möglichkeiten, Lebensformen von Haushaltsformen zu unterscheiden.

eine konkrete Lebenspraxis gescheitert ist, wird in den Sozialwissenschaften zu wenig berücksichtigt (vgl. Oevermann, 2014: 43).

Die vermeintlich krisenhafte Entwicklung, die der Familie mit Blick auf die Daten der letzten Jahrzehnte gerne bescheinigt wird, erscheint auch dann weniger dramatisch, wenn ein anderer Vergleichspunkt als die 1950er- und 1960er-Jahre gewählt wird. Wählt man die vorindustrielle Zeit als Ausgangspunkt, dann wird vor allem ersichtlich, dass es manche Entwicklungen und Phänomene der letzten Jahrzehnte schon im Mittelalter und der Neuzeit gegeben hat, etwa eine hohe Anzahl an Ledigen, Kinderlosen und Alleinerziehenden. Auch hat man in den früheren Jahrhunderten in großer Zahl in Stieffamilien gelebt, in sogenannten „Konsensehen" (Liebesehen), unverheiratet mit Kind(ern) und ebenso in Zweit- und Drittehen.[5] Gleichwohl die damaligen Lebensformen den heutigen Lebensverhältnissen nicht entsprechen und auf ganz andere Ursachen zurückzuführen sind – wie ökonomische Probleme, geringe Lebenserwartung, Heiratsverbote oder Bedingungen der Agrarstruktur, die eine Wiederverheiratung „erzwangen" – hat es früher schon eine Vielzahl anderer Lebensformen als die biologische Zwei-Elternfamilie gegeben.

4 Familie am Ende?

Die Frage des französischen Historikers André Burguière, ob man denn glauben könne, „dass es morgen mit der Familie zu Ende sein wird?" (ebd. 1998: 294), kann man also aus zeitdiagnostischer Perspektive keineswegs bejahen. Hierfür sprechen auch die folgenden Befunde. Zum einen wurden die Kernaussagen zum demografischen Wandel korrigiert. Weder vom Aussterben der Deutschen noch von einem Bevölkerungsrückgang kann mehr gesprochen werden (vgl. IW-Studie 2017). Sowohl der aktuellste Demografiebericht (2011) als auch die neueste Bevölkerungsberechnung (vgl. Statistisches Bundesamt Wiesbaden 2017) verweisen auf Zuwanderung und steigende Geburtenzahlen. Auch wurden seit den 1950er- und 1960er-Jahren – der Hochzeit der bürgerlichen Familie – nicht mehr so viele Kinder geboren wie heute. Derzeit zeichnet sich für den Geburtsjahrgang 1980 eine Geburtenrate von 1,6 Kindern ab (vgl. Astheimer, FAZ, 2.2.2017).

Zum anderen belegt eine Studie für einen Kulturraum mit südwestdeutschen Mentalitätsmustern[6], dass „junge Frauen […] ihre beruflichen Ansprüche zugunsten ihrer Kinder zwar nicht aufgeben, aber zurückstellen, wenn

5 Trutz von Trotha spricht hier auch von einer „Wiederkehr einer Vielfalt" (von Trotha 1994: 55).

6 Gemeint ist Südwestdeutschland, die Deutschschweiz und Vorarlberg (vgl. Hildenbrand 2015: 27).

Kinder da sind. Ihrer Auffassung nach gehören Kinder unter drei Jahren in die Familie und Schulkinder außerhalb der Schulzeit in das familiäre Umfeld" (Hildenbrand 2011: 27). Des Weiteren zeigt sich: Wenn Erzieher_innen streiken, so springen in den meisten Fällen die Großeltern ein. Eine ungewollte Folge von Streiks in Kindergärten ist, dass Generationenbeziehungen, aber auch Abhängigkeiten der Generationen voneinander gestärkt werden (vgl. Funcke/Hildenbrand 2018: 196). Und nicht zuletzt haben Kinder bzw. junge Erwachsene „sehr genaue Vorstellungen, wer zur Familie und zur Verwandtschaft gehört und wer nicht. Sie unterscheiden dabei strikt zwischen biologischer und sozialer Verwandtschaft" (Mason und Tipper 2008, zit. n. Hildenbrand 2011: 30). Das zeigt auch die manchmal lebenslang andauernde Suche von Heim- oder Adoptivkindern nach ihren leiblichen Eltern. Ähnliche Befunde sind aus der Stieffamilienforschung und aus der Forschung über Entwicklungsverläufe von „Spendersamenkindern" bekannt (vgl. Funcke 2012). Der Bezugspunkt bleibt die Kernfamilie, die bestimmt ist durch ihre klassischen Regelkomplexe von Abstammung und Blutsverwandtschaft – und das wird besonders dort deutlich, wo Kinder mit einer „fragmentierten Elternschaft" (Hoffmann-Riem 1988) aufwachsen.

Wie resistent die Familie ist, wie erfolgreich sie sich Wandlungsprozessen widersetzt und wie stabilitätssichernd sie in krisenhaften Zeiten gewirkt hat, haben zahlreiche, vor allem historische Studien belegt (vgl. Ginsborg 2014, Hareven 1999, Imhof 1983). Der Blick in die Geschichte sensibilisiert für die vielfältigen Strategien und aktiven Anpassungsleistungen, mit denen Familie auf Einflüsse, Anforderungen und Zumutungen aus der Umwelt reagiert (vgl. Funcke 2015: 105-108). „Familie ist unmodern", so hat es Frank Schirrmacher einmal formuliert. Sie widersetze sich der Modernisierung. Sie sei „die Institution unserer globalisierten Welt, die wohl bis ans Ende der Tage – solange Affekte die Menschen regieren und Kinder unselbständig auf die Welt kommen – niemals gänzlich modernisierbar sein wird" (Schirrmacher, 2006: 53). Familie, so Michael Winkler, „hat mit Fortschritt nichts zu tun" (2015: 56). Oder in den Worten des französischen Historikers André Burguière: „Nicht nur verändern sich die Familienstrukturen mit größerer Langsamkeit, vielmehr sind sie eigentlich dazu da, der Veränderung zu widerstehen, ihre Aufgabe ist das Tradieren und Reproduzieren" (Burguière 1998: 292). Solange Kinder noch in Familien hineingeboren werden und sich der Zusammenhang von Sozialisation in der Familie, emotional-affektiver Zuwendung, Zweigeschlechtlichkeit, Einhaltung des Inzesttabus und Generationenabfolge nicht vollständig auflöst, kann von einem Ende der Familie nicht die Rede sein.

Literatur

Allerbeck, Klaus/Hoag, Wendy J. (1985): Jugend ohne Zukunft? Einstellungen, Umwelt, Lebensperspektiven. München: Piper.

Allert, Tilmann (1998): Die Familie. Fallstudien zur Unverwüstlichkeit einer Familie. Berlin, New York: De Gruyter.

Astheimer, Sven (2017): Deutschland schrumpft nicht mehr. In: Frankfurter Allgemeine Zeitung, 02.02.2017.

Beck, Ulrich (2000): Freiheit statt Kapitalismus. http://www.zeit.de/2000/15/2000 15.beck_sennett_.xml. [Zugriff: 10.5.2018].

Bundesministerium des Innern (2011): Demografiebericht 2011. http://www.demografie-portal.de/SharedDocs/Downloads/DE/BerichteKonzepte/Bund/Demografiebericht_Bundesregierung.pdf?__blob=publicationFile&v=4. [Zugriff: 15. 9.2018].

Burgière, André/Klapisch-Zuber, Christiane/Segalen, Martine/Zonabend, Françoise (1998): Wie weiter mit der Familie? In: Dies. (Hrsg.): Geschichte der Familie. 20. Jahrhundert. Frankfurt/New York: Campus, S. 285-294.

Burkart, Günter (2002): Stufen der Privatheit und die diskursive Ordnung der Familie. In: Soziale Welt 53, 4, S. 397-413.

Burkart, Günter (2008): Familiensoziologie. Konstanz: UVK.

Engstler, Heribert/Menning, Sonja (2003): Die Familie im Spiegel der amtlichen Statistik. Lebensformen, Familienstrukturen, wirtschaftliche Situation der Familien und familiendemografische Entwicklung in Deutschland. Bonn: Bundesministerium für Familie, Senioren, Frauen und Jugend in Zusammenarbeit mit dem Statistischen Bundesamt.

Funcke, Dorett (2011): Familiale Beziehungsgestaltung unter der Bedingung von Gleichgeschlechtlichkeit und Fremdsamenspende. Die „Idee der Gleichheit" und ihre Grenzen. In: Sozialer Sinn. Zeitschrift für hermeneutische Sozialforschung 12, 2, S. 193-217.

Funcke, Dorett (2012): „Ich will wissen, wer er ist". Geheimnisse und Nichtwissen im Leben von Spendersamenkindern. In: Familiendynamik 37, 3, S. 168-177.

Funcke, Dorett (2014): Soziale Konstruktion von Elternschaft und Verwandtschaft am Beispiel einer gleichgeschlechtlichen Familie. In: Sozialer Sinn. Zeitschrift für hermeneutische Sozialforschung 14, 2, 309–339.

Funcke, Dorett (2015): Familie – ein Fluchtpunkt in einer ökonomisierten Arbeitswelt? Strategien der Beschleunigung und Formen von Gegenbewegungen in Familien. In: Großkopf, Steffen/Winkler, Michael (Hrsg.): Das neue Misstrauen gegenüber der Familie. Kritische Reflexionen. Würzburg: Ergon, S. 92-114.

Funcke, Dorett/Hildenbrand, Bruno (2018): Ursprünge und Kontinuität der Kernfamilie. Eine Einführung in die Familiensoziologie. Wiesbaden: VS Verlag.

Furstenberg, Jr, F. Frank (1987): Fortsetzungsehen. In: Soziale Welt 38, 1, S. 29-39.

Ginsborg, Paul (2014): Die geführte Familie. Hamburg: Hoffmann & Campe.

Hareven, Tamara (1999): Familiengeschichte, Lebenslauf und sozialer Wandel. Frankfurt/M.: Campus.

Hoffmann-Riem, Christa (1988): Fragmentierte Elternschaft: Technologischer Fortschritt und familiale Verarbeitung. In: Lüscher, Kurt (Hrsg.): Die „postmoderne" Familie: Familiale Strategien und Familienpolitik in einer Übergangszeit. Konstanz: UVK.

Hurrelmann, Klaus/Albert, Mathias/Quenzel, Gudrun (2010): Jugend 2010. 16. Shell Jugendstudie. http://s05.static-shell.com/content/dam/shell-new/local/country/deu/downloads/pdf/youth-study-2010flyer.pdf. [Zugriff: 15.9.2018].

Imhof, Arthur E. (1985): Die verlorenen Welten – Alltagsbewältigung durch unsere Vorfahren – und weshalb wir uns heute so schwer damit tun. München: C.H. Beck.

Institut der deutschen Wirtschaft Köln (2017): Perspektive 2035. Wirtschaftspolitik für Wachstum und Wohlstand in der alternden Gesellschaft. https://www.iwkoeln.de/fileadmin/publikationen/2017/348207/IW_Studie_Perspektive_2035_Web.pdf. [Zugriff: 15.9.2018].

Jansen, Johannes (2014): Deutschlands Paare heiraten immer später. In: Frankfurter Allgemeine Zeitung, 30.10.2014.

Köcher, Renate (1985): Einstellungen zu Ehe und Familie im Wandel der Zeit. Stuttgart.

Oevermann, Ulrich (2014): Sozialisationsprozesse als Dynamik der Strukturgesetzlichkeit der ödipalen Triade und als Prozesse der Entstehung von Neuem. In: Garz, Detlef/Zizek, Boris (Hrsg.): Wie wir zu dem werden, was wir sind. Wiesbaden: VS Springer, S. 15-69.

Peuckert, Rüdiger (2012): Familienformen im Wandel. Wiesbaden: VS Verlag.

Peuckert, Rüdiger (2015): Das Leben der Geschlechter. Frankfurt/New York: Campus Verlag.

Rahden, Till van (2017): Eine Welt ohne Familie. Über Kinderläden und andere demokratische Heilsversprechen. In: WestEnd 14, 2, S. 3-26.

Schirrmacher, Frank (2006): Minimum. München: Karl Blessing Verlag.

Schmidt, Gunter et al. (2003): Beziehungsformen und Beziehungsverläufe im sozialen Wandel. In: Zeitschrift Sexualforschung 16, 3, S. 195-231.

Schmidt, Gunter et al. (2006): Spätmoderne Beziehungswelten. Wiesbaden: VS Verlag.

Schmidt-Relenberg, Norbert (1965): Die Berufstätigkeit der Frau und die Familie in den Leitbildern von Abiturientinnen. In: Soziale Welt 16, 2, S. 133-150.

Statistisches Bundesamt (2006): Leben in Deutschland. Haushalte, Familien und Gesundheit – Ergebnisse des Mikrozensus 2005.

Statistisches Bundesamt (2010): Mikrozensus 2009. https://www.destatis.de/DE/Publikationen/Qualitaetsberichte/Bevoelkerung/Mikrozensus2009.pdf?__blob=publicationFile. [Zugriff: 15.9.2018].

Statistisches Bundesamt (2017): Bevölkerung Deutschland bis 2016. https://www.destatis.de/DE/PresseService/Presse/Pressekonferenzen/2015/bevoelkerung/Pressebroschuere_Bevoelk2060.pdf?__blob=publicationFile. [Zugriff: 15.9.2018].

Trotha, Trutz von (1994): Pluralisierung familialer Lebenswelten? Einleitung. In: Soziologische Revue, Sonderheft 3 „Soziologie familialer Lebenswelten“, S. 55-60.

Tyrell, Hartmann (1988): Ehe und Familie: Institutionalisierung und Deinstitutionalisierung. In: Lüscher, Kurt/Schultheis, Franz/Wehrspaun, Michael (Hrsg.): Die „postmoderne“ Familie: familiale Strategien und Familienpolitik in einer Übergangszeit. Konstanz: UVK Verlag, S. 145-156.

Wagner, Gert et al. (2017). Was den Menschen wichtig ist. In: Frankfurter Allgemeine Zeitung, 27.1.2017.

Schöne neue Familienvielfalt. Bemerkungen aus protestantischer Sicht

Gerhard Schreiber

Das Bedürfnis nach Familie wird es wohl immer geben. Aber wie Familie gelebt wird, ist vielfältig. Diese Vielfalt führt auch deshalb zu Spannungen und Konflikten, da die Vorstellungen davon, wie Familie zu leben ist, von religiösen Prägungen und Werthaltungen mit beeinflusst werden. Der Strukturwandel der Familie in den letzten Jahrzehnten und die neue Vielfalt der Familienformen stellen daher nicht nur für moderne Familienpolitik eine Herausforderung dar, sondern gleichermaßen auch für theologisches Denken und kirchliches Handeln.

Das noch weit verbreitete traditionelle Verständnis von Familie als einer durch die Ehe begründeten, dauerhaften Lebensgemeinschaft einer Mutter und eines Vaters mit gemeinsamen leiblichen Kindern entspricht immer weniger der gelebten gesellschaftlichen Realität. Diese traditionelle Kernfamilie wurde in der bundesverfassungsgerichtlichen Rechtsprechung folglich auf einen erweiterten Begriff von Familie – den der tatsächlich gelebten Familienformen und -beziehungen – hin transzendiert. Die Ehe ist nicht mehr die erforderliche Voraussetzung für Elternschaft und für die „in der Hausgemeinschaft geeinte engere Familie" (BVerfG 1981) im Sinne des Art. 6 GG. In dessen Schutzbereich stehen vielmehr „alle Formen gelebter Eltern-Kind-Beziehungen" (Kirchenamt der EKD 2013: 47). Familie ist also, mit den Worten des Zukunftsforums Familie (ZFF) gesprochen, „überall dort, wo Menschen dauerhaft füreinander Verantwortung übernehmen, Sorge tragen und Zuwendung schenken" (Zukunftsforum Familie 2005: 6).

Dieser erweiterte Familienbegriff, mit dem die bundesverfassungsgerichtliche Rechtsprechung auf Veränderungen der familiären Wirklichkeit reagiert, stellt Theologie und Kirche vor die Frage, inwieweit die veränderte gesellschaftliche und rechtliche Realität von Ehe und Familie auch theologisch zu reflektieren ist und entsprechende Handlungsperspektiven für die kirchliche Praxis zu entwickeln sind. Ich verstehe es als Kennzeichen und Stärke protestantischen Denkens, sich gesellschaftlichen Realitäten und gesellschaftspolitischen Diskursen nicht zu verschließen. Indem die eigenen Glaubenstraditionen im Kontext neuzeitlichen Denkens und Handelns entfaltet und in unserer von politischem und religiösem Meinungspluralismus geprägten, ausdifferenzierten, modernen Gesellschaft argumentativ verantwortet werden, vermögen

Theologie und Kirche Orientierung auch für die Auseinandersetzung mit Aufgaben und Herausforderungen heutiger Zeit zu geben. Das breite Spektrum, die Vielfalt heutiger Familienformen gilt es nicht als Bedrohung zu fürchten, sondern im Lichte protestantischer Freiheit zu schätzen.

Die rechtliche Anerkennung der Existenz intersexueller Menschen durch Einführung einer dritten positiven Eintragungsoption von Geschlecht neben „männlich" und „weiblich" im Personenstandsregister (vgl. BVerfG 2017; Schreiber 2017) wird von enormer Bedeutung auch für das bürgerlich-rechtliche Verständnis von Ehe und Familie sein. Vor diesem Hintergrund ist zunächst festzuhalten, dass die uns heute so vertraut erscheinende Vorstellung der Zweigeschlechtlichkeit des Menschen keine zeit- und kulturübergreifende Konstante darstellt, sondern sich in Europa erst in der Neuzeit als Folge gesellschaftsstruktureller Entwicklungen als nahezu unhinterfragte Sicht auf das menschliche Geschlecht durchgesetzt hat (vgl. Karle 2014: 105-111).

Gewiss: Zur Zeugung eines Kindes bedarf es der Verschmelzung zweier haploider Gameten, Eizelle und Spermium. Im Verlauf der weiteren pränatalen und postnatalen Entwicklung des Kindes ist das Vorhandensein oder die Anwesenheit beider „genetischer Eltern" allerdings weder unabdingbare Voraussetzung noch ein exaktes Spiegelbild tatsächlicher gesellschaftlicher Verhältnisse: Eine ganze Generation von Kindern wurde allein von Kriegerwitwen großgezogen, die Zahl alleinerziehender Eltern wächst seit den 1960er-Jahren ständig weiter an.

Aus der Anerkennung intersexueller Menschen erwächst nach meinem Dafürhalten ein überzeugendes Argument dafür, den alltagsweltlichen und rechtlichen Wandel des Verständnisses von Ehe und Familie auch im theologischen Kontext nachzuvollziehen und von der Reflexion über die strukturelle Gestalt von Ehe und Familie hin zur Reflexion über deren tatsächlich gelebte Gestaltung überzugehen. Der Versuch einer produktiven Rezeption des erweiterten Familienbegriffs im theologischen Kontext findet sich in der viel diskutierten Orientierungshilfe Zwischen Autonomie und Angewiesenheit (2013) der Evangelischen Kirche in Deutschland (EKD). „Protestantische Theologie unterstützt", wie die Mitglieder der Ad-hoc-Kommission konstatieren, „das Leitbild der an Gerechtigkeit orientierten Familie, die in verlässlicher und verbindlicher Partnerschaft verantwortlich gelebt wird" (Kirchenamt der EKD 2013: 55). Familie werde durch die verlässliche, generationsübergreifende Wahrnehmung von familiären Fürsorgebeziehungen konstituiert. Ausschlaggebend sei nicht die äußere Form familiärer Beziehungen, sondern vielmehr, dass sich in ihnen „Menschen in Freiheit und verlässlich aneinander binden, füreinander Verantwortung übernehmen und fürsorglich und respektvoll miteinander umgehen" (Kirchenamt der EKD 2013: 141). Familie wird also nicht mehr strukturell oder institutionell, sondern über die Beziehungsqualität real gelebter Gemeinschaftsformen definiert. Die gelebte Wirklichkeit von Familie ist nun aber in der Tat durchaus vielfältiger als die traditionelle Form der Kernfamilie: Vater, Mutter, Kind(er).

Bei diesem Perspektivwechsel geht es nicht um eine Gleichmacherei aller Formen des auf Dauer hin angelegten menschlichen Zusammenlebens, sondern darum, sich für weitere Formen verantwortlichen familiären Zusammenlebens zu öffnen, ohne Ehe und Familie im traditionellen Sinne zu entwerten. Durch die Erweiterung des Ehe- und Familienverständnisses würde vielen Menschen etwas gegeben werden, ohne anderen – zumindest objektiv betrachtet – etwas zu nehmen. Die vielleicht schwierigste Aufgabe kirchlicher Äußerungen bestünde dann darin, dafür Sorge zu tragen, dass dies auch die Menschen subjektiv empfinden, die nicht von dieser Erweiterung betroffen sind. In jedem Fall gibt es keinen Grund, intersexuellen Menschen familiäre Rechte und Pflichten in irgendeiner Beziehung abzusprechen oder den Zugang zu Eheschließung und Trauung zu verwehren. Ganz im Gegenteil.

Literatur

BVerfG, Beschluss des Ersten Senats vom 10. November 1981 – 1 BvR 894/78 (BVerfGE 59, 52-63).

BVerfG, Beschluss des Ersten Senats vom 10. Oktober 2017 – 1 BvR 2019/16.

Karle, Isolde (2014): Liebe in der Moderne. Körperlichkeit, Sexualität und Ehe. Gütersloh: Gütersloher Verlagshaus.

Kirchenamt der EKD (Hrsg.) (2013): Zwischen Autonomie und Angewiesenheit. Familie als verlässliche Gemeinschaft stärken. Gütersloh: Gütersloher Verlagshaus.

Schreiber, Gerhard (2017): Geschlecht als Leerstelle? Zur Verfassungsbeschwerde 1 BvR 2019/16 gegen die Versagung eines dritten Geschlechtseintrags. In: Ethik und Gesellschaft, Nr. 1, S. 1-29. http://www.ethik-und-gesellschaft.de/ojs/index.php/eug/article/view/1-2017-art-7. [Zugriff: 27.03.2018].

Schreiber, Gerhard (2019): Geschlecht außer Norm. Zur theologischen Auseinandersetzung mit geschlechtlicher Vielfalt am Beispiel von Intersexualität. In: Koll, Julia/Nierop, Jantine/Schreiber, Gerhard (Hrsg.): Diverse Identität. Interdisziplinäre Annäherungen an das Phänomen Intersexualität, Hannover: Studienzentrum der EKD für Genderfragen in Kirche und Theologie (Schriften zu Genderfragen in Kirche und Theologie, Bd. 4) (im Erscheinen).

Zukunftsforum Familie (Hrsg.) (2005): Politik für die Vielfalt der Familie. Familienpolitische Grundlagen des ZFF. Bonn: ZFF.

Familie im Wandel – Vielfalt im Recht

Konrad Duden

Wie wir als Familien zusammenleben und wie wir Konflikte in der Familie lösen, wirft immer auch rechtliche Fragen auf.[1] Viele solcher Fragen sind schon lange relevant und bleiben dies unverändert, denn auch in Zukunft werden viele Familien dem Bild der ehelichen Kleinfamilie entsprechen. Besonders brisant ist jedoch die rechtliche Behandlung von Familien, die von diesem Bild abweichen und deren Gründung früher aus gesellschaftlichen oder medizinischen Gründen nicht denkbar war. Besonders zwei Entwicklungen sind zu nennen: die zunehmende Anzahl gleichgeschlechtlicher Eltern und die Zeugung von Kindern mittels moderner Reproduktionsmedizin. Es handelt sich um getrennte Phänomene, die jedoch häufig zusammen auftreten.

Im Fokus dieses Beitrags steht die Abstammung, also die Frage, wie das Recht Kinder in solchen Familien Eltern zuordnet. Es soll dargestellt werden, inwiefern das deutsche Recht in den verschiedenen Familienformen eine gelebte Elternschaft rechtlich nachempfindet und anerkennt.

Die rechtliche Fassung homosexueller Paarbeziehungen und deren Gleichstellung mit heterosexuellen Paaren sollen hingegen für den Moment in den Hintergrund treten. Zunächst liegt dies daran, dass eine rechtlich formalisierte Paarbeziehung keine Voraussetzung für eine Familie ist: Familie ist vielmehr dort, wo Kinder sind. Des Weiteren hat der Gesetzgeber im Jahre 2017 in überraschender Geschwindigkeit die Ehe für Personen des gleichen Geschlechts geöffnet (vgl. Gesetz zur Einführung des Rechts auf Eheschließung für Personen gleichen Geschlechts v. 20.7.2017, BGBl. I 2017, 2787). Jetzt stellen sich in diesem Kontext daher vorrangig technische Folgefragen, die in einem interdisziplinären Kontext von geringerem Interesse sein dürften.

Für diejenigen, die eine Vielfalt der Familienformen begrüßen, hält das deutsche Recht ein gemischtes Bild bereit. Die aktuelle Rechtslage ist noch stark traditionell geprägt (dazu unter 2.). Ihr Leitbild ist klar die natürliche Zeugung innerhalb einer heterosexuellen Beziehung. Bei Abweichungen von diesem Leitbild drohen Unsicherheiten und Hürden bei der Familiengründung. Der traditionell geprägten, aktuellen Rechtslage stehen jedoch verschiedene Entwicklungen gegenüber, die auf eine wachsende Vielfalt hindeuten. Zu nennen sind dabei bereits erfolgte Reformen im Ausland sowie internationale Sachverhalte, die liberaleres ausländisches Recht ins Inland tragen (dazu unter

---

1 Die Vortragsform des Beitrags wurde weitestgehend beibehalten.

3.). Beide Umstände erhöhen mittelbar den Druck auf den deutschen Gesetzgeber, weshalb vielfach Reformen diskutiert werden (dazu unter 4.).

1 Abstammung als rechtliche Frage

Zunächst ist eine terminologische Klärung vonnöten. Grundsätzlich ist im Folgenden Elternschaft als rechtliche Elternschaft zu verstehen. Bei dieser Form der Elternschaft muss es sich nicht um eine schlichte Nachempfindung der genetischen Abstammung handeln. Rechtliche Eltern sind vielmehr die Personen, denen das Recht die Rolle einer Mutter oder eines Vaters zuschreibt.

Die rechtliche Elternschaft ist zu unterscheiden von anderen Grundlagen der Elternschaft, insbesondere der leiblichen Elternschaft und der sozialen Elternschaft. Die leibliche Elternschaft erklärt sich grundsätzlich von selbst, lässt sich jedoch hinsichtlich der Mutterschaft in die genetische Mutterschaft und die – auf Schwangerschaft und Geburt basierende – biologische Mutterschaft untergliedern. Die soziale Elternschaft bezieht sich auf die tatsächliche Übernahme der Elternverantwortung (vgl. § 1600 Abs. 3 S. 1 BGB). Sie beschreibt die tatsächlichen primären Bezugspersonen des Kindes.

Häufig fallen die verschiedenen Formen der Elternschaft zusammen. So sind die rechtlichen Eltern meist auch die leiblichen Eltern und ziehen das Kind tatsächlich auf, sind also ebenso die sozialen Eltern. Dies ist allerdings nicht zwingend. Gerade in den Fällen, die Herausforderungen für das Abstammungsrecht darstellen, gibt es häufig keinen Gleichlauf und war ein solcher auch nie beabsichtigt. Die Differenzierung der Grundlagen der Elternschaft ist daher hier von entscheidender Bedeutung.

2 Restriktives deutsches Recht

2.1 Leibliche Abstammung als Leitbild der rechtlichen Abstammung

Das geltende deutsche Abstammungsrecht orientiert sich sehr an der leiblichen Abstammung. Mutter ist gemäß § 1591 BGB die Frau, die das Kind ausgetragen und geboren hat. Diese Vorschrift wurde erst im Jahre 1998 eingeführt (vgl. Gesetz zur Reform des Kindschaftsrechts v. 16.12.1997, BGBl. I 1997, 2942). Bis dahin war man davon ausgegangen, dass die Mutterschaft selbstverständlich feststand. Aufgrund der Schwangerschaft und Geburt war nach außen klar erkenntlich, wer die leibliche Mutter war. Eine Alternative zu ihrer Mutterschaft war undenkbar. Das Merkmal der rechtlichen Mutterschaft war noch deskriptiv und nicht normativ überformt.

Durch die In-vitro-Fertilisation wurde es jedoch in den 1970er-Jahren möglich, dass eine Frau eine fremde Eizelle austrägt. So kamen erstmals Zweifel an der rechtlichen Elternschaft der Gebärenden auf. Um diese zu beseitigen, wurde die genannte Vorschrift eingeführt. Die Vorschrift sollte jedoch nicht nur Unklarheiten bezüglich der rechtlichen Mutterschaft beseitigen, sondern auch Eizellenspenden und Leihmutterschaften entgegenwirken, die wenige Jahre vorher verboten worden waren (vgl. Gesetz zum Schutz von Embryonen v. 13.12.1990, BGBl. I 1990, 2746). Ein Austragen fremder Eizellen und eine damit einhergehende sogenannte „gespaltene Mutterschaft" sollten verhindert werden (vgl. BT-Drs. 13/4899, 52).

Im Gegensatz zur Mutterschaft war die Bestimmung der Vaterschaft schon immer von Unsicherheit geprägt – sowohl bezüglich der leiblichen als auch der rechtlichen Vaterschaft. Die Bestimmung der rechtlichen Vaterschaft basiert daher auf indirekten Tatbeständen. Ist die Mutter verheiratet, ist ihr Ehemann der rechtliche Vater, § 1592 Nr. 1 BGB. Ist die Mutter unverheiratet, wird derjenige der Vater, der mit Zustimmung der Mutter die Vaterschaft anerkennt, §§ 1592 Nr. 2, 1595 Abs. 1 BGB. Besteht nach diesen Vorschriften keine Vaterschaft, so kann die Vaterschaft des genetischen Vaters gerichtlich festgestellt werden, §§ 1592 Nr. 3, 1600d BGB. Grundlage der Vorschriften soll sein, dass die Tatbestände eine Vermutung zugunsten der leiblichen Vaterschaft begründen (vgl. Gernhuber/Coester-Waltjen 62010: § 52 I 1 Rn. 1). So ist es wahrscheinlich, dass der Ehemann der Mutter beziehungsweise derjenige, der die Vaterschaft anerkennt, auch genetischer Vater ist.

Die Verrechtlichung der genetischen Wahrheit wird als Ziel der Vaterschaftsvorschriften angesehen. Die Bedeutung der genetischen Vaterschaft sieht man auch daran, dass der genetische Vater grundsätzlich die Vaterschaft anfechten kann, wenn ein anderer rechtlicher Vater ist, §§ 1600ff. BGB. Gegenmodell der ursprünglichen Abstammung ist die Adoption. Auf sie sind diejenigen verwiesen, die nach dem Abstammungsrecht keine ursprüngliche Elternschaft begründen können.

2.2 Herausforderungen für das geltende Abstammungsrecht

Die zunehmende Vielfalt der gelebten Familienformen stellt das bestehende Abstammungsrecht vor Herausforderungen. Verschiedene Familienformen versperren sich dem Ansatz, dass eine rechtliche Elternschaft grundsätzlich nur bei genetischer Verwandtschaft ohne Adoption möglich sein soll. Dies betrifft insbesondere die Elternschaft gleichgeschlechtlicher Paare und die assistierte Reproduktion. Bei Beiden ist häufig von Anfang an eine Elternschaft beabsichtigt, die nicht der genetischen Abstammung entspricht. Nutzt etwa ein lesbisches Paar eine Samenspende, soll meist die Partnerin der Gebärenden und nicht der Samenspender zweiter Elternteil werden.

Derartige Planungen berücksichtigt das bestehende Recht nicht. Eine gemeinsame Elternschaft gleichgeschlechtlicher Eltern bedarf immer der Adoption durch mindestens einen Elternteil, § 1741 BGB bzw. § 9 Abs. 7 LPartG. So muss in dem genannten Fall die lesbische Partnerin die Mutterschaft durch eine Stiefkindadoption erwerben.

Auch auf die assistierte Reproduktion ist das bestehende Recht nur bedingt eingestellt. Beispielsweise war ein Samenspender bis vor Kurzem nicht grundsätzlich von dem Erwerb der rechtlichen Elternschaft ausgeschlossen, selbst wenn die Samenspende anonym über eine Reproduktionsklinik erfolgte. Bis zum 1.7.2018 konnte die rechtliche Vaterschaft des Samenspenders gerichtlich festgestellt werden – einschließlich umfassender Unterhalts- und Erbansprüche –, sofern nicht bereits ein Anderer rechtlicher Vater war, etwa aufgrund einer Ehe mit der Mutter (vgl. BT-Drs. 18/11291, 35). Nunmehr verhindert dies der neue § 1600d Abs. 4 BGB.

Schwierigkeiten wirft für das deutsche Recht auch die Leihmutterschaft auf, die im deutschen Recht verboten ist, § 1 Abs. 1 Nr. 7 ESchG. Wird im Ausland eine Leihmutterschaft durchgeführt und sind die Wunscheltern mit dem Kind inzwischen nach Deutschland zurückgekehrt, so kann sich die Abstammung gemäß Art. 19 Abs. 1 EGBGB nach deutschem Recht richten.[2] Danach sind stets die Leihmutter und gegebenenfalls ihr Ehemann die Eltern. Die Wunscheltern sind auf eine Adoption verwiesen. Ob die Leihmutter das Kind überhaupt aufziehen will oder ob das Kind seit der Geburt jemals bei ihr lebte, spielt keine Rolle.

2.3 Punktuelle Öffnung im geltenden deutschen Recht

Schon jetzt gibt es allerdings punktuell Entwicklungen hin zu einem konstruktiven Umgang mit den genannten Herausforderungen beziehungsweise Ausnahmen von der restriktiven Grundlinie.

Ein erstes Beispiel für einen offeneren Umgang mit gleichgeschlechtlicher Elternschaft ist die Entscheidung des Bundesverfassungsgerichts zur Sukzessivadoption (vgl. BVerfG v. 19.2.2013 – Az. 1 BvL 1/11 und 1 BvR 3247/09, NJW 2013, 847). Vor dieser Entscheidung war für gleichgeschlechtliche Paare

2 Siehe ausführlich zu diesen Fällen: Duden 2015.

nur eine Stiefkindadoption möglich. Ein*e Partner*in musste also ursprünglicher Elternteil sein. Ansonsten konnte nur eine*r von beiden das Kind allein adoptieren. Eine spätere Adoption durch den*die zweite*n Lebenspartner*in – eine sogenannte Sukzessivadoption – war unzulässig. Das Bundesverfassungsgericht erklärte dieses Verbot der Sukzessivadoption für verfassungswidrig. Wie auch in zahlreichen anderen Entscheidungen forderte das Gericht eine Gleichbehandlung gleichgeschlechtlicher Lebenspartner*innen mit Ehepaaren.

Seit der Öffnung der Ehe für Personen gleichen Geschlechts im Jahre 2017 sind gleichgeschlechtliche Paare nunmehr im Adoptionsrecht mit verschiedengeschlechtlichen Paaren gleichgestellt: Auch gleichgeschlechtliche Ehepaare können Kinder gemäß § 1741 Abs. 2 BGB gemeinsam adoptieren (vgl. Helms 2018: 34).

Ein weiteres Beispiel für eine Öffnung des geltenden Rechts betrifft die Leihmutterschaft, ist aber unbeabsichtigter Natur. Ist die Leihmutter nicht verheiratet, kann der Wunschvater die Vaterschaft anerkennen, § 1592 Nr. 2 BGB. Ob er auch der genetische Vater des Kindes ist, spielt dabei keine Rolle (vgl. Palandt-Brudermüller 782019: § 1592 BGB Rn. 4). Wie auch sonst bei der Vaterschaftsanerkennung ist eine Anerkennung auch als „genetische Lüge“ wirksam (vgl. Palandt-Brudermüller 782019: § 1598 BGB Rn. 2).

Durch diese Option öffnet sich das deutsche Abstammungsrecht zwar ein Stück weit der Leihmutterschaft. Die Option verstärkt jedoch gleichzeitig die Ungleichbehandlung mit dem zweiten Wunschelternteil – sei es ein Mann oder eine Frau. Da die Mutterschaft der Gebärenden, also der Leihmutter, zwingend ist (vgl. § 1591 BGB), muss der andere Wunschelternteil stets ein Adoptionsverfahren durchlaufen.

2.4 Fazit

Bei den genannten Beispielen einer Öffnung des deutschen Abstammungsrechts handelt es sich um Ausnahmen, die die Regel bestätigen. Es bleibt dabei, dass im deutschen Recht der Umgang mit gleichgeschlechtlichen Eltern und assistierter Reproduktion schwierig ist und vielfach eine Adoption vonnöten ist.

Hintergrund der Schwierigkeiten ist die politische Brisanz der Themen. Auf die gleichgeschlechtliche Elternschaft schlägt sich der allgemeine politische Widerstand gegen eine umfängliche Gleichstellung homosexueller Paare nieder. Bei Ehe und Adoption ist eine Gleichstellung zwar erfolgt. Bei der Familiengründung und Abstammung bestehen jedoch Hindernisse fort.

Bezüglich der assistierten Reproduktion besteht ein allgemeiner Unwille des Gesetzgebers, zu diesem Thema tätig zu werden. Das Recht der assistierten

Reproduktion ist in Deutschland nur sehr unzulänglich geregelt (vgl. Günther/Taupitz/Kaiser 22014: 12). Es bestehen nur einzelne Verbote verschiedener reproduktionsmedizinischer Verfahren. Eine umfassende, konsistente Regelung der zulässigen Verfahren einschließlich der Folgefragen etwa im Abstammungsrecht existiert nicht – anders als beispielsweise in Österreich, dem Vereinigten Königreich oder Spanien.[3] Viele Einzelaspekte sind zudem nicht durch den Gesetzgeber geregelt, sondern durch Richtlinien der Bundesärztekammer – deren demokratische Legitimierung für die Regelung solch fundamentaler Fragen der Familiengründung sehr fraglich ist (vgl. Löhnig/Plettenberg 2015: 13, 23f.).

Wie man das geltende Recht bewertet, hängt davon ab, was man als Ziel des Abstammungsrechts sieht und wie man zu gleichgeschlechtlicher Elternschaft und Reproduktionsmedizin steht. Widersetzt man sich der Gleichstellung homosexueller Paare und der Nutzung der Reproduktionsmedizin und wünscht man sich vom Abstammungsrecht eine rechtliche Nachempfindung der genetischen Herkunft, so wird man die Vorbehalte des geltenden Rechts begrüßen. Fordert man jedoch eine Gleichstellung homosexueller Paare und befürwortet die Reproduktionsmedizin, so ist die Rechtslage enttäuschend.

Eine Enttäuschung ist die Rechtslage allerdings auch dann, wenn man die Aufgabe des Abstammungsrechts darin sieht, die soziale Realität nachzuempfinden und Familien, die tatsächlich gelebt werden, auch unabhängig von einer genetischen Abstammung rechtlich zu verfestigen und zu schützen. Meines Erachtens sollte dies das vorrangige Ziel eines modernen Abstammungsrechts sein: Tatsächlich gelebte Familien grundsätzlich rechtlich nachzuempfinden. Entscheidend spricht für eine rechtliche Anerkennung der Schutz des Kindes, also das Kindeswohl, das im Abstammungsrecht ein besonders wichtiger Faktor ist. Für das Kind ist es wichtig, dass seine tatsächlichen primären Bezugspersonen auch rechtlich als solche anerkannt werden, zumindest wenn sie von Anfang an diese Rolle wahrnehmen beziehungsweise wahrnehmen sollen.[4]

Auch die Gleichbehandlung der Kinder gebietet es, dass ihre rechtliche Stellung nicht aufgrund der Umstände ihrer Geburt oder der Gleichgeschlechtlichkeit ihrer Eltern geschwächt ist. Dieses Gleichheitsgebot spricht auch dann gegen die Notwendigkeit einer Adoption, wenn nach der Adoption die rechtliche Stellung des Kindes dieselbe ist wie bei einer ursprünglichen Abstammung. Der Europäische Gerichtshof für Menschenrechte hat in Bezug auf uneheliche Kinder entschieden, dass die Tatsache, dass nach einer Adoption die

---

3 Österreich: Fortpflanzungsmedizingesetz 1992; Vereinigtes Königreich: Human Fertilisation and Embryology Act 1990 bzw. Human Fertilisation and Embryology Act 2008; Spanien: Ley 35/1988 sobre Técnicas de Reproducción Asistida bzw. nunmehr Ley 14/2006 sobre Técnicas de Reproducción Humana Asistida.

4 Gerade für die Kinder kann der Umweg der Adoption häufig erhebliche Schutzlücken aufreißen, etwa wenn sich die Wunscheltern vor der Adoption trennen oder versterben. Vgl. Duden 2018.

Rechtsstellung des Kindes identisch ist, die Ungleichbehandlung nicht rechtfertigt, sondern – umgekehrt – die Diskriminierung des Kindes gerade verdeutlicht. Schließlich ist der Umweg der Adoption nur deshalb notwendig, weil das Kind – im damaligen Fall – unehelich geboren wurde (vgl. EGMR v. 13.6.1979 – Az. 6833/74 – Marckx v. Belgien, NJW 1979, 2449 [2453 Rn. 55]).

Legt man diesen Maßstab an, stellt sich das bisherige deutsche Abstammungsrecht im Umgang mit den Herausforderungen gleichgeschlechtlicher Elternschaft und assistierter Reproduktion vielerorts als ungenügend dar. Eine Vielfalt der Familienformen wird bisher nicht gefördert, sondern gebremst.

3 Ausländisches Recht

Auch wenn sich das bestehende deutsche Recht diesen neuen Familienformen und Arten der Familiengründung eher verschließt, gibt es doch internationale Entwicklungen, die nahelegen, dass es zukünftig zu einer weitergehenden Öffnung gegenüber gleichgeschlechtlicher Elternschaft und assistierter Reproduktion kommen könnte. Es handelt sich bei diesen Entwicklungen um eine zunehmend liberalere Gesetzgebung im Ausland und um hiesige Gerichtsentscheidungen, durch die das ausländische Recht sich vermehrt in Deutschland auswirkt.

3.1 Öffnung im ausländischen Recht

In einigen westeuropäischen Ländern sind Verfahren der assistierten Reproduktion weitergehend zulässig als in Deutschland: So ist etwa in Österreich und Spanien die Eizellspende zulässig (vgl. zu Österreich: Ferrari 2015: 195; zu Spanien: Ferrer Riba 2015: 233ff.); in Großbritannien und Griechenland die Leihmutterschaft (vgl. zu Großbritannien: Scherpe 2015: 313; zu Griechenland: Zervogianni 2015: 216). Häufig geht die umfassendere Zulässigkeit der Reproduktionsmedizin mit einer Gleichstellung homosexueller Paare einher. Beides schlägt sich im Abstammungsrecht nieder.

Einige Länder – so etwa die Niederlande, Großbritannien und Österreich – haben eine sogenannte Duo- oder Co-Mutterschaft eingeführt (vgl. zu den Niederlanden: Reuß 2015: 140ff.; zu Großbritannien: Scherpe 2015: 309f.; zu Österreich: Ferrari 2015: 193). Nutzt in diesen Ländern ein lesbisches Paar eine Samenspende, so erwirbt die Ehefrau beziehungsweise Lebenspartnerin der

Gebärenden ebenfalls eine Elternstellung. Sind die beiden nicht verheiratet, so kann sie die Elternschaft anerkennen. Es ist somit eine ursprüngliche Elternschaft beider Partnerinnen ohne den Umweg einer Adoption möglich.

Die Länder, die Leihmutterschaft erlauben, ermöglichen es zudem, dass die Wunscheltern entweder automatisch oder aufgrund spezifischer, verkürzter Verfahren die Elternschaft erwerben (vgl. zu Großbritannien: Scherpe 2015: 314ff.; zu Griechenland: Zervogianni 2015: 221f.). In Großbritannien betrifft dies auch Fälle, in denen die Wunscheltern ein gleichgeschlechtliches Paar sind (vgl. Scherpe 2015: 314f.).

Die zunehmende Öffnung des ausländischen Rechts gegenüber gleichgeschlechtlicher Elternschaft und Reproduktionsmedizin führt zu einem gewissen Druck auf den deutschen Gesetzgeber, sich mit diesen Fragen auseinanderzusetzen und eventuell das deutsche Recht ihnen gegenüber zu öffnen. Vielfach wird im öffentlichen Diskurs das hiesige restriktive und lückenhafte Recht mit dem Recht anderer westeuropäischer Staaten verglichen.

3.2 Öffnung durch internationale Sachverhalte

Dass ausländisches Recht häufig vom deutschen Recht abweicht, bleibt keine abstrakte Beobachtung, denn es verschärft hierzulande nicht nur den Reformdruck, sondern hat auch unmittelbare Auswirkungen. So erstrecken sich die Wirkungen des ausländischen Rechts teilweise auf Deutschland. Dies betrifft hiesige Fälle mit internationalen Bezügen: Beispielsweise eine im Ausland durchgeführte Leihmutterschaft deutscher Wunscheltern oder eine im Ausland durchgeführte Befruchtung einer deutschen Frau in einer lesbischen Partnerschaft.

3.2.1 Leihmutterschaft

Bei einer Leihmutterschaft stellt sich dabei die folgende Frage: Wenn ein deutsches Paar im Ausland eine Leihmutterschaft durchführt und das ausländische Recht die Wunscheltern als rechtliche Eltern ansieht, sind sie dann auch aus Sicht des deutschen Rechts die Eltern? Oder „verlieren“ sie bei der Rückkehr nach Deutschland ihre Elternstellung?[5]

Bei der Leihmutterschaft wurde lange eine Fortwirkung der Elternschaft der Wunscheltern in Deutschland verweigert, selbst wenn ihre Elternschaft im Ausland durch ein Gerichtsurteil festgestellt wurde.[6] Begründet haben die

5 Siehe dazu ausführlich Duden 2015.

6 Siehe nur KG Berlin v. 1.8.2013 – Az. 1 W 413/12, IPRax 2014, 72.

deutschen Gerichte und Behörden dies damit, dass die Leihmutterschaft gegen Grundwerte des deutschen Rechts verstoße, sodass eine Elternschaft der Wunscheltern in Deutschland keine Wirkung entfalten dürfe (sogenannter ordre public-Vorbehalt, Art. 6 EGBGB, § 109 Abs. 1 Nr. 4 FamFG). Die Leihmutterschaft sei, nach diesem Ansatz, in Deutschland verboten, die Mutterschaft der Leihmutter zwingend. Eine Elternschaft der Wunscheltern widerspreche der Wertung, dass nur die Gebärende selbst die Mutterschaft erwerben könne und sonst eine Adoption erfolgen müsse. Die Adoption solle hier zudem dem Staat die Möglichkeit schaffen, das Wohl des Kindes im Einzelfall zu prüfen. Gerade die Kritiker*innen der Leihmutterschaft sehen hierin eine Möglichkeit, Missbrauch vorzubeugen und das Kindeswohl zu schützen. Würde man demgegenüber eine Elternschaft der Wunscheltern anerkennen, so würde der Verstoß der Wunscheltern gegen das deutsche Recht quasi nachträglich legalisiert. Die Wunscheltern würden für die Umgehung des deutschen Rechts belohnt, indem das Ergebnis ihres Strebens – die Familiengründung durch Leihmutterschaft – rechtlich anerkannt würde, obwohl das deutsche Recht genau diese verhindern wollte.

Diese restriktive Rechtsprechung hat sich im Jahre 2014 geändert. Im Dezember 2014 erkannte der Bundesgerichtshof ein kalifornisches Urteil an, das zwei gleichgeschlechtlichen Lebenspartnern im Anschluss an eine Leihmutterschaft die rechtliche Elternschaft zuschrieb (vgl. BGH v. 10.12.2014 – Az. XII ZB 463/13, NJW 2015, 479). Die kalifornische Entscheidung entfaltete somit auch in Deutschland ihre Wirkung. Der Bundesgerichtshof wies die bereits genannte Argumentation zurück, nach der die Leihmutterschaft gegen grundlegende Wertvorstellungen des deutschen Rechts verstoße. Er stützte seine Begründung auch auf den Europäischen Gerichtshof für Menschenrechte, der wenige Monate vorher in zwei ähnlichen Fällen entsprechend entschieden hatte (vgl. EGMR v. 26.6.2014 – Az. 65192/11 – Mennesson v. France; EGMR v. 26.6.2014 – Az. 65941/11 – Labassee v. France). Beide Gerichte waren der Ansicht, dass gerade aufgrund des Kindeswohls eine Elternschaft der Wunscheltern möglich sein müsse, zumindest wenn ein Wunschelternteil auch genetisch verwandt sei. Unbeachtet blieb bei der Entscheidung, dass in Deutschland die Leihmutterschaft verboten ist und dass nach hiesigem Recht immer die Leihmutter die Mutter ist. Es spielte auch keine Rolle, dass die Vorschrift zur Mutterschaft der Gebärenden gerade auch deshalb eingeführt wurde, um Leihmutterschaften zu verhindern. Gemäß der Entscheidung des Bundesgerichtshofs treten diese Wertungen des Gesetzgebers bezüglich der Zulässigkeit der Leihmutterschaft dann in den Hintergrund, wenn im Ausland eine Leihmutterschaft durchgeführt wurde. Stattdessen rückt das vorrangige Augenmerk auf die Existenz des Kindes und auf dessen Schutz.

Zumindest bei internationaler Leihmutterschaft dürfte sich zukünftig häufig eine Elternschaft der Wunscheltern nach ausländischem Recht auch im deutschen Recht fortsetzen. Das liberalere ausländische Recht wirkt direkt auf den deutschen Rechtsraum ein. Dies kann dazu führen, dass deutsche Paare in Kenntnis dieser Rechtsprechung vermehrt im Ausland Leihmütter beauftragen. Dies erhöht wiederum den Druck auf den hiesigen Gesetzgeber, sich mit dem Thema erneut auseinanderzusetzen. Womöglich kommt er dabei zu dem Ergebnis, dass eine kategorische Ablehnung der Leihmutterschaft nicht mehr überzeugend ist und zumindest im Abstammungsrecht eine Elternschaft der Wunscheltern zum Schutz des Kindes ermöglicht werden sollte – selbst wenn die Leihmutterschaft als solche weiterhin verboten bleibt.

3.2.2 Gleichgeschlechtliche Elternschaft

Eine ähnliche Entwicklung wie bei der Leihmutterschaft hat sich bei der Duo-Mutterschaft ergeben. Auch hier hat der Bundesgerichtshof kürzlich die gemeinsame Elternschaft eines lesbischen Ehepaars nach ausländischem Recht anerkannt (vgl. BGH v. 20.4.2016 – Az. XII ZB 15/15, NJW 2016, 2322). Der konkrete Fall betraf Südafrika. Nach dortigem Recht erwarben beide Frauen mit der Geburt des Kindes die Elternschaft. Der Bundesgerichtshof hat auch hier entschieden, dass sich diese Rechtslage in Deutschland durchsetzt. Dass nach deutschem Recht eine gemeinsame Elternschaft der Frauen nur nach einer Adoption möglich sei, stand der Anerkennung nicht im Wege. Auch hier stellte das Gericht das Kindeswohl in den Vordergrund.

Wie schon in seiner Entscheidung zur Leihmutterschaft und wie das Bundesverfassungsgericht in der Entscheidung zur Sukzessivadoption, hat der Bundesgerichtshof betont, dass davon ausgegangen werden kann, dass ein Kind in einer gleichgeschlechtlichen Ehe oder Lebenspartnerschaft ebenso gut aufwachsen könne wie in einer verschiedengeschlechtlichen Ehe (vgl. BVerfG v. 19.2.2013 – Az. 1 BvL 1/11 und 1 BvR 3247/09, NJW 2013, 847 [852 Rn. 80]; BGH v. 10.12.2014 – Az. XII ZB 463/13, NJW 2015, 479 [482 Rn. 43]; BGH v. 20.4.2016 – Az. XII ZB 15/15, NJW 2016, 2322 [2327 Rn. 50]). Entscheidend sei, wie die Eltern ihre Elternrolle ausfüllen, und nicht der Status oder das Geschlecht der Eltern. Wie die Entscheidung zur Leihmutterschaft ebnet auch diese Entscheidung einen Weg, auf dem über das ausländische Recht Vielfalt ins deutsche Recht eindringen kann.

4 Resümee

Die genannten internationalen Entwicklungen erzeugen einen gewissen Reformdruck auf den deutschen Gesetzgeber und in der Tat steht eine Reform des Abstammungsrechts zur Diskussion. Bereits im Februar 2015 setzte das Bundesministerium für Justiz und Verbraucherschutz einen Arbeitskreis „Abstammungsrecht“ ein, der Vorschläge für eine mögliche Reform des Abstammungsrechts erarbeitet und im Juli 2017 präsentiert hat. Thematisch standen die erläuterten Entwicklungen im Mittelpunkt: Der Umgang mit Reproduktionsmedizin und mit gleichgeschlechtlicher Elternschaft. Den Hintergrund bildet dabei stets die Frage, ob sich das Abstammungsrecht weiterhin primär an der leiblichen Abstammung orientieren oder vermehrt die soziale Elternschaft berücksichtigen soll. Auch auf dem 71. Deutschen Juristentag wurde über eine Reform des Abstammungsrechts diskutiert. Sowohl der oben genannte Arbeitskreis als auch der Deutsche Juristentag sprachen sich dabei unter anderem für die Möglichkeit einer gleichgeschlechtlichen Elternschaft bei lesbischen Paaren aus (vgl. Arbeitskreis Abstammungsrecht 2017: 68ff.; Sitzungsbericht über die Verhandlungen der Abteilung Familienrecht 2017: P1 [P65]).

Aktuell orientiert sich das deutsche Abstammungsrecht jedoch noch stark an der leiblichen Abstammung. Bei Abweichungen vom traditionellen Bild einer natürlichen Zeugung innerhalb einer heterosexuellen Beziehung können rechtliche Probleme auftreten und in den entsprechenden Familien muss häufig zumindest ein Elternteil das Kind adoptieren. Mit assistierter Reproduktion und gleichgeschlechtlicher Elternschaft tut sich das deutsche Recht schwer. Vielfach geht dies zulasten des Kindes, das mit erheblicher Rechtsunsicherheit konfrontiert wird (vgl. Duden 2018). Um die Kinder zu schützen, wäre es daher wünschenswert, ihre tatsächlich gelebten Familien leichter rechtlich anzuerkennen. Vor diesem Hintergrund sind die Entwicklungen in verschiedenen ausländischen Rechtsordnungen zu begrüßen. Für die Zukunft bleibt zu hoffen, dass die im Raum stehenden Reformen des deutschen Rechts in ähnlichem Sinne erfolgen. Wer somit auch im deutschen Familienrecht Vielfalt sehen möchte, braucht zwar noch Geduld, kann aber mit Optimismus in die Zukunft sehen.

Literatur

Arbeitskreis Abstammungsrecht im Auftrag des Bundesministeriums der Justiz und für Verbraucherschutz (2017): Abschlussbericht, Köln: Bundesanzeiger Verlag. https://www.bmjv.de/SharedDocs/Downloads/DE/News/Artikel/07042017_AK_Abstimmung_Abschlussbericht.pdf. [Zugriff: 19.7.2018].

Duden, Konrad (2015): Leihmutterschaft im Internationalen Privat- und Verfahrensrecht. Tübingen: Mohr Siebeck.

Duden, Konrad (2018): Mehr Freiheit wagen im Familienrecht – Freiheit und Verantwortung im Abstammungsrecht. In: Dutta, Anatol/Heinze, Christian (Hrsg.):

Mehr Freiheit wagen. Beiträge zur Emeritierung von Jürgen Basedow. Tübingen: Mohr Siebeck, S. 89-109.

Ferrari, Susanne (2015): Künstliche Fortpflanzung im österreichischen Recht. In: Dutta, Anatol/Schwab, Dieter/Henrich, Dieter/Gottwald, Peter/Löhnig, Martin (Hrsg.): Künstliche Fortpflanzung und europäisches Familienrecht. Bielefeld: Gieseking Verlag, S. 181-203.

Ferrer Riba, Josep (2015): Künstliche Fortpflanzung im spanischen Recht. In: Dutta, Anatol/Schwab, Dieter/Henrich, Dieter/Gottwald, Peter/Löhnig, Martin (Hrsg.): Künstliche Fortpflanzung und europäisches Familienrecht. Bielefeld: Gieseking Verlag, S. 229-257.

Gernhuber, Joachim /Coester-Waltjen, Dagmar (2010): Familienrecht. München: C.H. Beck, 6. Aufl.

Günther, Hans-Ludwig/Taupitz, Jochen/Kaiser, Peter (2014): Embryonenschutzgesetz. Stuttgart: Kohlhammer, 2. Aufl.

Helms, Tobias (2018): Gesetz zur Einführung des Rechts auf Eheschließung für Personen gleichen Geschlechts – Auswirkungen auf das Familien- und Personenstandsrecht. In: StAZ 71, S. 33-39.

Löhnig, Martin/Plettenberg, Ina (2015): Künstliche Fortpflanzung im deutschen Recht. In: Dutta, Anatol/Schwab, Dieter/Henrich, Dieter/Gottwald, Peter/Löhnig, Martin (Hrsg.): Künstliche Fortpflanzung und europäisches Familienrecht. Bielefeld: Gieseking Verlag, S. 11-24.

Palandt-Brudermüller (2019): Bürgerliches Gesetzbuch. München: C.H. Beck, 78. Aufl.

Reuß, Philipp M. (2015): Künstliche Fortpflanzung im niederländischen Recht. In: Dutta, Anatol/Schwab, Dieter/Henrich, Dieter/Gottwald, Peter/Löhnig, Martin (Hrsg.): Künstliche Fortpflanzung und europäisches Familienrecht. Bielefeld: Gieseking Verlag, S. 127-149.

Scherpe, Jens M. (2015): Künstliche Fortpflanzung im Recht von England und Wales. In: Dutta, Anatol/Schwab, Dieter/Henrich, Dieter/Gottwald, Peter/Löhnig, Martin (Hrsg.): Künstliche Fortpflanzung und europäisches Familienrecht. Bielefeld: Gieseking Verlag, S. 295-325.

Sitzungsbericht über die Verhandlungen der Abteilung Familienrecht. In: Ständige Deputation des Deutschen Juristentages (Hrsg.): Verhandlungen des 71. Deutschen Juristentages – Band II/1 – Sitzungsberichte – Referate und Beschlüsse. München 2017, S. P1.

Zervogianni, Eleni (2015): Künstliche Fortpflanzung im griechischen Recht. In: Dutta, Anatol/Schwab, Dieter/Henrich, Dieter/Gottwald, Peter/Löhnig, Martin (Hrsg.): Künstliche Fortpflanzung und europäisches Familienrecht. Bielefeld: Gieseking Verlag, S. 205-228.

Gesetze

Gesetz zur Einführung des Rechts auf Eheschließung für Personen gleichen Geschlechts v. 20.7.2017, BGBl. I 2017, 2787.

Gesetz zur Reform des Kindschaftsrechts v. 16.12.1997, BGBl. I 1997, 2942.

Gesetz zum Schutz von Embryonen v. 13.12.1990, BGBl. I 1990, 2746.

Gerichtsurteile

BGH v. 10.12.2014 – Az. XII ZB 463/13, NJW 2015, 479.
BGH v. 20.4.2016 – Az. XII ZB 15/15, NJW 2016, 2322.
BVerfG v. 19.2.2013 – Az. 1 BvL 1/11 und 1 BvR 3247/09, NJW 2013, 847.
EGMR v. 13.6.1979 – Az. 6833/74 – Marckx v. Belgien, NJW 1979, 2449.
EGMR v. 26.6.2014 – Az. 65192/11 – Mennesson v. France.
EGMR v. 26.6.2014 – Az. 65941/11 – Labassee v. France.
KG Berlin v. 1.8.2013 – Az. 1 W 413/12, IPRax 2014, 72.

Neue Werte für die Familienpolitik

Ralph Charbonnier

Familienpolitik ist zu einem der Top-Themen der politischen Agenda geworden. Dieser gesteigerten Aufmerksamkeit im öffentlichen politischen Diskurs entspricht die Lebhaftigkeit, mit der das Thema „Familie" in der evangelischen Kirche diskutiert wird. Kaum eine Veröffentlichung der Evangelischen Kirche in Deutschland (EKD) hat in den letzten Jahren so viel Aufmerksamkeit in Kirche und Öffentlichkeit erfahren wie die 2013 publizierte Orientierungshilfe *Zwischen Autonomie und Angewiesenheit. Familie als verlässliche Gemeinschaft stärken*. In diesem Beitrag zum Thema „Neue Werte für die Familienpolitik" beziehe ich mich im Wesentlichen auf diese Schrift.

Die genannte Orientierungshilfe formuliert Eckpunkte einer evangelischen Familienethik: Der Satz „Protestantische Theologie unterstützt das Leitbild der an *Gerechtigkeit* orientierten Familie, die in *verlässlicher* und *verbindlicher* Partnerschaft *verantwortlich* gelebt wird" (vgl. EKD 2013: 13, Hervorhebungen: R.C.) lässt sich dabei als Kernaussage lesen. Mit diesem Ansatz geht es der Orientierungshilfe nicht darum, konkreten Formen des Familienlebens eine „theologische Weihe" zu geben. Vielmehr werden ethische Kriterien beschrieben, die diejenigen aufgreifen können, die Familie gestalten und verantworten, und auch diejenigen, die am gesellschaftlichen Diskurs und an den parlamentarischen Beratungen zu (familien-)politischen Fragen teilnehmen. „Gerechtigkeit" meint in diesem Zusammenhang Geschlechtergerechtigkeit zwischen Mann und Frau bzw. Partnerinnen und Partnern (vgl. EKD 2013: 68; 107). Hier geht es um innerfamiliäre Gerechtigkeit (z.B. hinsichtlich des jeweiligen Engagements für Sorge- und Erwerbsarbeit) wie auch um gesellschaftliche, politische und rechtliche Gerechtigkeit (z.B. angesichts des weiterhin bestehenden Gendergaps bei der Bezahlung der Erwerbsarbeit). „Gerechtigkeit" meint darüber hinaus Generationengerechtigkeit (vgl. EKD 2013: 103; 131), insbesondere hinsichtlich der sozialen Sicherung, aber auch Verteilungs-, Befähigungs-, Bildungs- und Teilhabegerechtigkeit (vgl. EKD 2013: 18; 87-97; 119-124). Vorherrschend sind hier die Wechselwirkungen zwischen konkreter Gestaltung des Familienlebens und Armut. Alle diese Formen von Gerechtigkeit sind in familialen wie in gesellschaftlich-politisch-rechtlichen Kontexten relevant. Die drei Kriterien „Verlässlichkeit", „Verbindlichkeit" und „Verantwortlichkeit" beziehen sich zwar primär auf das familiäre Beziehungsleben, müssen jedoch auch im Zusammenhang mit infrastrukturellen, gesellschaftlichen und rechtlichen Voraussetzungen (Bildungs- und Betreuungseinrichtungen, soziale Sicherung, Unterstützung von Sorge-Tätigkeiten, Bedingungen der Erwerbsarbeit u.a.m.) gesehen werden. So bestehen zwischen dem familiären Leben und den genannten Voraussetzungen Wechselverhältnisse: Einerseits zeigt sich die Bedeutung dieser Voraussetzungen insbesondere bei besonderen Belastungen und in Krisen des familiären Alltags (z.B. Erkrankung, Arbeitslosigkeit) sowie in Fällen von Trennung und Scheidung (vgl. EKD 2013: 26f; 61f; 69-71). Andererseits beeinflussen die familiären Verhältnisse stark die Prozesse in allen gesellschaftlichen Bereichen.

In ethischer Hinsicht sind darüber hinaus zwei Begriffe aus theologischer Perspektive zu interpretieren, die im familienpolitischen Diskurs eine zentrale Bedeutung haben, aber dort in sehr unterschiedlicher Weise verwendet werden: „Selbstbestimmung“ und „Arbeit“. „Selbstbestimmung“ meint in theologischer Perspektive nicht nur – formal – die eigene bzw. familiäre Lebensgestaltung selbst bestimmen zu können, sondern darüber hinaus die Möglichkeit und Aufforderung, dies im Sinne der o.g. Kriterien zu tun. Theologie und Kirche bringen somit eine materiale Dimension in den ethischen und politischen Diskurs ein. Auch hinsichtlich des Begriffs der „Arbeit“ leisten Theologie und Kirche in materialer Hinsicht einen eigenen Beitrag zu dem Diskurs: So ist – entgegen der weit verbreiteten höheren Wertschätzung von Erwerbsarbeit und damit entgegen einer zunehmenden Ökonomisierung in fast allen Lebensbereichen – auf die Gleichwertigkeit von Arbeit in den Kontexten von Familie, Wirtschaft und Zivilgesellschaft hinzuweisen.

Welche Konsequenzen hat diese Perspektive für die familienpolitische Debatte? Als Konsequenz dieser Eckpunkte einer Familienethik ergibt sich, dass Familienpolitik nicht nur als ein eigenständiges Politikfeld anzusehen ist, sondern zugleich als Querschnittsthema (vgl. EKD 2013: 129f) eine „neue Form sozialer Politik“ (vgl. EKD 2013: 125) bedingt. Eine nachhaltige Familienpolitik wird demnach dadurch betrieben, dass in verschiedenen Politikfeldern die Dimension „Familie“ mitbedacht wird (vgl. EKD 2013: 130f): Unübersehbar ist dies in der Sozialpolitik, in der in zentraler Weise das Wohl von Kindern, Partnerschaften und Familien berührt wird. Darüber hinaus werden etwa in der Wirtschafts- und Arbeitsmarktpolitik jene Rahmenbedingungen für die Vereinbarkeit von Familien- und Erwerbsarbeit und für eine angemessene Entlohnung von Erwerbsarbeit geschaffen, die eine gesellschaftliche Teilhabe ermöglichen. Auch in der Gesundheitspolitik werden z.B. Grundlagen für die Versorgung von kranken und alten Menschen gelegt, die immer im Zusammenhang mit familialer und oft auch zivilgesellschaftlicher Sorgearbeit gesehen werden muss. Schließlich hat die Bildungspolitik wesentlichen Anteil daran, dass Selbstbestimmung in familialen Bezügen im oben genannten, ethisch gehaltvollen Sinne möglich wird.

Die skizzierten Eckpunkte einer evangelischen Familienethik sind Ausdruck von Entwicklungen, deren Konsequenzen für die Kirchen- und Diakoniepolitik sich gerade abzubilden beginnen. Es geht um einen Wechsel von einer Ethik, die sich an einem Leitbild für Familie orientiert, hin zu einem ethischen Ansatz, der die Befähigung zu einer qualifizierten Selbstbestimmung bei der Gestaltung von Familie in konkreten, individuellen Kontexten in den Mittelpunkt stellt. Wie viel hier zu tun bleibt, liegt auf der Hand.

Literatur

Rat der Evangelischen Kirche in Deutschland [EKD] (Hrsg.) (2013): Zwischen Autonomie und Angewiesenheit. Familie als verlässliche Gemeinschaft stärken. Gütersloh: Gütersloher Verlagshaus.

Wir leben Vielfalt – Der Evangelische Kirchenkreis Berlin Stadtmitte

Silke Radosh-Hinder

Wer oder was ist Familie? Wer oder was darf sich als Familie bezeichnen? Und wer kann Familie definieren? Diese Fragen bewegen Viele (zu Recht), aber im Kirchenkreis Berlin Stadtmitte geht es um etwas Anderes: Wir heißen die unterschiedlichen Formen und Wege von Familien willkommen und unterstützen sie nach besten Möglichkeiten bei ihrer Aufgabe, Gemeinschaft verantwortlich, verbindlich und auf Dauer zu leben.

Die Radikalität des biblischen Liebesgebotes macht gesellschaftlich vorgegebene Kategorien von Geschlechtlichkeit, Geschlechterrollen oder Partnerschafts- und Familienvorstellungen unerheblich. Das Spektrum menschlicher Existenz im Lichte evangelischer Freiheit zu schätzen, hilft dabei auch, Einschränkungen und Diskriminierungen, die aus festen Rollenzuschreibungen und -erwartungen entstehen, erkennbar und veränderbar zu machen (vgl. Genderkonzept des Kirchenkreises Berlin Stadtmittehttps://www.kkbs.de/genderkonzept).

Dabei geht es uns um die Unterstützung von vielfältigen Familienmodellen und -konstellationen gerade in den besonders schutzbedürftigen Bereichen – sei es durch gezielte Angebote in der Familienbildung, durch frühe Hilfen in Überforderungssituationen oder im Rahmen von aufsuchender Hilfe und Unterstützung für familiäre Gemeinschaften mit Pflegeverantwortungen.

Regenbogenfamilien sind selbstverständlicher Alltag in unseren Kitas und die Teams werden für vielfältige Themen besonders sensibilisiert, etwa durch Fortbildungen und Workshops in Zusammenarbeit mit dem LSVD.

Der Tatsache, dass Familien auch zu Orten von Belastungen, Spannungen und im schlimmsten Fall zu Orten von Gewalt werden können, begegnen wir immer energischer mit einem kreiskirchlichen Schutzkonzept gegen Kindeswohlgefährdung. In den Zielsetzungen lassen wir uns dabei von der Orientierungshilfe der Evangelischen Kirche in Deutschland (EKD) Zwischen Autonomie und Angewiesenheit inspirieren. Ich zitiere zwei zentrale Passagen: „[Es gilt], die partnerschaftliche Familie zum Leitbild zu erheben und Chancengleichheit und Fairness innerhalb der Familie einen entscheidenden Wert beizumessen“ (Rat der EKD 2013: 68). Und: „Protestantische Theologie unterstützt das Leitbild der an Gerechtigkeit orientierten Familie, die in verlässlicher und verbindlicher Partnerschaft verantwortlich gelebt wird“ (ebd.: 55).

Segenshandlungen für diejenigen, die sich für ihre Familienkonstellation Segen wünschen, gehören im Evangelischen Kirchenkreis Berlin Stadtmitte zur guten Erfahrung und Tradition. Dies gilt auch für familiäre Abschiede und Beerdigungen, durch die den Beziehungen und familiären Bezügen, in denen sich Verstorbene befanden, Respekt und Achtung entgegengebracht wird.

Literatur

Rat der Evangelischen Kirche in Deutschland [EKD] (Hrsg.) (2013): Zwischen Autonomie und Angewiesenheit. Familie als verlässliche Gemeinschaft stärken. Gütersloh: Gütersloher Verlagshaus.

Lob der Vielheit. Theologische Anmerkungen zur Vielfalt von Familienformen

Ralf Evers

1 Heitere Vielfalt, heilige Einfalt: Eine Erinnerung

Ist die Einheit durch Vielheit bedroht oder die Vielheit durch Einheit? Das war die Leitfrage, die sich in dieser allgemeinen Fassung vor 30 Jahren die Allgemeine Gesellschaft für Philosophie in Deutschland gestellt hat. Heute stellt sich die Frage dringender und keineswegs nur einem akademischen Publikum. Insbesondere die Vielfalt und Vervielfältigung familialer Lebensformen lässt fragen: Kommt es gegenwärtig zu Diskussionen aufgrund der bedrohenden Vielheit oder aufgrund der bedrohenden Einheit?[1]

Kommen wir noch einmal zur Allgemeinen Gesellschaft für Philosophie; in seinem Eröffnungsvortrag nutzte Odo Marquard die Gegenüberstellung von Einheit und Vielheit zur Charakterisierung einer krisenhaften Situation: „Da ist die Tradition der Einheits- oder Universalisierungsphilosophien – von Parmenides über Platon und Kant bis Habermas. Diese Tradition macht den Vorrang des Einen vor dem Vielen geltend“ (Marquard 1994: 31). Die durchgängige Grundthese sei: „Vollkommen ist – durch seine Vielheitslosigkeit – ausschließlich das Eine, hilfsweise das Eine im Vielen, das Allgemeine“ (ebd.). Dieser Perspektive erscheint die Vielheit als Problem, als reparaturbedürftiger Unglücksfall. „Es muss universalisiert, totalisiert, globalisiert, egalisiert, emanzipiert, revolutioniert werden“ (a.a.O.: 32).

Die gegenläufige Tradition ist die der Vielheits- oder Pluralisierungsphilosophien – von der antiken Sophistik über den Historismus und die Lebensphilosophie bis zur Postmoderne. Diese Tradition macht den Vorrang des Vielen vor dem Einen geltend. Die Wirklichkeit ist bunt, unerschöpflich vielgestaltig; Einheit sei nur durch Vereinfachungen zu haben, die Hand in Hand gehen mit Uniformierungen: Einheitswissenschaft, Einheitsgeschichte, Einheitsmeinung und Einheitsmenschheit. Wieder muss repariert werden: „Es muss detotalisiert,

1 Der Begriff Vielheit nimmt nicht nur die kantsche Kategorie der Quantität auf, sondern knüpft an eine alte philosophische Auseinandersetzung an, die auch von theologischer Brisanz ist (vgl. Meier-Oeser 2001). Vor allem aber scheint mir die Opposition von Vielheit und Einheit bedeutsamer als die von Vielfalt und Einfalt.

dezentralisiert, differenziert, pluralisiert, traditionalisiert, regionalisiert und individualisiert werden“ (ebd.).

Beiden Traditionen erscheint die gegenwärtige, moderne Welt als Krise. Die Diskussion um die Vielfalt von Familienformen bietet den beredten Beleg. Für die einen wird die Einheit durch Vielheit bedroht, für die anderen Vielheit durch Einheit. Immer wieder wird gedrängt, für die eine oder die andere Richtung Partei zu ergreifen. Als handele es sich um die Alternativfrage, ob die Welt an der fehlenden Einheit und an der überbordenden Pluralisierung oder aber am Mangel an Pluralität und Vielfalt zugrunde gehe. Und als wäre nicht das – dialektische – Ineinander beider Hinsichten eigentlich geeignet, um die Gegenwart zu beschreiben: als Vermittlung von Individualität und Gleichheit, Freiheit und Gemeinsinn oder als moralisch geforderte, notwendige Vermittlung von Einheit und Vielheit.

2 Die Transformation familiärer Lebensformen I: Familien als Kulturgut

Odo Marquard war der Meinung, diese Vermittlung sei erreicht und die moderne bürgerliche Welt böte eine Balance von Einheit und Vielheit. Mit der Moderne habe sich eine Lösung ergeben, die die Spannung zwischen Subjekt und Gesellschaft wie Individualisierung und Pluralisierung konkludent löse. Technologischen und sozialen Vereinheitlichungen stünden kompensierend ästhetische und individualistische Pluralisierungen gegenüber (a.a.O.: 33 u.ö.). Wenn aber Vielheit und Pluralisierung als Kompensation notwendiger Vereinheitlichungen im Zeitalter der Universalisierung angenommen werden (a.a.O.: 36), ist die Vermittlungsleistung einseitig. Die privatisierte Vielheit trägt die Kosten öffentlicher Einheit. Mir scheint hingegen, dass die eigentliche Vermittlungsleistung noch nicht erbracht und zutiefst umstritten ist und dass vor allem über die Kompetenz im Umgang mit Vielheit und Einheit zu reden ist.

Die Vielfalt der Familienformen ist in diesem Zusammenhang ein besonders bedrängendes Pluralisierungsphänomen und Paradebeispiel für die Effekte einer umfassenden Individualisierung. Diagnostiziert wird, dass die abnehmende Relevanz des bürgerlichen Familienmodells zur Freisetzung von Frauen und Männern aus traditionellen Geschlechterrollen und zu einer Zunahme von Lebens- und Familienformen führt (vgl. Peuckert 2008: 23ff.). Tatsächlich aber ist das Verhältnis von Pluralisierung der Familienformen und Individualisierung erheblich komplizierter und die Entwicklung viel älter (vgl. Wagner/Valdés Cifuentes 2014). An dieser Stelle ist aber die Kontroverse um die faktische Vielfalt wichtiger als der Modus der Transformation.

Ein beredtes Beispiel für die Konfliktlinien wie die ethischen und theologischen Aspekte der Einheit-Vielheit-Dialektik bietet die Diskussion um die Orientierungshilfe des Rates der Evangelischen Kirche in Deutschland (EKD) Zwischen Autonomie und Angewiesenheit[2]. Die selbst gestellte Aufgabe der Kirche war, „angesichts des tiefgreifenden sozialen und kulturellen Wandels [...] Familie neu zu denken und die neue Vielfalt von privaten Lebensformen unvoreingenommen anzuerkennen und zu unterstützen" (Rat der Evangelischen Kirche 2013: 144). Die Kritik erkennt darin „parteipolitische Einseitigkeit, eklektische [!] Verwendung soziologischer Erkenntnisse und Ausblendung weiter Teile theologischer Grundlagen des christlichen Glaubens" (Schirrmacher 2014: Klappentext). Insbesondere die als ausgeblendet unterstellten theologischen Grundlagen sind dabei von Interesse, da zu ihnen ausdrücklich ein ordnungstheologisch fixiertes Bild von Ehe und Familie gehört, das im Sinne der oben genannten Einheitsideologien fungiert und das unverbrüchliche Zusammenleben in einer Mutter-Vater-Kind-Familie zum unhintergehbaren Bezugspunkt erklärt.

Demgegenüber unterstellt die Orientierungshilfe, dass Familie ein Kulturgut und als solches in einem dauerhaften Wandel begriffen ist, der keinesfalls nur eine Abweichungs- und Verfallsgeschichte darstellt.[3] Es sind Modernisierungsprozesse, die die Menschen in ihrem familiären Zusammenleben herausfordern. Lebensformen sind Kulturgüter und werden an die Bedingungen des Zusammenlebens ebenso angepasst wie sie diese repräsentieren, konstituieren und transformieren. Und Lebensformen haben als Kulturgüter einen Zweck, der nicht in ihrer Natur oder Gottgegebenheit liegt, sondern ihnen von Menschen gegeben wird. So gesehen haben die vielfältigen Familienformen der Gegenwart – die sogenannte klassische Familie, Patchworkfamilien, Alleinerziehende, Regenbogenfamilien – mehr mit den unterschiedlichen Familienformen in biblischen Zeiten oder der Reformation gemeinsam als die zur Norm erklärte Mutter-Vater-Kind-Familie.

Was macht nun eine Familie der Spätmoderne aus? Auf welche Entwicklungen reagieren die unterschiedlichen Lebensformen? Und welche Funktionen erfüllen sie? In ihrem familienpolitischen Positionspapier benennt die evangelische arbeitsgemeinschaft familie (eaf) als wichtigste Entwicklungen „die Globalisierung der Arbeitsmärkte; Flexibilisierung und zunehmende Prekarisierung der Beschäftigungsverhältnisse; die Verschärfung der Ungleichheitslagen zwischen Arm und Reich; den demographischen Wandel und die

2 Vgl. die Positionszusammenstellung Coenen-Marx (Hrsg.) 2013; bemerkenswert ist auch die Zusammenstellung der Reaktionen auf die Orientierungshilfe im ersten Jahr nach ihrem Erscheinen durch den ev. Kirchenbezirk Ladenburg-Weinheim: https://www.kblw.de/ekd-orientierungshilfe.

3 Ich gehe von einem weiten Familienbegriff aus – Familie erweist sich in der Realität als Vielfalt von Lebensformen, Lebensstilen und Mentalitäten – wie ihn beispielsweise die evangelische arbeitsgemeinschaft familie (eaf) vertritt (eaf 2016: 4).

Bedeutung des Dienstleistungssektors für gerechte Teilhabe und das Wohlergehen derer, die auf Hilfe angewiesen sind. Neben diesen [sic] allgemeinen gesellschaftlichen Entwicklungen treten für die Lebenssituation von Familien spezifische Veränderungen, wie höhere Anforderungen an Erziehung und Bildung sowie die Individualisierung der Rechte der Familienmitglieder, insbesondere der Kinder und Jugendlichen, aber auch neue Standards für Geschlechtergerechtigkeit und die Anerkennung gleichgeschlechtlicher Partnerschaften" (eaf 2016: 1). Die eaf löst sich damit von der Orientierungshilfe und benennt konkretere Entwicklungen, auch wenn sich die Zielrichtung deckt. Denn ganz im Sinne der drei Jahre zuvor erschienenen Orientierungshilfe wird konstatiert: „Die ordnenden Muster und Zeitstrukturen des Industriezeitalters sind weitgehend aufgelöst. Jede einzelne Familie steht von Anfang an in einem permanenten Herstellungs-, Veränderungs-, und Anpassungsprozess mit ganz besonderen Herausforderungen in den häufig zu gestaltenden Übergangssituationen. In der besonderen Fähigkeit, unter diesen Bedingungen Liebe, Geborgenheit und Fürsorge füreinander verbindlich zu leben, haben Familien nach wie vor ihren hohen Wert als ‚sinnstiftenden [sic] Lebensraum und Ort verlässlicher Sorge'. An dieser Wirklichkeit muss sich Politik orientieren, Pluralität als eigentlichen Wert von Familie anerkennen und Familien in ihrer Vielfalt und Dynamik unterstützen. Dazu gehört es auch, auf einengende normative Leitbilder und Typisierungen zu verzichten und stattdessen Männer und Frauen zu befähigen, ihre präferierten Lebensentwürfe auch realisieren zu können" (eaf 2016: 5).

In der Orientierungshilfe wie dem Positionspapier wird der Pluralität der Lebensform ebenso das Wort geredet wie einem wertschätzenden funktionalen Familienbegriff. Dieser geht aber nicht im Ausleben eigener Präferenzen auf. Familie erfährt auf der Ebene der Verbände zwar die gleiche Aufwertung wie sie derzeit im Wertesystem der Bürgerinnen und Bürger oder auch gesellschaftspolitischer Strömungen und Parteien zu beobachten ist. Doch gilt die Familie eben nicht einfach als Selbstverwirklichungsrefugium oder als Gegenwelt, auf die viele Menschen große Erwartungen richten. Gerade weil und wenn Familie theologisch betrachtet ein „weltlich Ding" ist, ist festzuhalten, dass Familien nicht nur gestaltbar sind, sondern auch verantwortlich gestaltet werden müssen. Die „Organisationsform" einer Familie ergibt sich aus ihrer Funktion. Ist diese korrekt bestimmt „als generationenübergreifender Lebensraum mit Verlässlichkeit in Vielfalt, Verbindlichkeit in Verantwortung, Vertrauen und Vergebungsbereitschaft, Fürsorge und Beziehungsgerechtigkeit" Schneider 2013)? Und muss es dann eine ideale und verbindliche Form der Organisation von Familialität geben?

3 Ethik in der späten Moderne – Zygmunt Bauman

Zygmunt Bauman hat immer wieder vorgeführt, wie die Herstellung von Ordnung und die Beseitigung von Ambivalenz im Zentrum des Projekts Moderne stehen. Im politischen Bereich fand, so seine Diagnose, der Kampf gegen die Ambivalenz seinen Höhepunkt im Nationalsozialismus. Bauman deutet den Holocaust als den Versuch, die Ambivalenz, inkarniert im Judentum, endgültig zu beseitigen. Doch dieser Versuch ist irregeleitet: Selbst in seiner Vernichtung wird das Ausgeschlossene nur verdrängt. Der Versuch, „Ordnung" mittels Exklusion zu schaffen, trägt fortlaufende Gewalt in sich, da die Ambivalenz niemals vernichtet werden kann.

Mit dieser Deutung kommt Bauman zu einer ganz anderen Schlussfolgerung als Marquard. Die bürgerliche Moderne bietet keine gelungene Vermittlung zwischen Einheit und Vielheit, sondern stellt wie jede kulturelle Ordnung eine unsichere Balance dar und ist in sich ambivalent. Ambivalenz ist Quelle von Veränderung und hat es mit einer Balance zwischen der einen faktischen und möglichen anderen Ordnungen zu tun. Sie ist als „die Möglichkeit, einen Gegenstand oder ein Ereignis mehr als nur einer Kategorie zuzuordnen" (Bauman 2009: 13) unvermeidbar.

Statt sie zu vermeiden, ist der Umgang mit Ambivalenz zu verändern. In diesem Sinn sieht Bauman den Übergang von der Moderne zur Postmoderne durch den Verlust kultureller Deutungsmacht gekennzeichnet. Postmoderne bedeutet für ihn einen Pluralismus von Kulturen, Traditionen und Ideologien, von Lebensformen und Sprachspielen – und einen Zuwachs an Ambivalenz. Mit dieser Ambivalenz aber würden die Subjekte allein gelassen; Ambivalenzbewältigung werde privatisiert. Es komme zu einer Zersplitterung des Selbst, für das keine institutionellen Stützen zum Umgang mit Ambivalenz mehr existierten und das deshalb vor allen Ambivalenzerfahrungen flöhe. Dieses Fluchtverhalten beschreibt Bauman mit Typen postmoderner Existenz, die allesamt die massiv gesteigerte Vielheit nicht durch neue Ordnungslogiken zu lösen vermögen. Die subjektive Furcht vor Gebundenheit und Festlegung, der Drang, Zeit in Episoden zu fragmentieren, oder das Erleben der Folgenlosigkeit von Interaktionen kennzeichnen Lebenserfahrungen – und wirken sich auf Lebensformen aus.

Kennzeichen der typischen Formen des postmodernen Zusammenseins seien das Nebensein und Mitsein, aber nicht das Fürsein. Gerade das Fürsein stellt Bauman zufolge aber die einzig konstruktive Umgangsweise mit der unvermeidlichen Amivalenz dar. Das Fürsein flüchtet nicht vor der Ambivalenz, sondern stellt sich ihr. In das Fürsein wird dort eingetreten, wo es um den Schutz der Einzigartigkeit und Andersartigkeit der Anderen geht. Es ist Gegenbegriff zur Toleranz: „Toleranz ist ich-zentriert und kontemplativ; Solidarität ist sozial orientiert und militant" (Bauman 2017: 312). Mit diesen Hinweisen auf Solidarität und Alterität stellt sich Bauman der postmodernen Fokussierung auf das Subjekt, bestimmt das Subjekt aber als vorrangig moralisch. Die Verantwortlichkeit für die Anderen ist entscheidend für die individuelle Ambivalenzbewältigung, aber auch für die Sozialität der Subjekte in Solidarität. Die Frage ist nur, wie die Menschen zur Moral, zur Solidarität und zum Fürsein befähigt werden können.

Stefan Breuer kennzeichnet dieses Moralverständnis Baumans durch den Verweis auf Familie: Es läsen sich seine Bestimmungen des moralischen Grundverhältnisses „wie aus einem Leitfaden für junge Mütter entnommen. Die moralische Handlung stifte über Selbstopferung die Zusammengehörigkeit einer moralischen Partei; sie bedeute, das Leben des Anderen in die Obhut zu nehmen; sei ‚ein Zustand permanenter Aufmerksamkeit, komme, was wolle'; ein ständiges ‚Warten auf den Anderen, daß er sein Recht zu befehlen ausübe'. Und wie in einem Lebenshilfebuch fehlt es nicht an pädagogischem Frustrationstraining und antizipatorischen Tröstungen. Das Zur-Verfügung-Stehen sei eine 'entmutigende Aufgabe', die das Selbst 'bis an die Grenzen der Belastbarkeit' strapaziere" (Breuer 1996: 40). Wäre das die Funktion von Familie – die Erfahrung von Solidarität im Sinne des Fürseins Baumans und damit Gemeinsinn auszuprägen?

4 Kritik von Lebensformen – Rahel Jaeggi

„Lassen sich Lebensformen kritisieren? Läßt sich über Lebensformen sagen, sie seien gut, geglückt oder gar rational? Die politische Ordnung des liberalen Rechtsstaats versteht sich als Versuch, das gesellschaftliche Zusammenleben auf eine Weise zu gestalten, die sich zu den unterschiedlichen Lebensformen neutral bzw. ‚ethisch enthaltsam' verhält. Dadurch werden die Fragen nach der Art und Weise, in der wir individuell oder kollektiv unser Leben führen, in den Bereich nicht weiter hinterfragbarer Präferenzen oder als unhintergehbar gedachter Identitätsfragen ausgelagert" (Jaeggi 2014: Klappentext). Wenn das so wäre, dann ließe sich über Lebensformen wie über Geschmack nicht mehr streiten. Tatsächlich aber wendet sich Rahel Jaeggi mit ihrer Kritik von Lebensformen gegen die liberalistische „ethische Enthaltsamkeit" und stellt sich der Frage der Kritik und mithin der Funktionen von Lebensformen.

In ihrer Antwort stellt Jaeggi einen theoretischen Rahmen für die ethische Bewertung von Lebensweisen vor. Dazu fasst sie Lebensformen als komplexe Ensemble sozialer Praktiken auf, die der Stabilisierung wie der Dynamisierung dienen. Sie sind als soziale Praktiken kulturell bestimmt und prinzipiell veränderbar. Neu sind nun die ethischen und funktionalen Anteile, weil Lebensformen situationsangemessen sind und zugleich für eine Vorstellung vom Guten stehen. Die Normativität von Lebensformen wird vom Problem der praktischen Lebensbewältigung her begriffen. Was gilt, erweist sich in der Verwirklichung. Jaeggi geht also von Normen aus, die Handlungen nicht einschränken, sondern sie konstituieren. So verstanden sind Lebensformen keine Geschmacksentscheidungen, sondern spezifische und dynamische Problemlösungen, die mehr oder weniger gelingen. Hier liegt die Pointe, denn die Beiträge von Lebensformen zur Problembewältigung lassen sich vergleichen. Jaeggi betrachtet ausgehend von der Krisenhaftigkeit der Lebensbewältigung die immanente Widersprüchlichkeit der Problemlösungen, um durch die Analyse der bestehenden Widersprüche an der Veränderung der Praxis mitzuwirken. Dieses „negativistische" Verfahren sucht in der Widersprüchlichkeit des Bestehenden das „Bessere", das sein Potential auf dem Wege der Transformation entfalten kann. Es ergibt sich ein Maßstab für die Qualität der Transformationsprozesse von Lebensformen. Entsprechend lässt sich die Rationalität einer Lebensform an ihrer Möglichkeit bemessen, zur Veränderung beizutragen, Erfahrungen zu vertiefen, das Gute zu ermöglichen und zu qualitativem Wachstum zu befähigen. Jaeggi überwindet die Unterstellung teleologischer Gerichtetheit von Entwicklungen, indem sie soziale Transformationen dynamisch als zugleich kontinuierliche und diskontinuierliche Anreicherungsprozesse konzipiert. Am Ende der Studie steht konsequenterweise keine positiv normierende Antwort auf die Frage, was eine „gute" Lebensform ausmacht, sondern eine negative: „Misslingende Lebensformen leiden an einem kollektiven praktischen Reflexionsdefizit, an einer Lernblockade" (Jaeggi 2014: 447).

Ein notwendiges Ergebnis ist auch die Wertschätzung eines „experimentellen Pluralismus von Lebensformen" (a.a.O.: 451) und der im Bewusstsein der eigenen Freiheit vollzogenen Selbsttransformation. Die Angemessenheit der Problemlösung als abstraktes Kriterium für den Grad des Gelingens einer Lebensform ist allerdings notwendig unterbestimmt. So wird am Ende die „substantiell-inhaltliche Frage nach dem Gelingen von Lebensformen [...] aufgelöst in die (in einiger Hinsicht) formalere Frage nach der Verlaufsform und Entwicklungsdynamik von Lebensformen" (a.a.O.: 314). Lässt sich aber nicht mehr sagen, als dass eine Lebensform gut ist, wenn in ihr weiterführende Erfahrungen gemacht werden (vgl. insges. Laux 2017)?

5 Die Transformation familiärer Lebensformen II: generative Solidarität

Ausgangspunkt der bisherigen Überlegungen waren Modernisierungseffekte, die wir schon fast reflexartig mit einer Fülle von Schlagworten wie demografischer Wandel, Globalisierung, Pluralisierung und Enttraditionalisierung kennzeichnen und in die wir nun die Entfamilialisierung oder den Wandel von Lebensformen einbeziehen. Die Phänomene konkretisieren sich auch in einem umfassenden Unbehagen, das sich einstellt, weil sich die Lebensgrundlagen in der späten Moderne dramatisch ändern. Charles Taylor benennt drei Gründe für dieses Unbehagen:

„1. Die erste Ursache der Beunruhigung ist der Individualismus“ (Taylor 2014: 8). Er steht im Zentrum vieler Klagen über den Zustand der Gegenwartsgesellschaften. Als „Egoismus“ oder „Narzissmus“ wird er als ein zerstörerischer Prozess gesellschaftlicher Ordnungen angeklagt, für die zunehmende Zersetzung von Solidarität und Gemeinsinn verantwortlich gemacht und als Quelle von Einsamkeit und Gewalt gesehen.
2. „Den Vorrang der instrumentellen Vernunft“ (a.a.O.: 11) bezeichnet Taylor als zweite große Quelle des Unbehagens an der Moderne. Darunter wird eine Rationalität verstanden, „auf die wir uns stützen, wenn wir die ökonomische Anwendung der Mittel zu einem gegebenen Zweck berechnen“ (ebd.). Diese Zweck-Mittel-Rationalität kommt inzwischen im Bereich familiärer Beziehungen an, wenn Menschen fragen, was eine Ehe bringt und eine befriedigende Antwort in den steuerlichen Vorteilen sehen.
3. Das dritte Unbehagen kristallisiert sich in den „Konsequenzen, die der Individualismus und die instrumentelle Vernunft im Hinblick auf das politische Leben nach sich ziehen“ (a.a.O.: 15). In einer „negativen Koalition“ von individualistischen Orientierungen, für die die Polis zunehmend Identifikationen verliert, und einer politischen Arena, in der die Spezialisten unter sich bleiben, stürzen „die Brücken zwischen privatem und öffentlichem Leben (ein)“ (ebd.). Es geht zum einen um die fehlenden Möglichkeiten, private Sorgen in öffentliche Probleme zu übersetzen. Der Raum der persönlichen Existenz und alltäglichen Sorge ist so weit von den Arenen gesellschaftlich-öffentlicher Meinungs- und Willensbildung entfernt, dass Sprachlosigkeit und Verständnislosigkeit das Bild bestimmen. Zum anderen ist es nahezu unmöglich, allgemeingesellschaftliche Sorgen in die konkreten Alltagswirklichkeiten hinein durchzubuchstabieren.

Es ist dieser dritte Hinweis Taylors, der mich interessiert: die Diagnose der umfassenden Transformation von Öffentlichkeit wie von (familiärer) Privatsphäre und das Unbehagen angesichts des Verlusts des Sozialen. Wo finden sich Räume für das Werden von Subjekt und Gesellschaft? Wo können private Sorgen in öffentliche Probleme übersetzt und umgekehrt öffentliche Probleme in den privaten Sorgen ausgemacht und identifiziert werden? Wo und wie realisiert sich das Soziale? Wo finden sich Räume für das Zusammen-Leben, das Mit-Einander- und Durch-Einander-Leben der Menschen?

Eine Antwort auf diese Fragen verbindet sich mit dem Nachdenken über Lebensformen und Familien. Familien sind Orte generationaler Beziehungen und generativer Praxis, in welcher Form auch immer sie gelebt werden. Der Hinweis auf Verantwortung und Sorge, wie er den Familienbegriff der eaf kennzeichnet, stellt sich dieser Praxis ebenso wie der Ansatz des Rates der EKD, Familie als „sinnstiftenden Lebensraum und Ort verlässlicher Sorge" (Rat der EKD 2013: 14) aufzufassen. Familien, so die Grundannahme, werden durch Verantwortungs- und Fürsorgebeziehungen konstituiert, in denen sich die Familienmitglieder erleben – ungeachtet dessen, ob sie diese Lebensform gewählt haben oder sich in ihr, wie es für Kinder gilt, vorfinden.

Dies entspricht Baumans Wahrnehmung des Fürseins – nicht als Norm, sondern als konstitutiver Möglichkeit der familiären Lebensformen. In Thesen gefasst: Familien sind Orte von Sorgepraxis. Sie ermöglichen das Erleben generativer Solidarität. Familien sind als Lebensformen bestimmt durch die Möglichkeit, Sorge in Lebensformen umzusetzen; sie ermöglichen die Sozialisation von Solidarität.[4]

6 Und die Theologie? Lob der Vielheit

Diese Hinweise zu einer generativen Solidarität schließen die Möglichkeit ein, über die Funktionen von familialen Lebensformen zu sprechen, lassen aber wichtige Fragen unbeantwortet: Auf welches Problem reagiert die Pluralisierung von Lebensformen? Und warum ist die Vielheit zu loben?

Die Familienformen sind vielfältig, weil die – erzwungenen wie gewählten – Wege zur Familienbildung und die Kontexte der persönlichen Existenz so vielfältig sind. Den vielfältigen Modi der Sorgearbeit entspricht eine Pluralität von Gestaltungsformen, für die gesamtgesellschaftlich Rahmenbedingungen geschaffen werden müssen und für deren Gelingen Kriterien entwickelt werden müssen. Jaeggis Position eignet sich dabei als Grundmaßstab: Für die Güte der Lebensform ist nicht ihre Form und Ordnung entscheidend, sondern die in ihr enthaltenen zentralen Lösungspotentiale.

Was in diesem Sinn in familiären Lebensformen geschieht, ist die individuell wie gesellschaftlich notwendige Vermittlungsleistung von Einheit und Vielheit. Die Güte von Familie erweist sich in der Praxis der Sorgearbeit und als generative Solidarität. Was Theologie und Ethik dazu zu bieten haben, darf nicht hinter die Anerkennung dieser Leistungen zurückfallen. Es geht nicht um die Feststellung von Normen für Lebensformen, sondern um die Frage, was Faktoren des Gelingens inmitten der Transformation von Lebensformen sind. Das leitende Bild ist nicht mehr die Institution, sondern die Art des Zusammenlebens. In der Orientierungshilfe fordert die EKD in diesem Sinn:

> „Alle familiären Beziehungen, in denen sich Menschen in Freiheit und verlässlich aneinander binden, füreinander Verantwortung übernehmen und fürsorg-

4 Es ist dieser Gedanke, der v.a. den Verfassungsrang der Familie rechtfertigt.

lich und respektvoll miteinander umgehen, müssen auf die Unterstützung der evangelischen Kirche bauen können" (EKD 2013: 141).[5]

Dabei wird die normative Idee einer Normalfamilie durch das Ideal einer Familie ersetzt, die durch verlässliche, fürsorgliche, gleichberechtigte und faire Beziehungen konstituiert wird.

In der theologischen Diskussion der Orientierungshilfe wird regelmäßig das Abrücken von der Normalfamilie kritisiert und deren theologische Begründung verlangt. Dieser Blickwinkel ist „einfältig" – der Einheit verpflichtet – und fällt ethisch hinter die Positionen, die sich auf Bauman und Jaeggi stützen, zurück. Theologisch aber wird der Blick für das Entscheidende verstellt, das Lob der Vielheit. Funktional betrachtet geht es um eine soziale Praxis und deren Qualität, für die – bezogen auf die Transformation familialer Lebensformen wie auf ein theologisches Verständnis von Familie – Care- oder Sorgeorientierung, Orientierung am Kind oder an Kindern, Solidarität und Subsidiarität sowie Anerkennung und Würde maßgeblich sind. Theologisch entscheidend aber sind die Praxis der Sorge und die Befähigung zum Gebrauch persönlicher Freiheit sowie „Rahmenbedingungen und Anreize setzende[] Interventionen, in denen ethische Gesichtspunkte eine größere Rolle spielen" (Laux 2017: 33).

Der sozialethischen Analyse von Lebensformen muss es wie ihrer theologischen Bewertung um Lebensmöglichkeiten, um ein Mehr an Freiheit und an Verwirklichungschancen gehen. „Familien sind nicht dann gut, wenn sie eine akzeptierte äußere Form haben, sondern wenn sie Orte der Anerkennung, Geborgenheit und Gerechtigkeit sind. Identitäten sind nicht dann gut, wenn sie erfolgreich sind, sondern dann, wenn sie sich selbstreflexiv infrage stellen können. Sexuelle Identitäten sind nicht dann gut, wenn sie in vorgeformte Muster passen, sondern dann, wenn sie ein gutes Leben ermöglichen für alle, die davon berührt sind" (Ammicht Quinn 2018: 127). Oder schöpfungstheologisch gewendet: Nicht die Ordnungsgemäßheit und die Einheit, sondern die Bewahrung der Freiheit und des Möglichen und also die Vielheit schaffen und bewahren Leben.

---

5 „Dabei hat unser Bild von Familie in den letzten Jahren eine Erweiterung erfahren: Familie – das sind nach wie vor Eltern (ein Elternteil oder zwei) mit ihren leiblichen, Adoptiv- oder Pflegekindern, vielleicht erweitert um die Großelterngeneration. Familie, das sind aber auch die so genannten Patchwork-Familien, die durch Scheidung und Wiederverheiratung entstehen, das kinderlose Paar mit der hochaltrigen, pflegebedürftigen Mutter und das gleichgeschlechtliche Paar mit den Kindern aus einer ersten Beziehung" (a.a.O.: 22).

Literatur

Ammicht Quinn, Regina (2018): Die Ordnungen und das Außer-Ordentliche – Die Diversität von Lebensformen und Identitäten als Frage nach Reinheit. In: ZPTH 37, 2, S. 115–128.

Bauman, Zygmunt (2009): Postmoderne Ethik. Neuausgabe. Hamburg: Hamburger Edition.

Bauman, Zygmunt (2017): Moderne und Ambivalenz. Das Ende der Eindeutigkeit. Unter Mitarbeit von Martin Suhr. 4. Auflage. Hamburg: Hamburger Edition.

Boltanski, Luc (2010): Soziologie und Sozialkritik. Unter Mitarbeit von Achim Russer und Bernd Schwibs. Frankfurt am Main: Suhrkamp.

Boltanski, Luc/Thévenot, Laurent (2014): Über die Rechtfertigung. Eine Soziologie der kritischen Urteilskraft. Unter Mitarbeit von Andreas Pfeuffer. Hamburg: Hamburger Edition.

Breuer, Stefan (1996): Mutters Moral ist die beste. In: Frankfurter Allgemeine Zeitung vom 11.4.1996, 85, S. 40.

Coenen-Marx, Cornelia (Hrsg.) (2013): Zwischen Autonomie und Angewiesenheit. Die Orientierungshilfe der EKD in der Kontroverse. Evangelische Kirche in Deutschland. Frankfurt am Main: Gemeinschaftswerk der Ev. Publizistik.

evangelische arbeitsgemeinschaft familie (eaf) (2016): In Verantwortung für Kinder – für einen Perspektivenwechsel in der Familienpolitik! https://www.eaf-bund.de/documents/Veroeffentlichungen/Positionspapier-In_Verantwortung_fr_Kinder.pdf. [Zugriff: 19.9.2018].

Fischer, Luisa (2017): Familiale Lebensformen: Thesen des Wandels und aktuelle familiensoziologische Herausforderungen der Ethik (1). http://www.ethik-und-gesellschaft.de/ojs/index.php/eug/article/view/1-2017-art-5. [Zugriff: 19.9. 2018].

Jaeggi, Rahel (2014): Kritik von Lebensformen. Berlin: Suhrkamp.

Laux, Bernhard (2017): Kann man (intime) Lebensformen bewerten? Eine Reflexion im Anschluss an Jürgen Habermas und Rahel Jaeggi. http://www.ethik-und-gesellschaft.de/ojs/index.php/eug/article/view/1-2017-art-1/484. [Zugriff: 19.9.2018].

Marquard, Odo (1994): Einheit und Vielheit. In: Marquard, Odo (Hrsg.): Skepsis und Zustimmung. Philosophische Studien. Stuttgart: Reclam, S. 30–41.

Meier-Oeser, Stephan (2001): Vielheit (Antike bis 18. Jahrhundert). In: Historisches Wörterbuch der Philosophie, Bd. 11. Basel: Schwabe, col. 1041-1050.

Peuckert, Rüdiger (2008): Familienformen im sozialen Wandel. 7., vollständig überarbeitete Aufl. Wiesbaden: VS Verlag für Sozialwissenschaften.

Rat der EKD (2013): Zwischen Autonomie und Angewiesenheit. Familie als verlässliche Gemeinschaft stärken. Eine Orientierungshilfe. 2. Aufl. Gütersloh: Gütersloher Verlagshaus.

Reese-Schäfer, Walter (2002): Unbehagen an der Moderne und an der Postmoderne. Zygmunt Bauman und das kommunitaristische Denken. In: Junge,

Matthias/Kron, Thomas (Hrsg.): Zygmunt Bauman. Soziologie zwischen Postmoderne und Ethik. Opladen: Leske und Budrich, S. 325-353.

Scherzinger, Gregor (2017): Pluralität der Lebensformen und Modelle theologischer Ethik (1). http://www.ethik-und-gesellschaft.de/ojs/index.php/eug/article/view/1-2017-art-2/485. [Zugriff: 19.9.2018].

Schneider, Nikolaus (2013): Presseerklärung zur Veröffentlichung der Orientierungshilfe (EKD-Pressemitteilung 101/2013 vom 19.6.2013).

Schirrmacher, Thomas (2014): „Ein neues normatives Familienmodell“ als „normative Orientierung“ – eine soziologische und theologische Kritik des Familienpapiers der EKD. Bonn/Holzgerlingen: Verlag für Kultur und Wissenschaft.

Surall, Frank (2015): Ethik der Lebensformen. In: Huber, Wolfgang/ Meireis, Torsten/Reuter, Hans-Richard (Hrsg.): Handbuch der Evangelischen Ethik. München: Beck, S. 451–516.

Taylor, Charles (2014): Das Unbehagen an der Moderne. 8. Aufl. Frankfurt am Main: Suhrkamp.

Wagner, Michael/Valdés Cifuentes, Isabel (2014): Die Pluralisierung der Lebensformen – ein fortlaufender Trend? In: Comparative Population Studies 39, 1, S. 73–98.

Verzeichnis der Autor_innen

Gabriele Boos-Niazy ist Sozialwissenschaftlerin und Gründungsmitglied des Aktionsbündnisses muslimischer Frauen e.V. (AmF). Seit 2010 ist sie eine der beiden Vorstandsvorsitzenden. Für das AmF erstellt sie Fachtexte und hält Vorträge u.a. zu den Themen Religionsfreiheit und Arbeitsmarktdiskriminierung von kopftuchtragenden Frauen. E-Mail: info@muslimische-frauen.de

Bundesministerium für Familie, Senioren, Frauen und Jugend (BMFSFJ) ist eine oberste Bundesbehörde der Bundesrepublik Deutschland. Der Hauptsitz bzw. erste Dienstsitz befindet sich in Berlin, der zweite in Bonn.
E-Mail: Ina-Marie.Blomeyer@bmfsfj.bund.de

Ralph Charbonnier, Dr. theol., Oberkirchenrat, Leiter des Referates für Sozial- und Gesellschaftspolitische Fragen im Kirchenamt der Evangelischen Kirche in Deutschland (EKD), Geschäftsführer der Kammer für Soziale Ordnung des Rates der EKD und des Vorstandes des Sozialwissenschaftlichen Instituts der EKD. E-Mail: Ralph.Charbonnier@ekd.de

Anita Christians-Albrecht, Jahrgang 1959, lebt in der Nähe von Hannover. Mit Leib und Seele hat die Germanistin und Theologin viele Jahre lang als Gemeindepastorin (und Plattdeutschbeauftragte) in der ev.-luth. Landeskirche Hannovers gearbeitet. Seit Dezember 2016 ist sie im ‚Zentrum für Seelsorge' in Hannover zuständig für den Bereich ‚Altenseelsorge'
(https://www.zentrum-seelsorge.de).
E-Mail: Anita.Christians-Albrecht@evlka.de

Konrad Duden, Dr. iur., Wissenschaftlicher Referent am Max-Planck-Institut für ausländisches und internationales Privatrecht, Hamburg; 2016 zweite juristische Staatsprüfung, Hamburg; 2015 Promotion bei Prof. Dr. Dr. h.c. mult. Erik Jayme, Universität Heidelberg; 2012 Master of Laws, University of Cambridge; 2011 erste juristische Staatsprüfung, Heidelberg.
E-Mail: duden@mpipriv.de

Aliyah El Mansy, Dr. theol., studierte evangelische Theologie in Wuppertal, Leipzig, Jerusalem und Marburg. Sie arbeitet als wissenschaftliche Mitarbeiterin für Neues Testament an der Philipps-Universität Marburg. Ihre Forschungsschwerpunkte sind Paulus und die Synoptiker im Rahmen der Wirtschafts-, Politik-, Religions- und Sozialgeschichte der hellenistisch-römischen Antike und des Judentums. E-Mail: elmansya@staff.uni-marburg.de

Ralf Evers, Dr. theol., Dr. phil., arbeitet als Professor für Praktische Theologie und Generationenbeziehungen an der Evangelischen Hochschule Dresden. Seine Arbeitsschwerpunkte sind Religion und Diakonie, Generativität und Solidarität sowie Soziale Pädagogik und Ästhetik.
E-Mail: ralf.evers@ehs-dresden.de

Dorett Funcke, Dr., Professorin für das Fach Soziologie familialer Lebensformen, Netzwerke und Gemeinschaften an der FernUniversität in Hagen; Arbeitsschwerpunkte: Bildungsprozesse und Sozialisation, Paar- und Familiensoziologie, Methodologie erfahrungswissenschaftlicher Forschung, rekonstruktive Verfahren der Sozial- und Kulturforschung.
E-Mail: dorett.funcke@fernuni-hagen.de

Ute Gause, Dr. theol., studierte Ev. Theologie an der Universität Münster. Von 1996 – 2007 war sie Professorin für Kirchen- und Theologiegeschichte an der Universität Siegen und ist seit 2007 Professorin für Reformations- und Neuere Kirchengeschichte an der Ruhr-Universität Bochum. Ihre Forschungsschwerpunkte sind historisch-theologische Frauen- und Genderforschung seit der Reformation und Diakoniegeschichte.
E-Mail: Ute.Gause@ruhr-uni-bochum.de

Katharina Gerarts, Dr. phil., Diplom-Pädagogin, qualitative Kindheitsforscherin und Professorin für Kindheitspädagogik an der Evangelischen Hochschule in Darmstadt. Viele Jahre Tätigkeit als Senior-Researcher for Children Studies am World Vision Institut, einem internationalen Kinderhilfswerk. Lehr- und Forschungsschwerpunkte: Kinderrechte und Kinderpolitik, Kindheitsforschung und ihre Methoden, Child-Well-Being, Partizipation und Teilhabe von Kindern, Kinder in der generationalen Ordnung. Außerdem ehrenamtliche Beauftragte der Hessischen Landesregierung für Kinder- und Jugendrechte. E-Mail: katharina.gerarts@eh-darmstadt.de

Monika Götsch, Dr. phil., ist Professorin für Soziologie/ Sozialstrukturanalyse mit Schwerpunkt Familie und Gender an der Hochschule Esslingen. Sie forscht, lehrt und schreibt zu den Themen heteronormative Geschlechterverhältnisse, Sexualität, Sozialisation, Wissens- und Wissenschaftssoziologie sowie qualitative Methoden der Sozialforschung. Ihr aktuelles Projekt fokussiert trans*geschlechtliche Lebensweisen im neoliberalen Sozialstaat.
E-Mail: Monika.Goetsch@hs-esslingen.de

Eva Harasta, PD Dr. theol., ist Studienleiterin für Theologie, Politik und Kultur an der Evangelischen Akademie Sachsen-Anhalt e.V. in Wittenberg und Pfarrerin der Evangelischen Kirche A.B. in Österreich. Schwerpunkte: Ekklesiologie, Theologie des Gebets, Öffentliche Theologie, Familienethik.
E-Mail: harasta@ev-akademie-wittenberg.de

Carolin Küppers, Dr. phil., ist Soziologin und wissenschaftliche Referentin im Referat Gesellschaft, Teilhabe und Antidiskriminierung der Bundesstiftung Magnus Hirschfeld in Berlin. Ihre Forschungsschwerpunkte sind Geschlechtersoziologie, Qualitative empirische Sozialforschung, Wissenssoziologie, Intersektionalität, Queer und Postcolonial Studies.
E-Mail: carolin.kueppers@mh-stiftung.de

Mona Motakef, Dr. phil. ist Sozialwissenschaftlerin und wissenschaftliche Mitarbeiterin am Lehrbereich Soziologie der Arbeit und Geschlechterverhältnisse der Humboldt-Universität zu Berlin. Ihre Forschungsschwerpunkte sind Geschlechterforschung, Prekarisierung, Soziologie der Erwerbs- und Reproduktionsarbeit, Nahbeziehungen, Anerkennung und qualitative Methoden. E-Mail: mona.motakef@sowi.hu-berlin.de

Christopher Neumaier, PD Dr. phil., promovierte 2008 an der TU München und arbeitete zwischen 2008 und 2012 als Postdoktorand an der Johannes Gutenberg-Universität Mainz. 2012 wechselte er an das Zentrum für Zeithistorische Forschung in Potsdam und habilitierte sich 2018 mit der Arbeit „Familie im 20. Jahrhundert: Konflikte um Ideale, Politiken und Praktiken“ an der Universität Potsdam. E-Mail: neumaier@zzf-pdm.de

Almut Peukert, Dr. rer. soc., Juniorprofessorin für Soziologie, insb. Arbeit, Organisation und Gender an der Universität Hamburg. Leitet seit 2018 gemeinsam mit Christine Wimbauer und Mona Motakef das DFG-Projekt „Ambivalente Anerkennungsordnung. Doing reproduction und doing family jenseits der heterosexuellen ‚Normalfamilie‘“. Ihre Forschungsschwerpunkte sind Geschlechtersoziologie, Queer Theory, Paar- und Familiensoziologie, Soziologie der Erwerbs- und Familienarbeit, Sozialpolitik und Wohlfahrtsstaatenforschung, Methodologie und Methoden der qualitativen Sozialforschung. E-Mail: almut.peukert@uni-hamburg.de

Michael Plaß, Dr. phil., Jahrgang 1982, promovierte 2017 im Hauptfach Pädagogik an der Ludwig-Maximilians-Universität in München. Seit 2010 ist er im Zentrum für schwule Männer „Sub e.V.“ angestellt und arbeitet beim HIV-Testangebot „Checkpoint“ der Münchner Aids-Hilfe e.V. mit. Die Grundlage für seinen Beitrag in diesem Sammelband ist seine Magisterarbeit „Sozialisation in Regenbogenfamilien. Homosexualität und Heteronormativität", die 2012 beim LIT-Verlag erschienen ist. E-Mail: plass-michael@web.de

Silke Radosh-Hinder, Jahrgang 1971, Evangelische Pfarrerin und stellv. Superintendentin im Kirchenkreis Berlin Stadtmitte. Studium der ev. Theologie und Pädagogik. Federführend beim Genderkonzept des Kirchenkreises, Mit-Organisatorin der CSD-Aktionen des Kirchenkreises. Weitere Themen: Interreligiöse Bildung, Diversity, Familienpolitik, sowie: Kooperationen des Kirchenkreises: New York, USA. E-Mail: S.Radosh-Hinder@kkbs.de

Susann Rüthrich, geboren 1977 in Meißen. Seit 2013 Mitglied des Deutschen Bundestages; seit 11. Februar 2014 Kinderbeauftragte der SPD-Bundestagsfraktion; seit 24. Juni 2014 Sprecherin der Querschnittsarbeitsgruppe „Strategien gegen Rechtsextremismus" der SPD-Bundestagsfraktion, stell. Vorsitzende NDC e.V.; Vorsitzende Neue Gesellschaft Sachsen e.V.; stellvertretendes Mitglied im Kuratorium der Bundeszentrale für politische Bildung, Vorsitzende Courage-Werkstatt für demokratische Bildungsarbeit e.V.. E-Mail: susann.ruethrich@bundestag.de

Cornelia Schadler, Dr. phil., ist Senior Lecturer am Institut für Bildungswissenschaft an der Universität Wien. Die Soziologin war Projektleiterin des Projekts „Familie als Nexus materiell-diskursiver Praktiken" (FWF). Sie forscht zu neomaterialistischen Theorien, Wahlfamilien und Elternschaft. Kürzlich sind Publikationen in Qualitative Research und im Journal of European Social Policy erschienen. E-Mail: cornelia.schadler@univie.ac.at

Gerhard Schreiber, Dr. theol., Studium der Ev. Theologie; Kierkegaard-Forschungszentrum, Kopenhagen (2005-2010); Goethe-Universität Frankfurt (2009-2016); Promotion (2012); Lehraufträge an den Universitäten in Bochum, Darmstadt, Düsseldorf, Frankfurt und Reykjavík; ERASMUS-Gastprofessur, Institut für Philosophie der Universität von Island (2015); seit 2016 Akademischer Rat am Institut für Theologie und Sozialethik der TU Darmstadt. E-Mail: schreiber@theol.tu-darmstadt.de

Julia Teschlade, MA, ist Sozialwissenschaftlerin und arbeitet als wissenschaftliche Mitarbeiterin bei der Juniorprofessur Soziologie der Arbeit und Geschlechterverhältnisse und im DFG-Projekt „Ambivalente Anerkennungsordnung. Doing reproduction und doing family jenseits der heterosexuellen ‚Normalfamilie'" an der Universität Hamburg. Ihre Arbeitsschwerpunkte sind Arbeits- und Geschlechtersoziologie, Reproduktionstechnologien, Queer Kinship Studies und Qualitative Methoden. E-Mail: julia.teschlade@sowi.hu-berlin.de

Christine Wimbauer, Dr. phil., Professorin für Soziologie der Arbeit und Geschlechterverhältnisse, Humboldt-Universität zu Berlin. Schwerpunkte: Geschlechterverhältnisse, Erwerbs-/Reproduktionsarbeit, Prekarisierung, Soziale Ungleichheit, Paarbeziehungen/persönliche Beziehungen, Queer Theory, Sozial- und Familienpolitik, Qualitative Methoden, Anerkennung.
E-Mail: christine.wimbauer@sowi.hu-berlin.de

Erol Yildiz, Dr. phil., ist seit März 2014 Professor für den Bereich „Migration und Bildung“ an der Universität Innsbruck. Forschungsschwerpunkte: Migrationsforschung, Migration, Stadt, Diversität. Aktuelle Publikationen: Lebens WegeStrategien. Familiale Aushandlungsprozesse in der Migrationsgesellschaft. 2018 (Hg. mit Ch. Riegel und B. Stauber) Postmigrantische Visionen. 2018 (Hg. mit M. Hill). E-Mail: erol.yildiz@uibk.ac.at